编 委

郝文杰	全国民航职业教育教学指导委员会副秘书长、中国民航管理干部学院副教授
江丽容	全国民航职业教育教学指导委员会委员、国际金钥匙学院福州分院院长
林增学	桂林旅游学院旅游学院党委书记
丁永玲	武汉商学院旅游管理学院教授
史金鑫	中国民航大学乘务学院民航空保系主任
刘元超	西南航空职业技术学院空保学院院长
杨文立	上海民航职业技术学院安全员培训中心主任
范月圆	江苏航空职业技术学院航空飞行学院副院长
定 琦	郑州旅游职业学院现代服务学院副院长
黄 华	浙江育英职业技术学院航空学院副院长
王姣蓉	武汉商贸职业学院现代管理技术学院院长
毛颖善	珠海城市职业技术学院旅游管理学院副院长
黄华勇	毕节职业技术学院航空学院副院长
魏 日	江苏旅游职业学院旅游学院副院长
吴 云	上海旅游高等专科学校外语学院院长
刘晏辰	三亚航空旅游职业学院民航空保系主任
田 文	中国民航大学乘务学院民航空保系讲师
汤 黎	武汉职业技术学院旅游与航空服务学院副教授
江 群	武汉职业技术学院旅游与航空服务学院副教授
汪迎春	浙江育英职业技术学院航空学院副教授
段莎琪	张家界航空工业职业技术学院副教授
王勤勤	江苏航空职业技术学院航空飞行学院副教授
覃玲媛	广西蓝天航空职业学院航空管理系主任
付 翠	河北工业职业技术大学空乘系主任
李 岳	青岛黄海学院空乘系主任
王观军	福州职业技术学院空乘系主任
王海燕	新疆职业大学空中乘务系主任
谷建云	湖南女子学院管理学院副教授
牛晓斐	湖南女子学院管理学院讲师

高等职业学校"十四五"规划民航服务类系列教材

民航客舱安全与应急处置

主 编 ◎ 江 群 李 俊 汪 波
副主编 ◎ 吴玮婷 刘 芳 汤 黎 魏 鑫 贺 河

华中科技大学出版社
中国·武汉

图书在版编目(CIP)数据

民航客舱安全与应急处置/江群,李俊,汪波主编. —武汉:华中科技大学出版社,2023.4(2025.2重印)
ISBN 978-7-5680-9003-2

Ⅰ.①民… Ⅱ.①江… ②李… ③汪… Ⅲ.①民用航空-旅客运输-客舱-安全管理 ②民用航空-旅客运输-客舱-突发事件-处理 Ⅳ.①F560.82

中国国家版本馆 CIP 数据核字(2023)第 067648 号

民航客舱安全与应急处置　　　　　　　　　　　　　　　江　群　李　俊　汪　波　主编
Minhang Kecang Anquan yu Yingji Chuzhi

策划编辑:胡弘扬　汪　杭	
责任编辑:仇雨亭　洪美员	
封面设计:廖亚萍	
责任校对:谢　源	
责任监印:周治超	
出版发行:华中科技大学出版社(中国·武汉)	电话:(027)81321913
武汉市东湖新技术开发区华工科技园	邮编:430223
录　　排:华中科技大学惠友文印中心	
印　　刷:武汉开心印印刷有限公司	
开　　本:787mm×1092mm　1/16	
印　　张:16.25	
字　　数:394 千字	
版　　次:2025 年 2 月第 1 版第 2 次印刷	
定　　价:49.80 元	

本书若有印装质量问题,请向出版社营销中心调换
全国免费服务热线:400-6679-118　竭诚为您服务
版权所有　侵权必究

INTRODUCTION 出版说明

民航业是推动我国经济社会发展的重要战略产业之一。"十四五"时期,我国民航业将进入发展阶段转换期、发展质量提升期、发展格局拓展期。2021年1月在京召开的全国民航工作会议指出,"十四五"期末,我国民航运输规模将再上一个新台阶,通用航空市场需求将被进一步激活。这预示着我国民航业将进入更好、更快的发展通道。而我国民航业的快速发展模式,也对我国民航教育和人才培养提出了更高的要求。

2021年3月,中国民用航空局印发《关于"十四五"期间深化民航改革工作的意见》,明确了科教创新体系的改革任务,要做到既面向生产一线又面向世界一流。在人才培养过程中,教材建设是重要环节,因此,出版一套把握新时代发展趋势的高水平、高质量的规划教材,是我国民航教育和民航人才建设的重要目标。

基于此,华中科技大学出版社作为教育部直属的重点大学出版社,为深入贯彻习近平总书记对职业教育工作作出的重要指示,助力民航强国战略的实施与推进,特汇聚一大批全国高水平民航院校学科带头人、一线骨干"双师型"教师以及民航领域行业专家等,合力编著高等职业学校"十四五"规划民航服务类系列教材。

本套教材以引领和服务专业发展为宗旨,系统总结民航业实践经验和教学成果,在教材内容和形式上积极创新,具有以下特点:

一、强化课程思政,坚持立德树人

本套教材引入"课程思政"元素,树立素质教育理念,践行当代民航精神,将忠诚担当的政治品格、严谨科学的专业精神等内容贯穿于整个教材,使学生在学习知识的"获得感"中,获个人前途与国家命运紧密相连的认知,旨在培养德才兼备的民航人才。

二、校企合作编写,理论贯穿实践

本套教材由国内众多民航院校的骨干教师、资深专家学者联合多年从事乘务工作的一线专家共同编写,将最新的企业实践经验和学校教科研理念融入教材,把必要的服务理论和专业能力放在同等重要的位置,以期培养具备行业知识、职业道德、服务理论和服务思想的高层次、高质量人才。

三、内容形式多元化,配套资源立体化

本套教材在内容上强调案例导向、图表教学,将知识系统化、直观化,注重可操作性。华中科技大学出版社同时为本套教材建设了内容全面的线上教材课程资源服务平台,为师生们提供全系列教学计划方案、教学课件、习题库、案例库、教学视频音频等配套教学资源,从而打造线上线下、课内课外的新形态立体化教材。

我国民航业发展前景广阔,民航教育任重道远,为民航事业的发展培养高质量的人才是社会各界的共识与责任。本套教材汇集了来自全国的骨干教师和一线专家的智慧与心血,相信其能够为我国民航人才队伍建设、民航高等教育体系优化起到一定的推动作用。

本套教材在编写过程中难免存在疏漏、不足之处,恳请各位专家、学者以及广大师生在使用过程中批评指正,以利于教材质量的进一步提高,也希望并诚挚邀请全国民航院校及行业的专家学者加入我们这套教材的编写队伍,共同推动我国民航高等教育事业不断向前发展。

华中科技大学出版社
2021 年 11 月

PREFACE 前言

安全是民航运输永恒的主题。目前我国社会主义进入新时代,中国民航一直保持世界排名第二的持续高速发展,而民航领域近年来各类问题也不断出现,加强安全意识、规矩意识、责任意识已经刻不容缓。为此,编写组在查阅大量国际安全运行规章及迄今为止依然有效并正在执行的国际公约,结合交通运输部中国民航局发布并修改的《大型飞机公共航空运输承运人运行合格审定规则》和国内各大航空公司客舱乘务员手册,以及国际及国内安全运行规章的基础上,为了空中乘务专业学生能更有效、更有针对性地学习客舱安全管理知识,确保飞行安全,编写了这本《民航客舱安全与应急处置》教材。

本教材按照从实践到理论,再用理论指导实践的逻辑顺序安排教材内容,将实践深度与理论高度有机地结合起来。全书分为三大篇章:敬畏生命篇、敬畏职责篇、敬畏规章篇。

敬畏生命篇强调客舱应急处置的实践,以便最大限度地保证旅客及机组成员的生命安全,包括飞机颠簸界定与处置、客舱释压界定与处置、客舱失火界定与处置、应急撤离界定与处置、机上危险品界定与处置、危害空防安全行为界定与处置(本来还应有机上急救界定与处置,但是这个章节可以另外开发为一门课程,所以这里略去)六个项目,以技能实操为主。

敬畏职责篇从客舱乘务员安全管理职责出发,内容包括客舱乘务员配备与训练、客舱乘务员与安全员/空警安全职责、客舱安全运行程序、客舱旅客安全管理、机组资源管理五个项目,以岗位职责为主。

敬畏规章篇包括民航安全管理概述与体系、航空安全法律与规章两部分内容,以理论提升为主,使应急处置和客舱乘务员安全管理职责有法可依、有规章可循。

本教材主要特点如下:

1. 以"1+X"空中乘务技能标准为基础,校企合作共同开发高质量的课证融通教材

为了贯彻落实国家职业教育改革实施方案,满足专业教学目标要求以及"1+X"空中乘务职业技能等级证书(中级)的技能认证要求,本教材合理地将"1+X"证书制度融入空中乘务专业教学当中。本教材编写团队成员具有丰富的行业实践经历,其中不乏工作十几年、有着乘务长经历的资深从业人员,能将行业规范、职业标准和专业教学标准有机统一,实现学历证书与职业技能证书有效衔接,为中国民航培养更多复合型高素质技术技能人才。

2.课程思政贯穿教材始终,培养学生职业精神,提升职业素养

践行当代民航精神,将忠诚担当的政治品格、严谨科学的专业精神等内容贯穿于整个教材,使学生在学习知识的获得感中认识到个人前途与国家命运是紧密融合的,为今后更好地从事空中乘务工作奠定坚实的基础。

3.以"互联网+职业教育"的形式建立立体化教学资源

发挥"互联网+职业教育"的优势,以新技术为工具,形成了新形态一体化教材,提高了学习的趣味性。本教材在每个任务单元配备了用二维码连接配套的微课,学生能从这些视频教学中深入理解或复习所学的知识,在不同环境下体验实景化学习,满足自己的个性化需求。

本书由江群、李俊、汪波主编。具体编写分工如下:江群编写敬畏生命篇的项目一、项目六、敬畏职责篇的项目十,贺河、汤黎分别编写敬畏生命篇的项目二、项目三,汪波编写敬畏生命篇的项目四、敬畏职责篇的项目八,吴玮婷编写敬畏生命篇的项目五、敬畏职责篇的项目七,魏鑫编写敬畏职责篇的项目九,李俊编写敬畏职责篇的项目十一,刘芳编写敬畏规章篇的项目十二、项目十三。江群负责本书三大篇章的"本篇提示"及全书统稿工作。

本书在编写过程中得到了武汉职业技术学院、郑州旅游职业学院、安徽外国语学院的大力支持和帮助,在此表示衷心感谢!由于教材编写时间紧,编者水平有限,在撰写过程中难免有疏漏之处,恳请各位专家、教师及业内外人士不吝赐教,提出宝贵意见,在此致以诚挚的谢意。

编　者
2022年6月

《民航客舱安全与处置》在线教学资源

为便于读者学习,本书配套有相关的在线教学资源,读者可通过微信扫描上方二维码,查看在线教学资源。

敬畏生命篇:客舱应急处置

项目一 飞机颠簸界定与处置 ·········· 3
  任务一 飞机颠簸界定 ·········· 4
  任务二 飞机颠簸处置 ·········· 10

项目二 客舱释压界定与处置 ·········· 15
  任务一 客舱释压界定 ·········· 16
  任务二 客舱释压处置 ·········· 22

项目三 客舱失火界定与处置 ·········· 28
  任务一 机上火灾界定 ·········· 29
  任务二 一般灭火程序 ·········· 35
  任务三 特殊火灾处置 ·········· 41

项目四 应急撤离界定与处置 ·········· 49
  任务一 应急撤离界定 ·········· 50
  任务二 陆上应急撤离处置 ·········· 52
  任务三 水上应急撤离处置 ·········· 58
  任务四 应急求救信号使用与联络 ·········· 65

项目五 机上危险品界定及处置 ·········· 73
  任务一 机上危险品界定 ·········· 74
  任务二 机上危险品处置 ·········· 84

项目六	**危害空防安全行为界定与处置** …………………………… 92
	任务一 非法干扰行为界定与处置 ………………………… 94
	任务二 非法劫持航空器行为界定与处置 ………………… 105

敬畏职责篇：客舱乘务员安全管理职责

项目七	**客舱乘务员配备与训练** …………………………………… 115
	任务一 客舱乘务员资格要求与配备要求 ………………… 116
	任务二 客舱乘务员训练要求 ……………………………… 119
	任务三 客舱乘务员执勤期的规定及限制 ………………… 125

项目八	**客舱乘务员与航空安全员/空中警察安全职责** ………… 128
	任务一 客舱乘务员安全职责 ……………………………… 129
	任务二 航空安全员/空中警察安全职责 ………………… 133

项目九	**客舱安全运行程序** ………………………………………… 143
	任务一 飞行前安全准备及登机前安全检查 ……………… 144
	任务二 登机安全程序及舱门安全关闭程序 ……………… 149
	任务三 飞机在地面滑行前安全程序及起飞前的安全检查 … 152
	任务四 飞行中的安全要求 ………………………………… 155
	任务五 落地后客舱安全监控 ……………………………… 158

项目十	**客舱旅客安全管理** ………………………………………… 162
	任务一 机上配载平衡与旅客人数、座位管理 …………… 163
	任务二 旅客携带物品安全管理 …………………………… 168
	任务三 机上餐饮安全管理 ………………………………… 173
	任务四 特殊旅客安全管理 ………………………………… 177
	任务五 被拒绝运输的旅客管理 …………………………… 185

项目十一	**机组资源管理** …………………………………………… 189
	任务一 机组资源管理界定 ………………………………… 190
	任务二 机组团队协作 ……………………………………… 195

敬畏规章篇:民航安全管理体系与法律规章

项目十二	民航安全管理概述及体系	207
	任务一 民航安全管理概述	209
	任务二 民航安全管理体系	213

项目十三	民航安全法律与规章	219
	任务一 国际民航安全保卫法律与规章	221
	任务二 我国民航安全保卫法律体系	227

参考文献 243

敬畏生命篇：客舱应急处置

本篇提示："保证安全第一、改善服务工作、争取飞行正常"是周恩来总理早在1957年就对中国民航做出的批示。这条批示因对民航工作特点和规律的科学概括而成为我国民航工作的指导方针，其中的"保证、改善、争取"也解释了安全、服务、正点孰轻孰重的逻辑关系。民航客机作为一种常见但又对安全要求极高的公共交通工具，核心作用就是安全地把旅客送到目的地。其他任何我们认为的功能，不论是提供餐食还是Wi-Fi等服务都是其附属功能，可以有，也可以没有，因为它们只关系到旅客的感受。但安全这个前提必须要保证，而且系数越高越好，因为它关系到旅客最宝贵的生命。

2020年4月，中国民用航空局（简称中国民航局）冯正霖局长在民航安全运行形势分析会上作重要讲话，提倡大力弘扬和践行当代民航精神，以"敬畏生命、敬畏规章、敬畏职责"为内核，切实增强敬畏意识，深入推进作风建设，不断提升专业素养，全力确保民航安全运行平稳可控。

国际民航组织《安全管理手册》第十六章（航空器的运行）中指出，客舱安全的目的是通过减少或者消除可能造成伤害或损害的危险，将航空器成员的风险降到最低。客舱安全的重点是为航空器成员提供一个安全的环境。航空器成员包括全体机组成员及所有在客舱中的旅客。而对航空器及其成员的威胁主要包括：飞行中遇到湍流、客舱冒烟或起火、客舱释压、紧急迫降和紧急撤离、人为因素等。稍有不慎，这些威胁就可能夺去飞机上所有人的生命，造成机毁人亡的惨剧。

本篇针对上述飞行中可能出现的突发安全事故进行界定，使客舱乘务员能在分析判断的基础上做到临危不乱、沉着应对、正确处置，以期将这些威胁出现的可能性或造成的损失降到最低，最大限度地保证旅客及机组成员的生命安全。（本来还应有机上急救处置，但是这个项目可以另外开发一门课程进行教学，所以这里略去。）

飞机上，要保证乘客的安全，需要全体机组有过硬的专业知识，对生命高度敬畏。不难想象，在飞机遇险的紧要关头，机组人员的每一次处置与应对都容不得半点犹豫和马虎，更不容许有丝毫的失误，因为在生死抉择面前，死神都只给一次机会。本篇尤其重视客舱乘务员应急处置的平时训练，希望通过应急处置的反复训练、不断实践，提高客舱乘务员"敬畏生命"的专业能力和职业素养。

项目一　飞机颠簸界定与处置

项目目标

- **知识目标**
    1. 了解颠簸的形成原因及影响颠簸强度的因素。
    2. 熟知颠簸的种类及颠簸对飞行安全的影响。
    3. 掌握颠簸的处置流程。

- **能力目标**
    1. 能根据飞机姿态及客舱现象辨别轻度颠簸、中度颠簸、重度颠簸及极度颠簸。
    2. 能根据判断的颠簸等级准确进行颠簸处置。
    3. 能根据颠簸的处置流程,在客舱发生颠簸时组织客舱乘务员进行颠簸处置。

- **素质目标**
    1. 根据航班所飞地区的地形或天气等因素判断颠簸可能发生的程度,做好防控颠簸的预案,养成防患于未然的职业习惯。
    2. 教育学生一旦发生颠簸,严格按照颠簸处置流程进行颠簸处置。对学生忽视操作规范的行为进行纠正,让学生明白飞行中遗漏任何一个环节都会造成事故,培养他们精益求精的工匠精神。
    3. 任何时候都要关注每一位旅客,绝不粗心大意,绝不掉以轻心,一定要"敬畏生命"。

知识框架

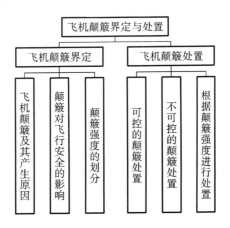

📌 项目引入

2015年8月11日下午2点左右,由成都飞往北京的HU7148航班在下降到4200米左右高度时遇强颠簸,机舱内突然响起"滴滴"两声警报,飞机迅速失重,未系安全带的乘客在机舱内"飞"了起来。飞机遭遇晴空颠簸大约20分钟后,机上空姐带着哭腔广播"还有10分钟降落北京",机长广播解释称飞机突遇气流导致颠簸。截至2015年8月11日下午2点17分,28名旅客和机组人员在颠簸中受伤,伤者被送往医院治疗。

网友PhotoByJade在微博中称:必须在这里跟大家报个平安,我刚刚坐海航HU7148从成都落地北京,中间经历了我坐飞机这么多年来的最大颠簸,看着后面的人磕得满头血,听着空姐带着哭腔的播音,我真的好害怕;我终于落地,感谢机长和乘务员。

乘客林先生说,他和怀孕的妻子在机舱内突然听到"滴滴"两声警报,飞机迅速失重。林先生还没来得及系好安全带,就直接撞到了机舱顶部,并摔到座位后面的过道上,他头部肿起了一个大包,肩膀也被扭伤,幸好他的妻子系好了安全带,未受到太大伤害。林先生站起后跑回座位并系好安全带,机舱内已乱成一片。林先生介绍,事发后,乘务员几乎全部受伤,没系上安全带的乘客也有不同程度受伤。飞机安全降落以后,林先生带着妻子去医院检查,希望妻子腹中胎儿未受到伤害。

据乘客阚女士介绍,事发时飞机受气流影响颠簸失重,未系安全带的乘客"全体飞起来",并被撞伤。机舱内行李架和座椅被撞坏,行李散落一地。另外一名乘客余先生介绍,飞机颠簸时,很多没有系安全带的乘客撞上了机舱顶部,手机和随身物品在刹那间像悬浮在机舱内一样。

问题思考:
1. 本案例中的颠簸属于什么类型、什么强度的颠簸?这种颠簸应如何正确处置?
2. 你从以上案例得到什么启示?

任务一　飞机颠簸界定

一、飞机颠簸及其产生原因

(一)飞机颠簸概述

近年来,国内外各大航空公司飞机突遇颠簸现象越来越多,如何有效地预防颠簸造成的危害,已成为航空业的一个重要课题。根据IATA(国际航空运输协会)统计,当前世界范围内商业飞机遇到的严重湍流,每年导致约5000宗人员受伤事件发生,每年数以百计事件索赔额度达数千万美元。除空难外,空中颠簸是旅客和客舱乘务员受伤的主要原因,也是影响民航飞行安全的重要风险源和难题之一。

飞机颠簸指飞机飞行中突然出现的忽上忽下、左右摇晃及机身震颤等现象。飞机颠簸主要是由于飞机飞入扰动气流区，扰动气流使作用在飞机上的空气动力和力矩失去平衡，导致飞机飞行高度、飞行速度和飞行姿态等发生突然变化而引起的。飞机颠簸强度与扰动气流强度、飞行速度、机翼载荷等有关。民航业内专家指出，空中颠簸发生频率较高且无法对其准确预测，因此对高空飞行构成一定的威胁。

既然空中颠簸已经成为航空安全的重要隐患之一，那么发生空中颠簸的原因又是什么呢？机组和旅客应该怎么做才能确保飞行安全？

（二）飞机颠簸的形成

颠簸是日常飞行中经常会遇到的天气现象，强烈的颠簸不仅会影响乘坐飞机的舒适度，更会危及飞行安全，颠簸伤人的事件屡见不鲜。颠簸的成因和强度各有不同，对于飞行员和客舱乘务员来说，明白颠簸可能会发生在哪些区域、高度层，以及发生的原理至关重要。

1 晴空乱流引起的颠簸

晴空乱流引起的颠簸一般发生在海拔 15000 英尺（约 5 千米）以上。随着海拔升高，在 30000 英尺（约 10 千米）的高空中，其危害程度更甚。晴空颠簸与高空中大气的热力和动力因素有关，当温度场和风场急剧变化时，就会出现强烈的乱流。晴空乱流多出现在对流层上部和平流层下部，是造成高空飞行颠簸的重要因素。

2 雷暴引起的颠簸

雷暴云是雷暴乱流的可见部分，通常上升气流和下击气流延伸到雷暴云之外，在下风向 15—30 英里（1 英里＝1.61 千米）处就可能使飞机遭遇严重的颠簸。

3 热力乱流引起的颠簸

在无云或少云的夏季正午及午后，太阳辐射达到峰值。由于下垫面性质的不同（岩石、沙地、城市区域地面比热容小，吸热快，放热快；而水面、树林等比热容大，吸热慢，放热也慢），下垫面上方气团的温度存在水平差异。当飞机穿越这些冷暖不均匀的空气时，就会遇到不同程度的颠簸。近地面冷空气在暖的下垫面移动时，也会造成不稳定的天气状况，引起颠簸。通过描述不难看出，这种颠簸主要发生在离地面比较近的区域，如果是在飞机下降乃至进近过程中遭遇热湍流，会大大影响飞机的安全降落。

4 逆温湍流引起的颠簸

在逆温层，天气较为稳定，但是在飞越逆温层边界的时候，飞机可能出现颠簸。

5 机械湍流引起的颠簸

在低高度，空气与地面摩擦会产生涡流，此类涡流多发于建筑物、不平整的山地上空。当地面风达到一定强度时，飞机会发生明显的颠簸。

6 山地波引起的颠簸

山地波也是机械湍流的主要成因。高高的山脊干扰了空气的运动,会在背风一侧产生强烈的涡流,从而引发较为严重的飞机颠簸,山地波的影响可能绵延几百英里。

7 锋面湍流引起的颠簸

当冷暖锋交汇,冷暖气团在锋面区域产生摩擦,或冷暖气团之间的风向突然转变会引起锋面湍流。最严重的锋面湍流通常与快速移动的冷锋有关。飞机若向冷锋的高压中心飞行,在到达锋面之前就会遭遇颠簸,颠簸的强度取决于压力中心的强度。

8 尾流乱流引起的颠簸

每架飞机的后面都有一个狭长的尾流区,尾流强度视飞机的重量、速度和机翼的仰角而定。当后面的飞机进入前面飞机尾流乱流区域时,会出现飞机抖动、下沉、姿态改变、发动机停车甚至翻转等现象,产生颠簸。这就是飞机要与其他飞机保持一定的间隔时间起飞的原因。

总之,产生飞机颠簸的基本原因是大气中存在乱流。这些不稳定气流的范围有大有小,方向和速度也各不相同。当飞机进入与机体尺度相近的乱流涡旋时,飞机的各部位就会受到不同方向和速度的气流影响,原有的空气动力和力矩平衡会被破坏,从而产生不规则的运动。飞机由一个涡旋进入另一个涡旋,就会引起振动。当飞机的自然振动周期与乱流脉动周期相当时,飞机颠簸就会变得十分强烈。通过飞机颠簸形成原因分析,人们发现飞机颠簸事件有明显的季节特点。如图 1-1 所示,飞机发生颠簸的高风险季节为夏季,具体月份是每年的 6—8 月。

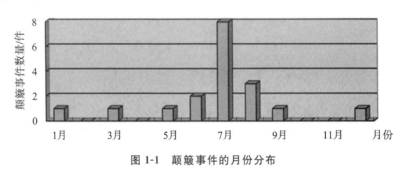

图 1-1　颠簸事件的月份分布

根据中国民航安全信息网资料,2015 年 1 月至 2019 年 7 月颠簸伤人人数统计如图 1-2 所示。

二、颠簸对飞行安全的影响

(一)对飞行驾驶的影响

飞机在颠簸区中飞行时,气流的不规则变化会使飞机高度、速度以及姿态出现异常。

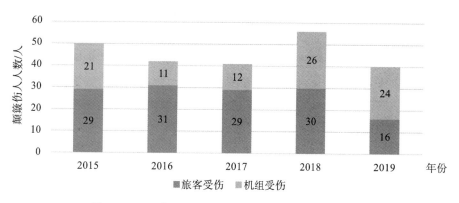

图 1-2 2015 年 1 月至 2019 年 7 月颠簸伤人人数统计

颠簸强烈时,飞机忽上忽下的高度变化经常可达数十米甚至数百米,给飞机的操纵带来很大的困难,使飞行员必须花费更多的精力来保持飞机处于正常飞行状态,因而对飞行员的体力要求很高。

(二)对仪表指示的影响

飞机颠簸时,飞机上的仪表受到不规则的震动,指示常会出现一些误差,特别是在颠簸幅度较大、较为频繁的时候,不能准确地反映出瞬时的飞行状态,空速表指针跳动可达 15 km/h,对飞行的飞机可能带来不良后果。

(三)对飞机结构的影响

飞行中发生颠簸时,飞机的各部分都经受了忽大忽小的载荷,颠簸越强,载荷变化就越大。如果长时间经受强烈载荷变化的作用,或受到的载荷超过其所能承受的最大载荷,飞机的某些部件,比如飞机机翼(尾翼)就可能变形甚至折断。

■ **知识关联**

近十年来民用航空器颠簸伤人事件

2021 年 4 月 1 日,某航班从乌鲁木齐飞往上海途中遭遇严重颠簸,备降敦煌机场。落地后,一名老年旅客因伤势较重被用担架送出,还有一名老年旅客因体力不支被扶下飞机,多名旅客体感不适,一名客舱乘务员腰部受伤下机就医。

2019 年 8 月 15 日,由羽田机场飞往北京的全日空某航班(机型为波音 787)在北京机场东北方上空约 5500 米的高空飞行时,机体突然发生了剧烈颠簸。当时有 2 名乘客和 2 名客舱乘务员因跌倒而受伤,其中一名 60 多岁的女性乘客的右脚背骨折。

2019 年 5 月 17 日,洛杉矶飞往北京某航班,机组绕飞雷雨过程中颠簸幅度突然增大,后舱有 2 名客舱乘务员受伤,其中一名左侧眶内壁及下壁骨折,另一名桡骨远端骨折、胸椎骨折、骶骨骨折。

2019年5月6日,某航空公司空客330飞机在回北京的下降过程中突遇颠簸,客舱乘务员在落地前30分钟还没忙完,有2人在颠簸中受伤,其中1人桡骨骨折。

2018年9月21日,普吉岛飞往上海某航班落地前50分钟遭遇严重颠簸,后舱2名客舱乘务员受伤,客舱中部分区域的行李架底部壁板破裂,后舱服务间天花板破裂。

2017年6月18日,巴黎飞往昆明的某航班巡航期间遭遇颠簸,持续10多分钟经历2次500米自由落体式垂直下落,导致42名旅客送医,其中4人重伤,8人轻微伤。

2017年3月5日,新加坡飞往上海浦东某航班,3月6日凌晨3:15在上海管制区域突然发生强烈颠簸,造成1名旅客受伤。

2016年11月29日,由昆明飞往悉尼某航班在悉尼机场降落时遭遇严重颠簸,有多名乘客受伤,被送往医院接受治疗。

2016年5月7日,印度尼西亚巴厘岛飞往香港某航班,在航行至婆罗洲上空时遭遇严重乱流,导致14名旅客及3名机组人员受伤。

2015年8月11日,国内某航空公司A330-200飞机执行成都至北京航班,在北京区域下降过程中突遇颠簸,导致19名旅客和9名客舱乘务员受伤。

2015年8月5日,国内某航空公司A320飞机执行青岛至赤峰航班,在赤峰塔台管制区域下降过程中突遇颠簸,导致2名旅客受伤。

2015年7月30日,国内某航空公司B737-800飞机执行厦门至合肥航班,在巡航阶段突遇晴空颠簸,导致1名旅客和4名客舱乘务员受伤。

2015年7月23日,国内某航空公司A330-200飞机执行某国际航班,在北京管制区域下降过程中突遇颠簸,1名从卫生间出来走在过道中的旅客被颠起受伤。

2015年7月23日,国内某航空公司A321飞机执行金浦至北京航班,在北京管辖区域下降过程中突遇颠簸,导致5名客舱乘务员受伤。

2015年7月14日,国内某航空公司A330飞机执行西宁至北京航班,在北京管制区域下降过程中突遇颠簸,导致6名旅客和3名客舱乘务员受伤。

2014年9月8日,国内某航空公司A330-200飞机执行浦东至新加坡航班,在香港管制区域下降过程中突遇颠簸,导致4名旅客和2名客舱乘务员受伤。

2013年12月14日,国内某航空公司B737-700飞机执行昆明至杭州航班,在杭州管制区域下降过程中突遇颠簸,导致1名旅客和2名客舱乘务员受伤。

2013年4月25日,国内某航空公司A330飞机执行悉尼至广州航班,在广州区域绕飞雷雨过程中突遇颠簸,导致2名旅客和1名客舱乘务员受伤。

2012年5月,国内某航空公司一架由广州飞往上海的波音777客机,在起飞约半小时后遭遇晴空颠簸,导致11人受伤。

2012年4月4日,美国联合航空公司的某次航班,在途经美国路易斯安那州上空时突遇强乱流,发生严重颠簸,导致包括部分机组人员在内的12人受伤。

2012年1月7日,澳大利亚航空公司一架空客A380飞机在执行从伦敦途经新加坡飞往悉尼航班任务的途中发生剧烈颠簸,导致7名乘客受伤。

2011年9月,一架港龙航空客机从香港起飞前往泰国普吉岛途中遇上气流,当时机组发出系好安全带指示,飞机受气流冲击如过山车般急升急坠,3名空姐由于要照顾旅客,撞伤手脚和背部。

2011年8月18日,国内某航空公司3U8637航班从重庆飞往九寨沟途中,突遇强气流致飞机发生颠簸,2名旅客与2名正在工作的客舱乘务员受到轻微擦伤,飞机返航降落至重庆机场。

三、颠簸强度的划分

颠簸强度是指单位时间内,飞机在气流的作用下升降的幅度和次数。飞机升降的幅度越大,次数越多,表示颠簸越强。颠簸按剧烈程度可划分为轻度颠簸、中度颠簸、强烈颠簸、极度颠簸四种。

(一)轻度颠簸

飞机轻微、快速而且有节奏地上下起伏,但是机上人员没有明显感觉到高度和姿态的变化,或者感到飞机轻微不规则的高度和姿态变化。具体表现为饮料在杯中晃动,但未晃出;旅客有安全带稍微被拉紧的感觉,行走略有困难;餐车移动略有困难。

(二)中度颠簸

飞机快速地上下起伏或摇动,但机上人员没有明显感觉到飞机高度和姿态的改变或感觉到飞机有高度和姿态的改变,但是认为在可控范围内,通常这种情况会引起空速波动。具体表现为饮料会从杯中晃出,未固定的物体发生移动;旅客明显感到安全带被拉紧,行走困难,没有支撑物较难站起;餐车移动困难。

(三)强烈颠簸

飞机高度或姿态有很大并且急剧的改变,通常空速会有很大波动,飞机可能会在短时间失控。具体表现为物品摔落或被抛起,未固定物品摇摆剧烈;旅客有被安全带猛烈拉紧的感觉;不可能在客舱中行走;如果没有把扶支撑物无法站立。

(四)极度颠簸

飞机被强力抛起,实际上飞机无法被控制,可能发生飞机结构损坏。具体表现为所有未固定的物体或旅客被抛起和摔落;人员无法站立和行走;严重时机体撕裂甚至折断。

任务二　飞机颠簸处置

一、可控的颠簸处置

（一）航前做好颠簸的各项预防措施

客舱乘务组作为客舱服务和安全的第一责任主体，应首先提高对颠簸的思想认识。在航前准备时，乘务长应将机长通报的执行航班、预计航路天气等情况告知每一位客舱乘务员，将可能发生颠簸的相关信息传达至每位组员，让大家高度重视，做好颠簸的各项预防措施。并且，适时调整空中服务程序，做好空中颠簸应急处置的心理和组织准备。当可用时间段不足以安排所有服务项目时，以安全为前提，优先安排重要性强的项目，其他项目则穿插安排，形成最佳服务预案。

起飞前，应加强旅客乘机的安全意识，不断提醒旅客系好安全带。除特殊需求外，要求旅客全程都系好安全带。乘务员与旅客交流时，应将防颠簸危害的安全和知识传达给旅客，让旅客明白飞行安全是需要配合才能实现的。

（二）接到驾驶舱可能会发生颠簸的通知时，乘务组应采取的措施

1　乘务长发起组织指挥

（1）询问飞行机组，了解可能发生颠簸的时间、颠簸的预期强度和持续时间、颠簸结束信号以及其他所有具体的信息或说明。

（2）及时把预期颠簸信息传达给乘务组全体成员，并要求各号位乘务员做好相应的准备，同时广播通知旅客回原位坐好并系好安全带，洗手间暂停使用。

2　各区域乘务员进行颠簸前的安全检查

（1）确保所有旅客坐在座位上并系好安全带，婴儿和儿童应被固定在经批准的儿童固定装置或座位上。

（2）确保所有的卫生间无人使用。

（3）确保客舱内无任何可能松动或者滑落的物品，确保行李架都在扣好状态。

（4）整理好厨房服务用品并将其放置在储藏柜或餐车内可以封闭的合适位置；把餐车、水车推回原存放位并踩好刹车，扣好安全锁扣；固定客舱和厨房中所有的松散物品。

3　客舱乘务组自身做好安全准备

（1）客舱乘务员坐在指定的乘务员座椅上，系好安全带和肩带，直到驾驶舱发出"颠簸

结束"信号。

(2)当"颠簸结束"信号发出后,检查旅客和客舱的情况。

(3)无论任何飞行阶段,"系好安全带"指示灯亮后,应回座位系好安全带和肩带,并广播通知旅客系好安全带。

(三)颠簸发生后对设备设施及受伤人员的处理

颠簸发生后,一旦飞机平稳下来,乘务组要沉着冷静地处理好颠簸过后的相关事宜,及时巡视客舱,并向驾驶舱机组报告客舱破损及人员情况,以使驾驶舱机组根据飞机及人员情况采取相关措施,如就近备降或联系救护车等。

同时,乘务组要为受伤人员采取必要的急救措施,调整旅客座位,同时提醒其他旅客系好安全带。乘务长此时更应把握大局,有条不紊地处理一系列相关事宜,与驾驶舱保持联系,并在航班结束后填写特殊事件报告单。

二、不可控的颠簸处置

当飞行中突然发生中度或较严重的颠簸时,乘务组应采取以下措施。

(1)立即坐在最近的空余座位或乘务员座位上,系好安全带和肩带;如果没有空座位且离乘务员座椅较远,要想办法固定好自己。

(2)通过旅客广播系统指示旅客系好安全带。

(3)不要试图固定厨房里的松散物品。不可控颠簸发生后的客舱和厨房如图1-3所示。

(4)如果在一段时间之后没有颠簸发生,而"系好安全带"指示灯依然亮着,则乘务员可以主动与驾驶舱机组联系,以确定重新开始履行职责是否安全。

图1-3 不可控颠簸发生后的客舱和厨房

三、根据颠簸强度进行处置

根据颠簸强度采取相应措施可以将颠簸危险性降到最低。颠簸虽很少造成机毁人亡的惨剧,但也威胁到飞行安全,尤其是客舱乘务员多数时间在客舱内活动,遇到颠簸受伤的概率比较大,提高客舱乘务员自我保护意识是防止受伤害的重要前提。特别是在一些短程航线上,客舱乘务员往往因未完成一些特定服务程序,而不顾颠簸带来的危险,继续在客舱内走动。这样不仅会使自身受伤害的概率大大增加,同时也会对旅客起到负面示范效果。因为旅客看到客舱乘务员仍在客舱内走动,会认为颠簸不存在危险,从而放松对颠簸的防范意识。所以,客舱乘务员应该明确三种颠簸的客舱表现以及颠簸时客舱服务的应对步骤(见表1-1),建立防范意识,以避免或降低颠簸造成的人员伤害。

表1-1 颠簸强度及其相应处置

颠簸强度	客舱乘务员处置
轻度颠簸	客舱乘务员应进行客舱广播,核实旅客是否遵守"系好安全带"指示灯的要求;核实婴儿或儿童是否安全坐在批准的座位上;固定无人看管的手推车、客舱和服务用品;继续进行客舱服务,但不提供热饮,避免烫伤旅客
中度颠簸	客舱乘务员在进行客舱广播的同时应暂停服务,将餐车、饮料车推回厨房,锁扣好餐车,回到座位,系好安全带和肩带的同时提醒旅客系好安全带
强烈/极度颠簸	客舱乘务员应立即停止一切服务,原地踩刹车,将热饮壶放置在饮料车内,并就近坐好,系好安全带,固定好自己

■ 行动指南

遇到飞机颠簸,乘客应该怎么做

2015年8月,海南航空由成都飞往北京的HU7148航班在飞行途中突然遭遇强烈颠簸,导致28名旅客、机组人员受伤。据了解,此次强烈颠簸是由晴空乱流导致的,是难以预见的突发状况。人员受伤主要是由于当时没有系好安全带。由此可见,乘客了解飞机遭遇颠簸时的应对措施十分重要。那么,遇到飞机颠簸乘客应该怎么做呢?

(1)遇有颠簸,旅客应立即系好安全带,听从客舱乘务员的安全指令,回座位坐好,停止使用卫生间。即使出现心理不适,也要调整心态,不要出现抵触情绪。

(2)突发强烈颠簸时,旅客可能离座位较远,来不及回座位,那么旅客应该立即蹲下,抓住旁边可固定的物体,如座椅护手、座椅脚柄、行李挡杆等;如果旅客正在使用卫生间,没有安全带可系,要立即抓住辅助手柄(很多机型的厕所马桶旁配有辅助手柄)、水盆边缘、门把手等坚实物件;如旅客正在用餐、用水,特别是热饮,应立即将餐饮放置在地板上。

(3)旅客也应养成良好的乘机习惯,多了解乘机的安全知识。座椅口袋里有安全须知卡,起飞前客舱会播放安全录像,应认真观看。颠簸时千万不要开启行李架,以免行李砸伤人。不要睡在地板上,躺在空座位上睡觉时务必系好安全带,一旦发生颠簸,应立即起身坐好。成人旅客应做好对儿童、婴儿旅客的监控,不能因其不愿意或哭闹就不为其系好安全带。孕妇旅客可以将安全带系于大腿根部,并在中间垫一个柔软的东西,如小枕头。身体不方便的旅客,可以请求客舱乘务员或其他旅客的帮助。

(4)旅客应克服恐惧心理,严重颠簸时,飞机会左右摇摆,机体会剧烈晃动,甚至快速掉高度,旅客会有失重感,会感到恶心、头晕或者呕吐,很多人会感到很害怕。这时旅客一定不能慌张,要保持平稳心态,可以通过咀嚼动作或捏住鼻子深呼吸来减轻耳压,尽量将头靠在座椅背上不动,以减缓眩晕。飞机座位口袋里一般都配有呕吐袋,是经防水处理的,供旅客呕吐时使用。

（资料来源：佰佰安全网）

■ 知识链接

鉴于颠簸伤人事故频发,民航局督促航空公司加强客舱安全管理

2019年7月30日,民航华北局(全称中国民用航空华北地区管理局)给国航(全称中国国际航空股份有限公司)下了整改通知,决定从2019年7月31日起至8月13日,暂停国航各乘务训练中心所有客舱乘务员的训练,此期间所有训练记录不予认可。要求国航立即结合局方检查中发现的问题,开展对客舱秩序的全面整顿,并且重新评估公司在政策制定、程序设计、人员培训等方面的风险,制定整改措施。

民航华北局提出,2012年10月16日,民航局正式颁发了96号文件《关于加强客舱安全管理工作的意见》,要求在飞机起飞后20分钟和落地前30分钟内,客舱乘务员不得从事与客舱安全无关的工作,而国内各航空公司也根据局方要求及时修订了客舱乘务员手册。然而,近几年国航颠簸导致的客舱乘务员受伤事件仍不断发生,2019年5月又接连发生"5·6""5·17"颠簸伤人事件。

局方在后期复查国航对相关工作的整改落实过程中发现,有关安全隐患依然突出,具体表现在:在被检查的航班中,有40%在起飞后不到20分钟即开始客舱服务,有70%在落地前30分钟内仍在进行客舱服务,如在客舱内来回走寻找金卡会员告知落地时间、整理服务台等,甚至聚集闲谈,部分客舱乘务员直到进近阶段才坐好、系好安全带。在被检查航班中,客舱乘务员在下降关键阶段落座的平均时间是落地前14分钟,最晚是落地前7分钟。要知道,因为飞机在离开地面后到达安全飞行高度需要约20分钟,而从安全巡航高度到落地需要约30分钟,而这两个时间段都是颠簸的高发阶段,同时有数据显示,80%的飞行事故都是在这两个阶段发生的。因此,华北民航局经管理局安委会研究决定做出上述处理。

实际上,不止国航,国内几乎各家航空公司都存在类似的问题。特别是1小时左右的航班,比如北京—青岛、上海—福州、广州—厦门,如果减去起飞后20分钟和降落前30分钟的时间,空中就只剩10分钟可以从事客舱服务及安全检查工作。以空客A320或波音737为例,满客情况下,旅客一般有150人左右,客舱乘务员用最快的速度做准备,也只够给每名旅客发瓶矿泉水,如果发餐再加上收餐,客舱乘务员要推车到客舱两次,即便对业务熟练的资深客舱乘务员来说,10分钟的时间也几乎是无法完成服务程序的。

随后,在民航局8月1日召开的航空安全工作电视电话会议上,李健副局长表示,截至7月底,运输航空已经实现持续安全飞行107个月、7543万小时,我们每天都在不断地刷新着中国民航历史上最长的安全纪录。但同时,今年以来的典型不安全事件已多次为我们敲响警钟,暴露出有些单位在成绩面前忘了本分、在风险面前乱了阵脚!他指出,5月6日,某航空客330在回北京的下降过程中,乘务员在落地前30分钟还没忙完,2人因颠簸受伤,其中 1 人桡骨骨折。5 月 17 日,B777-300ER 在北京区域绕飞雷雨时突遇严重颠簸,飞机还有 25 分钟落地,客舱乘务员仍在整理客舱、进行安全检查,未在执勤位置就座,7 名乘务员不同程度受伤,其中一人眼眶骨折,另一人胸椎、桡骨、骶骨骨折。12 天连续发生 2 起颠簸伤人的一般事故征候,已经不能再当作"意外事件"。他列举了几个数据:近 5 年来,全民航 88 起颠簸伤人事件中,总共有 153 人受伤,其中客舱乘务员占 60% 以上。这说明归根到底还是乘务员认识不到位、航空公司管理不到位。

据悉,国航于 8 月 9 日下发了《关于严格落实颠簸防控操作细则的通知》,新发布的操作细则中有这么几个亮点:取消对金卡/白金卡等所有会员旅客的确认和自我介绍要求;在可以正常播放安全须知录像的航班上,取消客舱乘务员安全演示程序;50 分钟内的航班不需要安全检查,使用广播提示旅客;实际飞行 70 分钟以内的航班,原则上不配餐,如需配备,在登机时发放或由乘客自取;70—120 分钟的航班,取消餐前饮,头等/公务餐食一盘端,取消高端会员优先选餐。

项目训练

1. 某航班将执飞重庆至拉萨飞行任务,请模拟客舱乘务组航前准备会,做好飞机颠簸预案。

2. 角色扮演:重度颠簸处置。

3. 上网查找近期国内外飞机颠簸案例,谈谈该航班客舱乘务组处置情况,并分析其需要改进的地方。

项目二　客舱释压界定与处置

项目目标

○ 知识目标

1. 了解客舱增压和供氧系统。
2. 熟知客舱释压的种类以及客舱释压的处置方法。
3. 掌握客舱释压的处置程序。

○ 能力目标

1. 能根据客舱释压种类及时判断出飞机上有可能发生释压的情况。
2. 能根据判断的相应客舱内的情况准确进行客舱释压处置。
3. 能根据客舱释压的处置程序,在客舱发生释压时组织乘务员进行释压处置。

○ 素质目标

1. 根据飞机上所有情况及时做出判断并报告乘务长,做好防控的预案,养成防患于未然的职业习惯。
2. 教育学生一旦发生客舱释压,严格按照释压处置程序进行释压处置。对学生忽视操作规范的行为进行纠正,让学生明白飞行中遗漏任何一个环节都会造成事故,培养他们精益求精的工匠精神。
3. 任何时候都要关注每一位旅客,绝不粗心大意,绝不掉以轻心,一定要"敬畏生命"。

知识框架

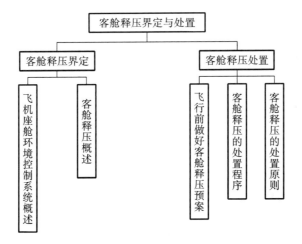

项目引入

2018年5月14日,3U8633航班从重庆飞往拉萨。起飞40分钟左右,驾驶室的玻璃突然破裂,驾驶设备也失控,客舱瞬间释压。面对险境,机长刘传健冷静应对,空乘人员全力配合他。最终,飞机平安降落。

事件经过:飞机刚起飞没有多长时间,机长刘传健就听见奇怪的声音。他回头一看,发现驾驶室玻璃出现裂痕,一股不妙的感觉在他心头升起。随后客舱氧气面罩脱落,乘客一片惊呼。机组成员在机长指挥下,凭借平时反复训练积累的经验冷静应对,极力保护每一位乘客的安全。飞机上的其他工作人员全力配合他,客舱乘务员一边指导旅客吸氧,一边安抚受到惊吓的乘客……最后,飞机平稳落地,无一人受伤。

刘传健是一位经验丰富的机长,可以说是"久经沙场""身经百战"。为了保证乘客的生命安全,他不断学习探究。作为业内人士,他常常对世界级航空事故进行专业研析。正是因为有这种精神,他才会在2018年5月14日这一事故中化险为夷。电影《中国机长》便取材于此案例。

问题思考:

1. 观看电影《中国机长》,想一想在飞机快速释压时客舱内会产生哪些现象?如何针对各种现象进行正确处置?

2. 你从以上案例中得到什么启示?

任务一　客舱释压界定

一、飞机座舱环境控制系统概述

随着距离地面的高度的增加,大气压下降,大气中的含氧量也会减少。在4000米的高度上,人体中的氧气已经不能维持正常的活动,人会出现缺氧症状。在6000米的高度上,人能保持正常知觉工作的时间(有效意识时间)减少到不足15分钟。在8000米高空,这个时间只有3分钟。在8000米以上的高度,人体内部分氮气和水分会以气体形式逸出体外,使身体浮肿,造成减压症。在10000米的高空,气温会降到-50 ℃以下。因而在飞行高度超过6000米的飞机上,必须采用环境保护措施来保障乘客和机组人员的生命安全。这种保障系统我们称为座舱环境控制系统。它包括三大部分:氧气系统、增压座舱和空调系统。

(一)氧气系统

除没有增压舱的货机和一些军用飞机使用氧气瓶和氧气面罩来维持机组的生命外,现代飞机的氧气系统一般由氧源、管路和面罩几部分组成。为乘客供氧一般采用连续供氧系统,其管路的高压部分由过滤器、截流阀、气压表组成。高压氧气经过减压阀后成为低压氧气,被连续输送到面罩中。

飞机上供乘客使用的氧气面罩装置位于座位附近,通常在天花板上。一旦舱内气压降到低于4500米高空气压时,氧气面罩会自动从上面落下。氧气面罩只在紧急情况下救生使用,维持供氧15分钟左右。目前绝大多数飞机的氧气是用高压气瓶储存的,有的飞机将化学氧气发生器作为备用气源,还有个别飞机和军用飞机使用液氧作为氧气源。

对机组人员供氧系统的要求要比乘客系统的高,因为驾驶人员的活动量大而且责任重,一旦出现缺氧症状后果不堪设想。机组人员的供氧系统一般采用需用压力系统,这个系统与连续供氧系统的不同之处在于,气体减压之后,每一位成员的面罩前有一个需用压力调节器,这个调节器按照使用者的呼吸过程断续供氧,使用者可以按自己的需要来调整氧气的压力。这个调压器不仅可以调节氧气的供应量,还可以通过调节吸入空气的量来调节氧气的浓度,一般称为呼吸压力调节器。

(二)增压座舱

高空的低气压会使人产生减压症状,因而在高空飞行时要保持座舱和驾驶舱的气压在合适的范围,就需要把整个座舱的压力增加,使人能正常呼吸。增压的座舱要密封,不断压入空气,因而增压座舱又叫气密座舱。

增压座舱的气源是发动机,喷气式发动机用压气机引出的气体来为座舱加压,活塞式发动机则备有专用增压器为座舱增压,源源不断地给客舱提供能增加0.8个正常大气压的空气,使座舱的压力高度保持在2400—4000米。飞行的高度越高,座舱外的压力越低,因而为保证座舱内外的压力差基本不变,座舱内的压力高度也要随之变化。飞得越高,气体向外泄漏得越多,加压装置也要供应更多的空气。当加压装置供应的气体不足以保障4000米高度的压力时,飞机也就到了它飞行高度的极限。现代飞机座舱内的压力高度一般保持在3000米以下,以保证乘客的舒适。

增压客舱是一个密封的结构,每3分钟左右更新一次。增压座舱内外的压差使飞机结构承受巨大的力,在2400米高度时气压为0.76个大气压,而在12000米高度时气压为0.19个大气压,飞机外壳要承受37吨的力,这使结构重量增加。为了控制这个重量,一般飞机都要确定一个最高的压力差值。随着飞行高度的增高,座舱内的压力高度也应增高,以保持压力差在允许范围内。空气由增压器和直接空气进口进入空调系统,再由空调系统供应座舱。舱内设有减压阀,当舱内压力过大时,会自动将气体排出。

飞机起飞降落时,由于存在着近2400米高度差所导致的气压变化,乘客会感到耳朵内鼓膜疼痛不适。

■ 知识链接

太阳神522飞机"增压系统"事故

太阳神522号飞机是一架由塞浦路斯经希腊雅典转飞捷克布拉格的波音737型飞机。2005年8月14日,该飞机坠毁在希腊雅典附近的一个山坡上,机上115名旅客及6名机组成员全部遇难。

事故调查发现，造成该事故的主要原因是客舱未能自动增压，导致机组和旅客缺氧窒息，飞机无人驾驶，最后燃油耗尽坠毁。飞机驾驶员在飞机起飞前忽略了对飞机增压系统的检查，致使飞机增压系统开关被设定在了"手动"位置而不是正常的"自动"位置上。飞机起飞后，随着飞行高度的攀升，客舱内的气压迅速下降，而驾驶员却浑然不知。当驾驶舱内的低压警报响起时，机组成员无法判断警报响起的原因，进而造成飞机缺氧，机上人员（包括驾驶员、乘务员）都因缺氧而昏迷，飞机处于无人驾驶状态。虽然后来有保持清醒的乘务员曾试图挽救正在坠落的飞机，但飞机还是因为燃油耗尽而坠毁。

（三）空调系统

空调系统的功能是保证座舱内的温度、湿度适宜，保障舒适安全的飞行环境。空调系统由加热、通风、除湿等部分组成。

现代化的大型飞机上，控制飞机座舱内部的压力、温度、通风的机械组成一个完整的系统。它由空调组件、分配管路和控制系统组成。

飞机装有空调系统，压气机输送的空气处于压缩状态，温度很高。所以，空调系统从外边引入一些冷空气与之混合，在气体达到使用标准后再将其送入客舱。客舱内有温度表、压力表、湿度表，座位上方可调节送风口。客舱壁板上还附有隔音材料，使舱内噪声在70分贝以下。

■ 行动指南

民航局就"CA106航班客舱释压"事件行政约见国航

中新网7月19日电 据民航局网站消息，7月19日，中国民航局就中国国际航空股份有限公司7月10日发生的CA106航班客舱释压事件对国航实施了行政约见。中国民航局要求国航认真开展安全整顿，全行业开展为期3个月的安全大检查。中国民航局将成立督查组进驻国航，开展为期3个月的整改督查工作。

据中国民航局13日上午的通报，7月10日，国航CA106香港至大连的航班上，机组在广州区域上空，误把空调组件关闭，导致座舱高度告警，机组按紧急释压程序进行处理，释放了客舱的氧气面罩。在下降到3000米后，机组发现情况不对，就恢复了空调组件，增压恢复正常。22时31分，飞机在大连机场安全降落。

中国民航局称，初步调查显示，此次客舱氧气不足，座舱高度告警系副驾驶吸电子烟，为防止烟味弥漫到客舱，在没有通知机长的情况下，错误关闭了与循环风扇相邻的空调组件所致。

会议通报了局方对该事件的处罚决定，要求国航认清当前形势，眼睛向内，找准问题，坚持整改；认真开展安全整顿，以"对安全隐患零容忍"和"眼里不揉沙子"的态度，查找安全管理薄弱环节，扎实做好安全工作；扎实做好"三基"工作，增强安全发展的内在动力；重视运控保障，提高系统安全保障能力，确保运控队伍满足运行保障和应急管理的实际需要。中国民航局将成立督查组进驻国航，开展为期3个月的整改督查工作。

会议强调，全行业要举一反三，立即开展为期3个月的安全大检查，全面查找各单位在安全思想认识、规章责任落实、安全风险防控、理论技术培训、飞行作风和稳定等方面存在的隐患和问题。

国航主要负责人表示，国航将深刻反省，端正态度，诚恳接受批评和各项处罚，把"坚持民航安全底线，对安全隐患零容忍"的要求落实到思想认识、发展决策、生产运行的各方面和全过程。

二、客舱释压概述

（一）什么是客舱释压

既然飞机客舱的增压系统会给客舱增压，那么，一旦增压系统被破坏或飞机机体破损，客舱内的空气就会外泄，空气压力就会减小，此时外部高空的低压空气快速涌入，会使客舱内的空气压力迅速下降，客舱内空气稀薄，机上人员感到呼吸困难、极度寒冷，很快失去意识，甚至会遭受不可逆的损伤，严重时会直接死亡。

飞机客舱就像气球一样，如果内部的空气压力过大，会损伤到机体结构。当飞机外部压力比客舱内的还要大（比如飞机在空中紧急下降时），便称之为负压。这时飞机也能通过活门的控制，来保持内外空气压力的平衡。

客舱释压是指当飞机的飞行高度超过3000米时，因为飞机的增压系统故障或机体破损等原因，空气压力被释放，造成客舱内气压降低的现象。一般情况下，客舱释压分为快速释压和缓慢释压两种。

（二）两种类型的客舱释压

1　快速释压

快速释压是指客舱在短时间内迅速失去空气压力的现象，它可能是由机体结构破损（见图2-1）、炸弹爆炸或武器射击引起的。在极端情况下，快速释压也被称为爆炸性释压。

图2-1　机体结构破损

快速释压的情况虽然罕见,却是客舱应急事故中最严重的一种,因为它不但会影响客舱的内部环境,而且会损坏机体结构。大多数情况下,快速释压会伴随巨大的声响,客舱里的高压空气会"奔涌而出",直到飞机内外压力一致为止。机体会产生大幅度的摇摆晃动和紧急下降。客舱内的温度会迅速降低,有薄雾出现。机内物体会在舱内飘飞,并伴有大量灰尘。此外,机上人员会感到头痛、压耳、呼吸困难。氧气面罩会自动脱落,"系好安全带"指示灯和"禁止吸烟"指示灯会亮起。

快速释压是非常危险的,因为人体的肺部通常需要约 0.2 秒的时间来释放空气,所以任何短于这个时间的快速释压都会引起肺部的撕裂或严重损伤。当发生快速释压时,机上人员应尽快戴上氧气面罩,驾驶员应把飞机下降到 10000 英尺(1 英尺≈0.3 米)以下的高度,必要时还可采取其他紧急措施,以减少释压造成的破坏。

■ 知识链接

811 号班机事故:飞机舱门突然打开,9 名乘客被吸出!

1989 年 2 月 24 日凌晨 2 点,美国联合航空 811 号班机从檀香山起飞,执行前往悉尼的飞行任务。随着高度的不断升高,机舱内外的压力差也开始陡增。当飞机爬升至 2.3 万英尺高度时,坐在商务舱的乘客突然听到机体传来类似研磨的声音,坐在货舱附近的乘客,听到的噪声更大。但他们都没有意识到,一场大灾难即将来临。1.5 秒之后,811 号班机前货舱门爆开,强大的冲击力瞬间在机体上撕开一个大口子。紧接着,巨大的压力差,将 9 名乘客吸出舱外,从数千米的高空摔下。一名空姐差点被吸出去,幸运的是被座椅勾住,在乘客和其他机组人员的帮助下,被成功地拉回了机舱内,但是也受了很严重的伤。

由于爆炸性减压,机舱严重缺氧,乘客们都无法呼吸。克罗宁机长紧急下降高度,两分钟内下降了 8000 英尺,使飞机到达了乘客可以呼吸的大气层。正当机组人员松了一口气时,却发现飞机 3 号发动机已经解体,4 号发动机也严重受损,右翼前缘装置以及水平安定面也遭受了碎片的袭击,产生不同程度损伤。飞机上出现了一个大洞,机组人员一直认为遭遇了炸弹袭击,机长克罗宁果断掉头,驾机返回檀香山。机长牢牢地控制着飞机的飞行速度,空姐则引导乘客做好迫降准备。幸好机组人员足够优秀,他们相互配合,最终安全返回了机场。

美国国家运输安全委员会(NTSB)对事故进行了调查,最终确定该事故的可能原因是下部货舱门在飞行中突然打开,随后剧烈减压。门打开的主要原因是门控系统的线路出现故障,该故障导致在舱门关闭、飞机起飞后,门锁闩向开启位置移动。其他原因还包括货舱门锁定机构的设计使其容易变形,使门被锁后为虚掩状态。后来,各国航空部门都对飞机舱门设计制定了严格标准。

2 缓慢释压

缓慢释压是指客舱逐渐失去空气压力的现象,它可能是由客舱舱门失密、挡风玻璃破损(见图 2-2)或增压系统故障引起的。

在发生缓慢释压时,客舱密封破损处会有漏气的尖响声。客舱内的轻细物体会被吸向破损处,且破损处有外部光线射入。人体会有压耳、打嗝和排气现象。飞行高度大于 14000

图 2-2 挡风玻璃破损

英尺时,氧气面罩会自动脱落,"系好安全带"指示灯和"禁止吸烟"指示灯会亮起。

缓慢释压的高度不同,人体的缺氧症状也会有所不同,具体症状如表 2-1 所示。对身体差的人来说,缺氧症状会更加严重。

表 2-1 飞行高度和缺氧症状对照表

飞行高度	缺氧症状
10000 英尺(约 3000 米)	头痛、非常疲劳
14000 英尺(约 4200 米)	发困、视力减弱、指甲发紫、肌肉不协调、晕厥
18000 英尺(约 5500 米)	记忆力减退、重复同一种动作
20000 英尺(约 6000 米)	虚脱、昏迷、休克,有效知觉时间为 5—10 分钟
25000 英尺(约 7600 米)	昏迷,有效知觉时间为 3—5 分钟
30000 英尺(约 9000 米)	有效知觉时间为 1—2 分钟
35000 英尺(约 10000 米)	有效知觉时间为 30 秒
40000 英尺(约 12000 米)	有效知觉时间为 15 秒

表 2-1 中,有效知觉时间(Time of Consciousness,TUC)是指人体在低压缺氧的环境下能够有效实施有意识活动的时间。这个时间从面临缺氧环境开始到有效功能丧失为止。超过有效知觉时间后,当事人无法再采取纠正和保护措施。

■ 知识链接

飞机舱门没关严,这可不是玩笑!

2016 年 1 月 3 日,韩国真航空一架波音 737-800 客机在菲律宾宿务岛起飞 40 分钟后,被发现一扇舱门未关闭,使飞机紧急返航。据悉,该客机载有 163 名乘客。

据报道,韩国真航空公司官员表示,客机起飞后不久,前舱门处传来奇怪的声音,机长随后决定返航。出现噪声可能是因为舱门未完全关闭,从而导致舱内气压降低。一些乘客感到头疼和耳朵疼,但情况不严重。

事后,该航空公司证实,主门确实没有关闭严实,导致出现噪声。韩国交通部门就这起事件展开了相关调查。

任务二 客舱释压处置

一、飞行前做好客舱释压预案

(一)航前准备会做好预案

我们知道,在飞行前两小时,飞行机组在公司开准备会,主要是了解航班任务,包括机型、机组人员信息、航班飞行的起始地和时间等。飞行员还需要了解有关近期的一些安全事件的通告、起降机场的具体信息、途经的管制区当天的资料,以及天气、航线图等。乘务组则需要做好人员分工,了解该航班的乘客情况等。航前准备会分乘务组单独召开和机组共同参与的两种会议。

1 乘务组的航前准备会

在每个人自我介绍后,检查所有携带的证件是否到期。之后会有安全知识问答,乘务长会抽查飞机释压知识,如果客舱乘务员多次回答不上,会被解除飞行任务。然后要了解航班的具体信息,包括飞行情况、所配机组人员、自己所属号位的各项职责、所执行航班有没有特殊旅客,以及航班的飞机信息,以便发生客舱释压事故时客舱乘务员能各司其职,做好相应处置。最后是要复习在紧急情况下各种安全预案以及应对措施,其中包括客舱释压处置预案。

2 机组共同参与的航前准备会

一般来讲,乘务组上飞机后还会和机组其他成员一起开个会。会议主要内容是制定空防预案、紧急情况下的预案措施以及电话里和机长的沟通话术。相比乘务组单独的会议,这个内容简单一点,时间也会相应短一些。

(二)飞行前检查供氧设备

客舱乘务员登机后根据各自的职责对照《应急检查单》检查核实供氧设备的位置,确认设备状态符合检查单要求。

(1)手提式氧气瓶(见图2-3)飞行前检查:
①开关(ON-OFF)阀门处于"OFF"(关闭)的位置,有一铁丝铅封;
②氧气瓶压力指针在红色区域,压力指示在1800磅/平方英寸(1磅/平方英寸≈0.18千克/平方厘米),即"FULL"(满)的区域内;
③与之配套的氧气面罩用塑料袋密封,并系在瓶体上;
④两个氧气出口上盖有防尘帽。

图 2-3　手提式氧气瓶

■ 知识链接

飞机上的氧气面罩

飞机上安装有两个独立的氧气系统:一个系统供旅客和飞行乘务员使用;一个系统供驾驶舱使用。氧气面罩是为旅客提供氧气的应急救生装置,是旅客用于吸氧的工具。当客舱释压导致座舱压力高度达到14000英尺时,氧气面罩会自动脱出。

氧气面罩的位置:氧气面罩位于每一排旅客座椅上方氧气面罩储藏箱和洗手间马桶上方及乘务员座椅上方壁板内(如图2-4所示)。一般飞机每排氧气面罩的数量比座位数多出1个;每位飞行乘务员座椅上方有1个,洗手间马桶上方有2个。

图 2-4　氧气面罩的储藏位置

■ 知识关联

飞机客舱内氧气面罩脱落方式

飞机客舱内氧气面罩脱落方式有以下三种。

1. 自动脱落

通常情况下,驾驶舱的氧气面罩控制电门位于 AUTO 位置。当客舱释压使座舱压力高度达到 14000 英尺时,氧气面罩储藏室盖板自动打开,氧气面罩自动脱落,如图 2-5 所示。

图 2-5　旅客座椅上脱落的氧气面罩

2. 电动脱落

当自动方式失效时,应将驾驶舱控制按钮扳到"ON"的位置(见图 2-6),客舱内所有氧气面罩储藏室的门全部打开,氧气面罩脱落。

图 2-6　驾驶舱氧气面罩控制按钮

3. 人工脱落

当自动和电动方式都无法打开氧气面罩储藏箱时,在旅客座椅上方,有氧气面罩应急手动释放装置,有"PUSH"的标记,推开后,氧气面罩会被自动下放到旅客面前。有的机型可以使用尖细的物品,比如笔尖、别针、发卡等打开氧气面罩储藏箱的门,使氧气面罩脱落。

■ 行动指南

飞机上氧气面罩突然脱落时乘客如何使用氧气面罩

当客舱内氧气面罩脱落后,旅客应立即坐好,将安全带扣好系紧,拉下头顶上方的氧气面罩(必须向下拉动氧气面罩,触发氧气发生器,使其发生化学反应释放氧气);将面罩罩在口鼻处(一手把绳子固定在头顶,一手把氧气面罩套在口鼻处);然后别紧张,进行正常呼吸就行了;如果带儿童乘机,等自己戴好氧气面罩后再去帮助其他人特别是儿童戴氧气面罩,如图 2-7 所示。一般情况下飞机迫降到约 3000 米高度,机舱内的氧气就可以让旅客正常呼吸了,旅客只需要系紧安全带等待着陆即可。用过的氧气面罩也请放在前方座椅背后的口袋里,不要放回原位。如果飞机因为机体破损或类似原因发生释压,旅客就要做好心理准备,因为可能要紧急撤离。

图 2-7　氧气面罩使用方法

注意事项:

氧气面罩只有在被拉动后才开始工作;拉动一个氧气面罩,可使该氧气面罩储藏箱内的所有面罩都有氧气流出;氧气面罩不能用作防烟面罩;供氧开始后,禁止吸烟;化学氧气发生器工作时,不要用手触摸,以免烫伤;氧气一旦流动,不能关闭(供氧时间 15 分钟左右,足够飞行员将飞机下降到一个可以安全摘下氧气面罩的高度)。

二、客舱释压的处置程序

(一)驾驶舱处置程序

当机长等驾驶舱成员发现飞机处于释压状态时,可按以下步骤处置。

(1)迅速戴上氧气面罩,判断释压程度。

(2)与交通管制员联系,确认飞机高度和航线,把飞机下降到10000英尺(约3000米)以下的高度。

(3)打开"系好安全带"指示灯和"禁止吸烟"指示灯,及时同乘务员沟通,询问客舱内的释压情况,确保旅客安全。

(4)将飞机上的释压情况报告给地面管制部门,情况紧急时机长可选择紧急迫降。

（二）客舱乘务员处置

当发生客舱释压时，客舱乘务员可按以下步骤操作。
(1)停止一切客舱服务，迅速坐在就近的座位上，戴上氧气面罩并系好安全带。
(2)没座位时可蹲在地板上，抓住就近的结实装置固定住自己。
(3)指示并协助机上旅客立即就座、戴上氧气面罩并系好安全带。
(4)在使用氧气期间，告知机上所有旅客禁止吸烟。

当飞机到达安全高度，机长发出解除释压警报的提示后，客舱乘务员可以进行以下处置。
(1)进行客舱巡查，巡查过程中首先护理、急救因释压而失去知觉的旅客，然后照顾其他旅客。
(2)如果机身一侧有破损，则需重新安置旅客的座位，确保旅客远离破损区域。
(3)在客船中走动，提醒旅客系好安全带，帮助旅客消除恐慌和疑虑。
(4)广播通知旅客，在完全解除释压状态前，所有人都应停止一切客舱活动，等待机长指令。
(5)将整个释压过程及客舱的释压情况汇报给机长，必要时进行应急迫降准备。
(6)在飞机安全降落后，填写重大事件报告单。

三、客舱释压的处置原则

处理客舱释压要遵循以下原则。
(1)佩戴氧气面罩时要遵循"先乘务员，再成年人，最后未成年人"的顺序，但最好可以同时进行。
(2)在释压状态解除之前，所有人都应停止活动。
(3)在释压状态解除后，还会有一部分旅客需要继续用氧，此时客舱乘务员应根据旅客的身体情况，帮助他们采用不同的吸氧姿势。有知觉的旅客吸氧时，应使其保持直立的坐姿；没有知觉的乘客吸氧时，应将其座椅靠背向后调整，帮助旅客采取仰靠位吸氧。
(4)由于正在供应氧气，为防止意外明火引燃供氧设备，客舱乘务员应在客舱内准备适量的灭火瓶，避免发生意外火灾。
(5)是否需要紧急着陆或撤离，取决于飞机的状况和机长的决定。
(6)整个释压过程及旅客和客舱情况要及时向机长通报。

■ 知识链接

飞机缓慢释压，机组果断返航

2007年11月7日，乘务组执行B737-800机型飞机北京—福州航班，机上载着160名乘客，包括9名婴儿和4名儿童。旅客登机完毕，乘务长关闭舱门。

飞机开始滑行、起飞，当飞机离开地面3—5米时，L1门突然出现非常大的噪声，失密现象明显。乘务长判断一定是舱门出现了问题。考虑到此时正处在飞行关键阶段，乘务长在2—3分钟后报告给驾驶舱,通报了L1门的异常情况,机组回答驾驶舱仪表已经显示L1门出现故障。机长将情况报告地面并决定返航。在此后飞机长达2个小时的盘旋放油时间里,客舱噪声非常大,客舱乘务员彼此说话要趴在耳朵上喊才能听见,同时感觉到阵阵的胸闷、头晕。机组要求乘务组坐在座位上并系好安全带,但客舱中的乘客根本无法听清客舱乘务员的广播内容,纷纷按响呼唤铃,要求了解情况。

为了确保旅客安全,带班乘务长指挥其他客舱乘务员坐好并系好安全带,自己与4号区域乘务长不顾身体不适和随时出现的危险走到客舱,把飞机上发生的情况写在纸上让旅客了解,要求每位旅客坐在座位上并系好安全带。飞机落地后,相关部门对此事进行了调查。结果显示,从门外可见L1舱门有大约2厘米宽的缝隙。

项目训练

背景资料:某日,某架从南阳飞往深圳的航班起飞后,客舱乘务员正在进行客舱服务工作,此时机长向客舱进行广播:"我们的飞机即将进行快速下降,请全体人员坐好,系好安全带。"而后客舱内的氧气面罩突然脱落。

要求:根据上述背景进行客舱释压处置。

实施步骤如下。

步骤一:将同学分组,每10人一组,组内1人为机长,4人为客舱乘务员,其余人为旅客。

步骤二:机长进行驾驶舱释压处置,并随时向客舱乘务员通报释压情况。

步骤三:客舱乘务员进行客舱释压应急处置,指导旅客戴上氧气面罩。

步骤四:释压结束后,客舱乘务员进行客舱巡查,及时护理受伤旅客,并向机长报告客舱内的释压情况。

步骤五:其余同学观看并记录,分析讨论组内每位成员的释压处置对策,并为其操作打分。

请根据表2-2对上述任务实施的结果进行评价。

表2-2 任务实施检测表

序号	评价内容	分值	个人评分(20%)	同学评分(30%)	教师评分(50%)	综合得分
1	合理处置客舱释压	35				
2	及时护理受伤旅客	35				
3	无不安全行为	30				
	合计	100				

项目三　客舱失火界定与处置

 项目目标

○ **知识目标**

1. 了解火灾的隐患及火灾的种类。
2. 熟知三人灭火小组的形成及对旅客的保护措施。
3. 掌握火灾的处置流程。

○ **能力目标**

1. 能根据火灾的隐患和种类及时判断出飞机上有可能发生火灾的情况。
2. 能根据判断的相应火灾的种类准确进行火灾处置。
3. 能根据火灾的处置流程，在客舱发生火灾时组织客舱乘务员进行火灾处置。

○ **素质目标**

1. 对飞机上所有地方发生火灾的可能性进行判断，做好防控火灾的预案，养成防患于未然的职业习惯。
2. 教育学生严格按照火灾处置流程进行火灾处置。对学生忽视操作规范的行为进行纠正，让学生明白飞行中遗漏任何一个环节都会造成事故，培养他们精益求精的工匠精神。
3. 任何时候都要关注每一位旅客，绝不粗心大意，绝不掉以轻心，一定要"敬畏生命"。

知识框架

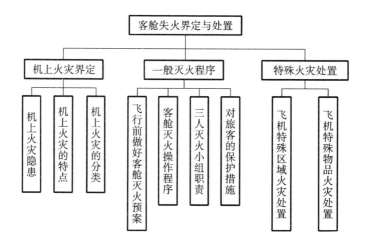

 **项目引入**

2011年12月9日上午,国泰航空公司一架编号为CX365的波音747-400型飞机停靠在上海浦东机场T2航站楼。上午9时15分,旅客登机,所有准备工作就绪,但飞机迟迟没有起飞。直至10时20分左右,飞机缓缓移动,开始滑行。10时30分左右,飞机前舱出现烟雾,有旅客惊恐地大叫:"着火了!"机上旅客开始骚动起来,有人尖叫,有人解开安全带,起身要求下飞机。机舱内的烟雾越来越浓,熏得人睁不开眼睛。此时,有人看到飞机卫生间内有烟雾冒出。空乘人员在客舱安抚旅客尽量坐在座位上,一边与机组沟通,一边准备处置措施。10时35分左右,飞机两侧逃生通道的充气滑梯全部打开,空乘人员要求大家立刻跳滑梯逃生,不要携带随身行李。在机组人员的指挥帮助下,机上旅客滑至地面,在附近草坪上聚集。大约用了10分钟,机上所有人员安全逃至地面。在滑落过程中,有人因身体姿态失控造成擦伤,两位老人甚至摔倒在地。伤者基本都是皮外伤或轻微骨折。与此同时,6辆消防车陆续抵达现场待命。通过照片不难看出:旅客中有人拿着包,有人穿着高跟鞋,有人戴着墨镜,有人在飞机下闲庭信步,有人不慌不忙地在飞机底下玩自拍……

问题思考:

1. 本案例飞机在地面滑行时客舱失火,这种情况应如何正确处置?你认为客舱乘务员和乘客的行为有哪些可以改进?

2. 你从以上案例得到什么启示?

 任务一　机上火灾界定

根据ICAO(国际民用航空组织)安全报告和ASN(航空安全网)事故统计显示,在2005—2014年,每年发生的飞机火灾事故数量占到当年飞机事故总数的8%左右,2013年时这个比例甚至达到了15.5%。另一项数据显示,50%的飞机火灾事故会造成人员死亡的悲剧,并且致死的飞机火灾事故数量占比呈上升趋势。

在民航事故中,飞机空中失火是很难控制的,有"飞机癌症"之称。客舱里的通道狭窄,人员密度高,增加了灭火的难度。另外,飞机上可燃物的成分千变万化,灭火时间也各不相同,没有任何一家飞机制造商可以给飞机失火一个量化的标准,承诺飞机可以承受什么样的火情以及承受多长时间。

因此,当飞机在高空飞行时,机组成员必须正确预防和处置机上火灾。机组成员应时刻警惕客舱内的安全隐患,严格检查卫生间和各类电器设备的使用情况,必要时可采取一切措施预防空中失火。机组成员不可因固定的规章、法规延误客舱失火处置的时间,以免造成更大的事故和人员伤亡。

■ 知识关联

几起典型的机上火灾

2022年5月12日,西藏航空B-6425飞机TV9833执行重庆—林芝航班。当时,飞机上一共有乘客113名,另有9名机组人员。正当这架飞机正在重庆江北机场准备起飞时,机组人员发现飞机异常,中断起飞。随后,飞机偏出了跑道,发动机擦地后起火(据描述有燃油发生了泄漏),情况一度非常危急!幸运的是,本次事故并没有酿成悲剧。飞机上的122人中,有40余人在撤离过程中遭遇到了擦伤、扭伤的情况,但都是轻伤,并且马上被送到了当地医院进行检查,没有更严重的后果出现。与此同时,机场安全、消防等部门迅速反应,赶到现场,快速将明火扑灭。

2020年2月25日,广州飞往上海虹桥的班机CZ3539上,一乘客携带的充电宝在行李架上着火了,好在发现及时,空姐和一名乘客用矿泉水和果汁灭了火。当时,充电宝并没有被使用,但还是着了火。很多人开始疑惑,到底能不能带充电宝上飞机呢?

2020年7月22日,上海浦东国际机场一货机发生火灾,市应急联动中心接警后立即调派川沙、惠南、祝桥等5个消防站的18辆消防车赶赴现场处置。明火迅速被扑灭,无人员伤亡。

莫斯科时间2019年5月5日下午,从莫斯科飞往摩尔曼斯克的俄罗斯国际航空公司飞机(SSJ-100)起火紧急迫降。莫斯科市消防人员和急救车随即抵达现场展开救援。飞机上共有73名乘客和5名机组人员,共有41人遇难。

2018年,汉莎航空的一架A340飞机,在法兰克福机场推出时因为拖车起火,被烧了。现场流露的照片显示,飞机的机头部位连同下方的拖车都被烟熏黑。事件刚曝出时,网友还在猜测这架飞机是否能被修复,因为从照片上看,飞机或许只是外表被烟熏黑。但后续流出的照片显示,飞机机头下半部分已经被烧穿,由于此处电子设备众多,显然失去了修复价值。不少人推测,这架飞机最终应会做报废处理。

2017年10月9日,美国航空一架波音777飞机在香港机场上下货时,因货物起火受到波及,虽然起火时货物未被运进货仓,但飞机还是被烟雾熏黑。2017年12月8日,卡塔尔航空一架A321飞机在多哈维护机上娱乐系统和卫星天线时起火,飞机机顶被烧穿。2017年10月10日下午5时左右,香港机场停机坪发生火灾。美国航空一班编号为AA192的飞机原定于傍晚6时10分出发前往美国洛杉矶。下午5时许在42号停机坪停泊时,近机尾的上货位置有货物起火,火势迅速蔓延,飞机亦被波及。而此次飞机着火很可能性是电池危险品瞒报或冲关所致……这几起事件中,火灾基本都是由于地面人员失误或意外导致的。

一、机上火灾隐患

纵观航空历史,不管是国内还是国外,飞机火灾事故时有发生。究其原因,大都属于人为因素。火灾隐患主要存在于以下情景。

（1）"请勿吸烟"信号灯亮后,仍有人吸烟;

（2）乘客睡觉时,有点燃的香烟在手;

（3）烤炉内存有异物或加热时间过长;

（4）乘客在吸氧;

（5）乘客携带有易燃物品;

（6）卫生间内抽水马达故障;

（7）卫生间内有人吸烟;

（8）货舱内装有易燃的货物;

（9）电器设备操作、使用不当;

（10）不法分子纵火。

飞机上的火灾一旦蔓延开来很难扑灭,所以加强客舱安全管理、尽量消除以上可能发生火灾的隐患至关重要。加强火灾隐患监管,防患于未然是重要的灭火措施,是客舱乘务员的重要职责之一。

■ **知识链接**

消灭火灾隐患,保证飞行安全

在某日,广州—北京航班旅客登机后,因为天气原因,接到机长通知等待起飞。这时,乘务组感觉延误时间过长,开始为旅客提供饮料服务。乘务组在送水时,一位在后舱工作的客舱乘务员发现从卫生间出来的一位旅客身上带有很浓的烟味,即断定他可能吸烟了,立即拿上矿泉水并要求与这位旅客一同去查看烟味很浓的卫生间。

开始,该旅客不承认吸烟且态度蛮横。基于飞行经验和年度培训学习,客舱乘务员首先拉开卫生间内垃圾箱,仔细寻找后,发现了一个已将塑料袋烧了一个大洞并冒着烟的烟头。在事实面前该旅客脸色没有了刚才的蛮横,但说道:"我以前坐飞机经常在卫生间吸烟,没有人发现过我。"乘务长翻出客舱乘务员手册中的相关规定让他看,严肃地指出其行为危及飞行安全,可能会导致火灾的危险,使该旅客最后承认了自己的错误,并表示这样的行为以后不会再发生。

空姐凭借嗅觉和机敏,避免飞机起火爆炸

南方航空6901号航班,是一架从新疆乌鲁木齐飞往北京的高原航线飞机,某天将在下午2点左右降落北京首都机场。飞机在高空中飞行半小时后,一名女孩突然拿着一个易拉罐进入卫生间,一位空姐看到后觉得不对劲,难道这位乘客要去厕所喝饮料?当然,出于对私人嗜好的尊重,空姐也没有上前阻拦,只是多留了个心眼。10来分钟后,类似汽油的味道突然从卫生间飘了出来,于是空姐立马跑去卫生间查看情况,正欲推门时,一个神色慌张的姑娘跑了出来。空姐强压心中疑惑,立马进入卫生间查看。当门打开后,一股难闻的香水气味掺杂着浓浓的汽油味扑面而来,空姐的眼中划过一丝惊骇,急忙反锁卫生间开始翻

找起来。不久后,空姐从垃圾桶里翻出了一个已经打开的易拉罐,里面装满了汽油,如果这些汽油被点燃起火的话,那后果将不堪设想,恐怕飞机顷刻间就会在高空解体!空姐马上将情况报告安保组长,安保人员将这位女孩和她的同伴制服,之后在其身上又搜出一罐没有开封的易位罐,里面装的也是汽油。

后来,飞机落地后经过警方的连夜审讯,女孩坦白了自己的真实身份。原来她们曾被敌对反动势力深度洗脑,试图先在卫生间点燃一罐汽油引发混乱,然后再引爆飞机,制造一起大型空难。她们此举完全不顾人民的生命安全,其心可诛,将受到法律的严惩。这次多亏了空姐和安保人员果断及时的处置反应,才让这两名罪犯的计划失败,避免了一次空难的发生,拯救了近200名机上人员的生命。

二、机上火灾的特点

作为空中飞行的交通运输方式,机上火灾不同于地面的其他火灾,有其自身的特点。

(一)可燃、易燃物多,火灾危险性大

我们知道,现代飞机为了给乘客提供舒适的环境,客舱内部的生活设施一应俱全,但这也使客舱成为可燃物聚集的地方。飞机的装修材料不乏可燃、易燃物品。客舱内密集的座椅、门帘,以及其他软装设施,都是飞机本身携带的可燃物。其次,乘客随身携带的行李、衣物等外来可燃物也增加了飞机内部的火灾荷载。机舱内可燃物大量聚集,导致火灾危险性增大,一旦失火,火势难以控制。

(二)火灾蔓延速度快,扑救困难

飞机内火灾不易扑灭,主要是由以下4个原因造成的。
(1)飞机内空间相对狭小,可燃物聚集,火灾荷载大。
(2)飞机各舱之间没有防火分隔,所以一旦客舱起火,火势就会快速蔓延至其他舱位,从而难以控制。
(3)飞机在飞行过程中,高空环境条件复杂,客舱起火时,较难判断和控制火势。
(4)若飞机在飞行过程中起火,地面消防力量无法参与救援。

(三)容易发生爆炸

飞机内部起火,密闭狭小的空间内温度会迅速升高,里面的气体也会迅速膨胀,极易造成爆炸。另外,高温对发动机舱也是很大的威胁,一旦发动机舱遇火燃烧,爆炸就难以避免。

（四）火灾造成的烟气毒性大，易使人窒息死亡

飞机各舱之间互相连接，有毒气体和烟雾会很快充满机舱内部。同时，飞机的密闭性非常好，有毒气体和烟雾很难散发出去。在这种情况下，机上人员极易中毒身亡。

■ 知识链接

2002年大连"5·7"空难，飞机着火坠入大海

2002年5月7日晚上9点左右，大连海上搜救中心办公室里的安静被一通急促的电话所打破，拨通电话的人说，刚刚看到一架飞机失火，随后直接坠入海中。搜救中心挂断电话后随即向有关部门报告，展开搜救工作。不幸的是，在搜救人员到达现场前，火势已迅速蔓延，使得飞机发生大爆炸，飞机上的乘客包括机组人员早已遇难。这就是民航史上著名的"5·7"空难。

中国北方航空的CJ6136航班在5月7日晚上8点36分，离开首都机场，准备飞往大连。如果不是意外掉入海中，这架飞机将在不久后，将112名机上人员送往大连周水子国际机场。在距离目的地还有10多分钟的飞行里程时，意外发生了。

当机组人员在9点23分发现飞机尾部起火时，立刻向塔台报告了情况，但水火无情，此时的火势已经控制不住了。一分钟不到的时间，飞机便与地面失联了。此时，由于巨大的火势影响，飞机已经失去了稳定性，考虑到当前的现实情况，飞机只能决定放弃原定的降落计划。为了不对市区的人群造成影响，机长王永祥驾驶飞机在大连附近的海域上空盘旋，这个举动也是在为机组人员扑救火灾争取时间。但是事与愿违，短短瞬间，飞机便以俯冲的姿态落入渤海湾中，瞬间解体，激起阵阵浪花，场面十分悲壮。随着飞机一样沉入大海的还有112条鲜活的生命，他们来自不同的家庭，有着不同的生活背景，但在此刻，一切都化为了泡影。

三、机上火灾的分类

在飞机上，任何类型的火灾都有可能发生，从以往收集的资料来看，客舱内常见的火灾种类大致有A、B、C、D四类。

A类：纸、布、木类引起的火灾；
B类：易燃液体、油类引起的火灾；
C类：电器引起的火灾；
D类：可燃性固定物质引起的火灾，如图3-1、图3-2所示。
四类火灾的基本特性和预防、处置措施如表3-1所示。

图 3-1 行李架失火

图 3-2 客舱座椅失火

表 3-1 A、B、C、D 四类火灾基本特性和预防、处置措施

火灾种类	A	B	C	D
燃烧物	纸、布、木类	易燃液体、油类	电器设备	可燃性固定物质
失火位置	座椅、衣帽间、行李架	厨房烤箱	厨房烤箱、烧水杯、坐便器抽水马达、客舱壁板	行李架
适用灭火设备	水灭火瓶、海伦灭火瓶	海伦灭火瓶	海伦灭火瓶	水灭火瓶、海伦灭火瓶

火灾种类	A	B	C	D
常见原因	衣物受到高空静电压力的影响,发生自燃	食物加热时间过长,餐食油脂溢出,高温加热后油脂燃烧	电气故障,设备操作失误,旅客违规吸烟	电池内部缺陷,电池受到高空静电压力的影响自燃
预防措施	严格进行客舱安全检查	使用烤箱前检查烤箱内有无油脂残留加热食品时扣紧餐盒	严格按照电器设备操作规范操作机上电器,监控旅客的不安全行为	控制旅客携带可燃性物质上机,严格进行客舱安全检查
处置措施	取出相应的灭火设备灭火	切断厨房设备电源,消耗设备内的氧气取出相应的灭火设备灭火	切断设备电源,取出相应的灭火设备灭火	取出相应的灭火设备灭火,必要时紧急迫降,撤离飞机

任务二　一般灭火程序

一、飞行前做好客舱灭火预案

(一)航前准备会做好预案

乘务组的航前会议上,每个人在自我介绍后,检查所有携带的证件是否到期。之后会有安全知识问答,乘务长抽查飞机失火、灭火知识,如果客舱乘务员多次回答不上,会被解除飞行任务。然后每个人要了解航班的具体信息,包括飞行情况、所配机组人员、自己所属号位的各项职责、所执行航班有没有特殊旅客,以及航班的飞机信息,以便发生客舱失火事故时客舱乘务员能各司其职,做好相应灭火处置。最后是要复习在紧急情况下各种安全预案以及应对措施。其中包括客舱灭火处置预案。

(二)飞行前检查灭火设备

客舱乘务员登机后根据各自的职责对照《应急检查单》检查核实灭火设备的位置。

1 **飞行前检查海伦灭火瓶**

飞行前检查海伦灭火瓶是否在指定位置且已固定好;安全销是否穿过手柄和触发器的适当位置;黄色压力指针是否指在绿色区域;日期是否在有效期内。

2 **飞行前检查水灭火瓶**

飞行前检查水灭火瓶是否在指定位置且已固定好;铅封是否处于完好状态、无损坏;日期是否在有效期内。

3 **飞行前检查防烟面罩**

飞行前确认防烟面罩被固定在指定的位置;确认包装盒未被打开;确认外包装铅封完好。

4 **飞行前检查其他灭火设备**

飞行前检查救生斧、石棉手套、防火服等灭火设备是否在指定位置且完好无损。

■ 行动指南

手提式海伦灭火瓶及其使用指导

如图3-3所示,海伦灭火瓶由喷嘴、触发器、安全销、手柄、压力指示表、瓶体组成。

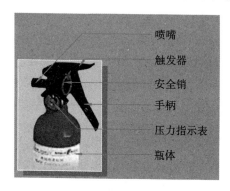

图3-3　海伦灭火瓶结构

使用方法:垂直拿起灭火瓶;快速拔下安全销;握住手柄和触发器,将喷嘴对准火源底部边缘,平行移动灭火瓶,喷向火的底部边缘。

海伦灭火瓶适用于任何类型(A、B、C、D类)的火灾,最适用于电器、燃油和润滑油脂起火。

注意事项:

(1)海伦灭火剂喷出的是雾,但会很快被气化,而这种气化物是一种惰性气体,它可以隔绝空气灭火。表层的火会很快被扑灭,而里层仍然有余火,所以应随后将失火区域用水浸透。

(2)拿起灭火瓶时,不要横握或倒握。

(3)不能用于扑灭人身上的火灾,以免造成窒息。
(4)海伦灭火瓶的喷射距离为2—3米;喷射时间为10秒钟左右。

■ **行动指南**

手提式水灭火瓶及其使用指导

如图3-4所示,水灭火瓶由喷嘴、触发器、安全铅封、手柄、瓶体组成。

图3-4 水灭火瓶结构

水灭火瓶使用方法:向右转动手柄;垂直握住瓶体;按下触发器,将喷嘴对准火源底部边缘,平行移动灭火瓶,喷向火的底部边缘。

水灭火瓶适用于一般性火灾(A类)的处理,例如纸、木、织物等起火。

注意事项:
(1)不能用于扑灭电器和油类火灾。
(2)瓶体不要横握或倒握。
(3)瓶内装有防腐剂,不能饮用。

水灭火瓶的喷射距离为2—3米;喷射时间为40秒钟左右。

■ **行动指南**

防烟面罩及其使用指导

如图3-5所示,防烟面罩由头罩、全面罩、氧气发生器、触发绳索、受话器、松紧带组成。

防烟面罩是客舱乘务员和机组人员在客舱封闭区域失火和有浓烟时使用的,它可以保护灭火者的眼睛和呼吸道不受烟雾、毒气的伤害。其氧气是靠防烟面罩上的化学氧气发生器提供的,当拉动调整带触发绳索断开后,发生器中的化学物质之间会发生化学反应并释放出热量,使化学氧气发生器中的温度上升并与使用者呼出的二氧化碳反应,化学发生器开始工作,生产氧气。戴上面罩后可以通过面罩前部的送话器与外界联系。等氧气充满面罩时,面罩应为饱满的状态;当氧气用完后,由于内部压力减小,面罩开始内吸,应学会辨别这种状况。

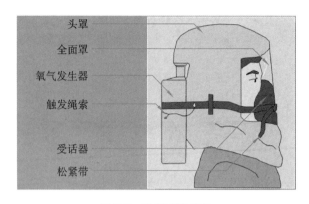

图 3-5　防烟面罩结构

使用方法：打开包装盒；取出防烟面罩并展开；撑开密封胶圈（大小与头同大）；戴上防烟面罩；整理面罩位置；系紧固定拉绳，拉动触发绳索；开始供氧。

注意事项：

(1) 必须在无烟区穿好。

(2) 头发必须全部放入面罩内，衣领不要卡在密封胶圈处。

(3) 当呼吸困难时，可能是氧气用完或穿戴不当。

(4) 当面罩开始内吸时，使用时间已到，应迅速到安全区摘下面罩。

(5) 如果戴着眼镜使用，戴好后要在面罩外面整理眼镜位置。

(6) 防烟面罩的使用时间为 15 分钟左右（呼吸快时可能有灰尘感和咸味，时间相对要短一些）。

二、客舱灭火操作程序

在飞机发生火灾的时候，机组人员都会凭借自己的专业知识进行紧急处理，比如灭火、关闭附近电器电源、与地面保持联系沟通、指导乘客避险等。与此同时，他们还会调整飞机上几个油箱内燃油的分布。

对于客舱乘务员来说，灭火包括以下步骤：

(1) 寻找火源，确定起火物的性质。

(2) 切断电源。

(3) 取用相应的灭火瓶灭火，并穿戴好防烟面罩。

(4) 向机长报告。

(5) 收集所有的灭火设备到失火现场。

(6) 监视情况，保证余火灭尽。

客舱乘务员在完成灭火操作程序时，还要注意以下灭火要点：

(1) 保持驾驶舱门的关闭。

(2) 搬走火源区的易燃物（氧气瓶等）。

(3) 始终保持与驾驶舱的联系。

(4) 禁止使用氧气设备，不要放下氧气面罩。

(5)灭火时应将喷嘴对准火源的根部,由远至近,从外向里,平行移动灭火。

(6)灭火者戴上防烟面罩,必要时穿上防火服。

(7)随时准备撤离旅客。

(8)稳定旅客的情绪。灭火期间注意保持旅客的情绪稳定,不可让旅客在客舱内纵向移动以免飞机失去平衡。

(9)关闭机上通风设备,控制火情。

三、三人灭火小组职责

飞机上在扑灭任何火灾时一般由三人组成灭火小组,一人负责灭火、一人负责援助、一人负责通信联络。

(一)灭火者的职责

灭火者是现场第一位发现失火的机组成员,一旦客舱失火,必须立刻采取以下措施。

1 立刻确定火源

负责观察烟火颜色、气味,确认火势的情况,如果只是烟雾,要寻找其问题,到底是哪里冒烟,是否已经着火。

2 取用就近的灭火瓶和防烟面罩,立即实施灭火

如果只有一个人,先移走氧气瓶等易燃易爆物、关断电源、拉断电路器,再灭火。如果旁边有人,将氧气瓶等交给他,请他援助,并让他通知其他人。

3 呼叫帮助并发出信号

可以迅速告诉其他客舱机组成员:"我去灭火,你来援助/你去报告。"

(二)援助者的职责

(1)收集其余的灭火瓶和防烟面罩等灭火设备到着火点。

(2)做好接替灭火者工作的准备。

(3)负责监视防烟面罩的使用时间。

(4)协助灭火者移走易燃易爆物,关断电源,拉断电路器。如闻到煤油、汽油、酒精等化学物品味道,不要开关任何电器,提醒旅客不要按呼唤铃或开阅读灯。

(5)将氧气瓶或其他易燃易爆炸物品移到密封的空间里并加以固定。

(6)负责监视余火,保证其无复燃的可能。

(三)通讯员的职责

(1)接到信息后,先观察火势的情况,确认着火位置、火势程度、烟雾程度、特殊气味。

(2)就近通过内话机向机长、乘务长通报火情。报告应包括以下几个方面的信息:烟雾

及火焰颜色；烟的浓度、气味；火源；火势。例如，"报告机长，31排A座舱壁起火，火焰为红色，火势中等，烟雾中等，无特殊气味，我们正在组织灭火。"

（3）通知所有人："所有人员请注意，31排A座起火，请速来支援。"

（4）保持与驾驶舱的联系。保留在火灾现场附近，对整个灭火过程做了解，在时间上做一个相应的记录。火势有变化的时候，观察情况，及时通报驾驶舱。

（5）如果现场少了灭火瓶，告知客舱。

（6）如果火势扑灭："报告机长，31排A座的火已经被扑灭，我们已经派专人监视火场。"并告诉全体客舱乘务员："所有客舱乘务员请注意，31排A座的火已被扑灭，速把灭火瓶归位。"

如果火势未灭："报告机长，31排A座的火没有办法扑灭，现在的火势中等，所有的灭火设备已经全部用完，请指示。"并通知全体客舱乘务员。

四、对旅客的保护措施

我们知道，在很多火灾中，真正致命的不是大火本身，而是其伴随的浓烟。浓烟在大火之前就可以置人于死地。所以飞机着火时，对旅客的保护措施主要有3个。

（1）调整火源区域旅客座位。

（2）指挥旅客放低身体，用手或其他布类罩住口鼻呼吸（衣服、小毛巾等，如果是湿的更好），避免吸入有毒的气体。

（3）穿上长袖衣服，防止皮肤暴露在外。

■ 行动指南

对于乘客来说，如果乘坐的飞机发生火灾了，到底该怎么逃生呢？

首先要做到的就是不慌乱，保持镇定，冷静的头脑是采取正确决策的关键。同时，一定要听从空乘人员的安排和疏导，他们都是专业人员，接受过严格的培训，能够提供最佳的逃生手段。更不能在慌乱之中全都躲在飞机的某一端，这会导致飞机失衡，一般距离失火位置4排座位就可以保证安全了。

其次，不论是飞机在起飞前就着火了，还是在飞行过程中失火，机上乘客都需要确保安全带扣好系紧，防止身体遭受冲击。同时，还要采取防冲击姿势，即头贴双膝、双手抱紧双腿；或者两臂伸直交叉抓住前面的座椅靠背，将头低下，有婴儿的则需要用一只手抱住婴儿。不论是哪个动作，两脚都要放平，用力蹬地。

另外，逃生的过程中应减少不必要的累赘，尤其是切忌贪恋行李等财物，以免影响自己的逃生。此外，高跟鞋、丝袜甚至是眼镜、首饰等，也会影响逃生的行动，逃生之前都要摘掉或脱掉。着火之后，飞机内可能会出现浓烟。在这种情况下，乘客需要尽量放低重心，并且用湿毛巾或者衣物堵住自己的口鼻，防止吸入有毒气体；更不能盲目地大声呼叫、采取不必要的行动，增加自己吸入有毒气体的量。飞机的安全门打开之后，充气逃生梯会自动膨胀，这是乘客们逃生的关键通道。有的时候乘客和安全门之间被浓烟笼罩，那么就要寻找浓烟背后的光亮处，那里就是安全门。同时也建议乘客登机之后首先要观察和记忆自己座位和安全门的位置关系，以防万一。

任务三 特殊火灾处置

一、飞机特殊区域火灾处置

（一）卫生间灭火处置

卫生间是飞机上容易失火的地方，根据有关数据统计，45％左右的客舱失火发生在卫生间内。卫生间失火的主要原因有以下两点：卫生间坐便器抽水马达自燃；旅客在卫生间违规吸烟。

■ 知识链接

卫生间的灭火系统

1. 烟雾报警系统

如图3-6所示，烟雾报警系统包括烟雾感应器和信号显示系统，由中断开关、电源指示灯（绿色）、报警指示灯（红色）、报警喇叭、自检开关组成，它可以及早地发现突发的火情并自动发出警告。

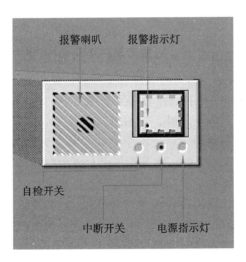

图3-6 烟雾报警系统

烟雾报警系统安装在洗手间内顶部，当洗手间内的烟达到一定浓度时，烟雾感应器会将感应传给信号显示系统，信号显示系统的红色报警指示灯闪亮，并发出刺耳的叫声，同时卫生间外部上方琥珀色灯闪亮。当需要关断信号系统时，按下传感器侧面的按钮即可截断声音,关闭指示灯。

飞行前要定期检查烟雾感应器,确保其在飞行途中正常可用。

2. 自动灭火系统

如图 3-7 所示,在卫生间每个洗手池下面都有一个自动灭火装置,每个灭火装置包括一个海伦灭火瓶和两个指向废物箱的喷嘴。当环境温度达到设置温度时,两个喷嘴将向废物箱内喷射海伦灭火剂。

图 3-7　自动灭火装置

通常情况下,温度显示器为白色,两个喷嘴被密封剂封死。当环境温度为 77—79 ℃时,温度显示器由白色变成黑色,喷嘴的密封剂自动溶化,灭火瓶开始喷射。当灭火剂释放完毕后,喷嘴尖端的颜色为白色。自动灭火装置中的灭火瓶喷射时间为 3—15 秒。

飞行前的检查:检查温度指示器是否是白色,如果不是白色,要立即报告机长或地面机务人员。

卫生间失火在机上火灾中所占比例约为 45%。如果烟雾探测器发出警报,表明卫生间存在烟雾或发生失火。客舱乘务员首先检查卫生间内是否有人,如果是乘客抽烟引起烟雾报警,要求乘客立即灭烟,打开卫生间的门消散烟雾,解除报警。如果卫生间没人,用手背触摸卫生间的门,感觉门的温度,如图 3-8 所示。

若感觉门是热的,取出应急斧和就近的手提式灭火瓶。用应急斧将门劈开一条缝(门缝大小可以将灭火瓶喷嘴插入即可),将手提式灭火瓶的喷嘴插入门缝中,喷射灭火剂,然后将门缝堵好。10 分钟后再触摸卫生间的门,若还是热的,重复以上步骤继续喷射灭火剂,直至门内温度正常。待门内温度正常后,客舱乘务员可打开卫生间的门,观察卫生间内的情况并寻找火源。必要时乘务员可进入卫生间内,用手提式灭火瓶重复灭火。

若感觉门是冷的,客舱乘务员可在门旁蹲下,将门推开一条缝,向门内喷射灭火剂,如图 3-9 所示。灭火成功后,关闭、停用卫生间,广播通知乘客。

处置卫生间失火时应注意以下几点。

(1)当有烟雾产生时,客舱乘务员应先穿戴好防护式呼吸装置,再进入卫生间灭火。

(2)当有烟雾从门缝中逸出时,客舱乘务员可用湿毛毯或毛巾堵住门缝。

(3)若无法判断火源的位置,乘务员可向卫生间内喷射整瓶灭火剂,然后关闭卫生间的

图 3-8　用手背感知门的温度

图 3-9　向门缝内喷射灭火剂

门,直至火被扑灭。客舱乘务员应随时检查卫生间内是否有复燃现象。

（二）行李架灭火处置

行李架失火与卫生间失火的处置方法基本一致。客舱乘务员先用手背触摸行李架盖板,感觉盖板的温度。若盖板是热的,用应急斧在盖板的高温处劈开一条缝,将手提式灭火瓶的喷嘴伸入缝中,喷射灭火剂,直至盖板的温度下降;若盖板是冷的,则小心地打开盖板,寻找火源位置,再对准火源喷射灭火剂,如图 3-10 所示。如有可能,乘务员可将行李架内未燃烧的物品挪至其他地方,但是不可移动已经燃烧的物品。灭火成功后,立即关闭行李架,并报告机长。

图 3-10　向行李架内喷射灭火剂

(三)厨房灭火处置

1 烤箱失火

厨房中最容易发生火灾的设备是烤箱,因为在使用烤箱烘烤食品时,可能会发生食品加热时间过长、食品油脂溢出等情况。在高温环境下,过热的食品和油脂很容易自燃,从而导致烤箱失火。

发现烤箱失火时,处置步骤如下。

(1)切断烤箱电源。

(2)保持烤箱关闭,消耗烤箱内的氧气。

(3)取出海伦灭火瓶并观察烤箱失火情况。

①若烤箱内的烟雾变淡或消失,则保持烤箱关闭;

②若烟雾冒出或变浓,则小心地将烤箱门开启一条缝,向内喷射灭火剂,而后关闭烤箱门;

③若烟雾或火焰逸出烤箱外部,则用海伦灭火瓶喷射整个烤箱,直至火被扑灭。

此外,为烤箱灭火时还应注意以下几点。

(1)灭火结束后,已经关闭的烤箱电源不得再开启。

(2)在烤箱失火时打开烤箱门是非常危险的,打开烤箱门会从外界引入氧气,从而加大烤箱内的火势,所以打开烤箱门时一定要注意侧身,必要时佩戴防护手套。

(3)烤箱内有烟雾产生时,灭火者应先穿戴防护式呼吸装置,再实施灭火,如图 3-11 所示。

图 3-11　烤箱失火处置

2 其他厨房设备失火

(1)烧水杯失火时,客舱乘务员应立即切断烧水杯电源,使用海伦灭火瓶向烧水杯内喷射灭火剂。切忌往过热的烧水杯内倒水,以免被蒸汽烫伤。

(2)餐车、配电板和储物柜失火时,客舱乘务员应立即切断厨房电源,用海伦灭火瓶对火源喷射灭火剂,直至火完全熄灭。

需要注意的是，因厨房设备失火而关闭厨房电源后，除非有紧急情况，否则不得重新开启厨房电源。重新开启厨房电源可能会使失火设备的故障恶化，增加其他设备的使用风险。

（四）隐藏区域失火处置

隐藏区域是指客舱内人们无法进入的区域，如飞机的侧壁面板、地板、隔板、天花板等。一般情况下，这些区域的失火不易被发现，其特征是不正常的表面高温、板缝冒烟或气味异常等，如图3-12所示。

图3-12　隐藏区域失火

因为客舱乘务员无法进入隐藏区域，所以确定火源比较困难。当客舱乘务员怀疑某隐藏区域失火时，可按照以下步骤操作。

（1）用手背沿着飞机壁板移动找出温度最高的区域。

（2）用应急斧在温度最高的壁板区域劈开一条裂缝。

（3）插入灭火瓶的喷嘴，喷射灭火剂，直至该区域的温度下降。

为隐藏区域灭火时需要注意以下几点。

（1）当隐藏区域有烟雾产生时，灭火者应穿戴防护式呼吸装置。

（2）在用应急斧劈开客舱壁板时，可能会损坏飞机的一些主要连线和系统，所以在进行隐藏区域灭火时，没有机长的指令，乘务员不得擅自劈、撬客舱的壁板。

（五）衣帽间灭火处置

如果是有门的衣帽间，灭火处置与卫生间失火处置差不多。首先，用手背感触门的温度。如果门是热的，灭火方法与卫生间灭火方法相同，这里不再赘述。如果门是凉的，取出灭火瓶（海伦灭火瓶），小心地打开门，对准火源的根部灭火。搬开未烧着的衣物和其他物品，检查确认灭火成功，报告机长。

如果是有帘子的衣帽间，立即取用灭火瓶灭火。搬开未烧着的衣物和其他物品，检查确认灭火成功，报告机长。

二、飞机特殊物品火灾处置

（一）锂电池失火处置

客舱乘务员发现火情，立即组成三人灭火小组。灭火者用手背感觉行李架表面温度，找出温度最高区域，确认火源位置，将行李架打开一条小缝插入灭火瓶喷嘴（不涉及电器设备时可以使用水灭火瓶，周围有电器设备或油脂类物品时使用海伦灭火瓶），将灭火剂喷入行李架，并关闭行李架。援助者引导旅客撤离出此区域（确保人员安全，稳定旅客情绪，指导旅客弯下腰捂住口鼻，调换失火点附近前后三排旅客的座位）并报告机长，随后穿戴好防护式呼吸装置，做好接替工作。通信者应在灭火期间保持与驾驶舱的联系，转移失火区域氧气设备，并确认失火物品性质。

若确认有锂电池失火，在灭掉明火之后，戴上石棉手套将锂电池放置到冰桶中，对锂电池持续浇水等非易燃液体，使水等非易燃液体没过锂电池，使其降温。将冰桶放置在餐车上，推至后舱，放入卫生间锁闭。灭火完成后填写《客舱设备使用单》，报告乘务长和机组人员。

锂电池失火处置注意事项如下。

（1）客舱乘务员不能按照一般电器的灭火规则用海伦灭火瓶为锂电池灭火，因为锂电池的结构是分节的，使用海伦灭火瓶只能灭掉电池表面的明火，但锂电池内部的高温会依次引燃另外几节电池，产生反复爆燃。所以，在处理锂电池起火时，有两种方法：一是使用水灭火瓶灭火，将水灭火剂不停地喷射到锂电池上，直至电池温度降低到室温；二是先用海伦灭火瓶灭掉锂电池表面的明火，再持续用水浇盖电池，直至电池温度降低到室温。

（2）使用水浸湿含有锂电池的电子设备时，避免将水溅洒在航空器系统的其他电子设备上。

（3）如图 3-13 所示，不要企图移动燃烧或冒烟的电子设备，以防带来严重的人身伤害。

图 3-13　行李架内锂电池失火处置

■ 行动指南

关于民航旅客携带"充电宝"乘机规定的公告

充电宝是指主要用于给手机等电子设备提供外部电源的锂电池移动电源。根据现行有效国际民航组织《危险物品安全航空运输技术细则》和《中国民用航空危险品运输管理规定》,旅客携带充电宝乘机应遵守以下规定:

(1)充电宝必须是旅客个人自用携带。

(2)充电宝只能在手提行李中携带或随身携带,严禁在托运行李中携带。

(3)充电宝额定能量不超过 100 Wh,无须航空公司批准;额定能量超过 100 Wh 但不超过 160 Wh,经航空公司批准后方可携带,但每名旅客不得携带超过两个充电宝。

(4)严禁携带额定能量超过 160 Wh 的充电宝;严禁携带未标明额定能量同时也未能通过标注的其他参数计算得出额定能量的充电宝。

(5)不得在飞行过程中使用充电宝给电子设备充电。对于有启动开关的充电宝,在飞行过程中应始终关闭充电宝。

上述规定同时适用于机组人员。

(二)挥发性液体处置

挥发性液体如被点燃,可能会导致飞机结构受损、系统失效及人员伤亡。如飞机上发现挥发性液体,应遵循下列处置程序:

(1)客舱乘务员立即收缴并妥善保管;

(2)禁止乘客吸烟;

(3)保持驾驶舱关闭;

(4)最大限度地增大驾驶舱和客舱的空气流量,以减轻挥发物质的浓度;

(5)尽可能降低客舱温度,以减少挥发性液体的挥发并减小火灾发生的可能性;

(6)准备灭火器,以控制潜在的火灾。如火灾发生,按灭火程序灭火。

项目训练

背景资料:某架从北京飞往昆明的航班上,客舱乘务员在进行客舱巡检时发现,一边的行李架冒烟,并伴有火苗逸出。与旅客核实后发现,某旅客的行李中装有1个15000 mA 的充电宝,此次行李架着火,正是由该充电宝自燃引起的。

要求:根据上述背景进行客舱失火处置。

实施步骤:

步骤一:将同学分组,每3人一组,以小组为单位进行客舱失火处置。

步骤二:辨别火灾类型,制定合理的灭火方案。

步骤三：按方案进行客舱灭火。

步骤四：其余同学观看并记录，注意观察小组成员之间的组织分工是否合理、灭火过程是否规范。

请根据表 3-2 对上述任务实施的结果进行评价。

表 3-2　任务实施检测表

序号	评价内容	分值	同学评分（40%）	教师评分（60%）	综合得分
1	正确辨别火灾类型	25			
2	合理制定灭火方案	25			
3	熟练使用灭火设备	25			
4	设备操作无不安全行为	25			
	合计	100			

项目四　应急撤离界定与处置

项目目标

知识目标

1. 了解应急撤离处置的不同类型及处理原则。
2. 掌握客舱乘务员应急撤离处置的分工和职责。
3. 熟悉应急求救信号的类型和使用方法。

能力目标

1. 能正确判断不同类型的紧急情况。
2. 能根据紧急情况选择正确的应急撤离处置程序。
3. 完成撤离后能快速有效地铺设并使用应急求救信号,组织旅客在不同环境下求生。

素质目标

1. 通过学习国内外紧急迫降及撤离的案例,使学生树立"安全第一、纪律严格、紧密协作"的民航意识;将"忠诚担当的政治品格、严谨科学的专业精神、团结协作的工作作风、敬业奉献的职业操守"这一当代民航精神作为共同的价值追求和行为准则。
2. 通过学习应急撤离处置内容,强调程序化操作对于民航安全的重要作用,培养学生的工匠精神和职业素养,树立"三个敬畏"的民航作风。
3. "敬畏生命"体现了安全从业者以人为本、生命至上的工作态度。通过紧急撤离职责的学习,使学生牢固树立安全理念,培养安全技能,思考身为民航人的重要使命。

知识框架

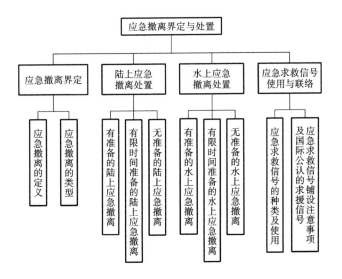

 **项目引入**

中国民航史上首例——东航98年MU586航班紧急迫降

1998年9月10日晚,东方航空MU586航班从上海起飞准备到北京中转飞往洛杉矶。飞机起飞后不久,机长发现前起落架红色信号灯未灭,表明前起落架未正常收回。这是十分严重的情况,他立刻联系地面塔台请求返航。

与此同时,机组尝试了各种方法来排除故障。机长最先使用了甩放法,想通过剧烈动作和重力抛甩放下起落架,但失败了;航班机械师拴着一根尼龙绳从前起落架舱门口钻出去,用斧头猛击起落架卡住的位置,但无效;接下来,机组又尝试了两次试着陆的办法,依旧不行;机长决定采取最后的办法——迫降。

决定迫降后,机组人员分工明确,机长驾驶飞机,副驾驶把油门,机械师负责发动机灭火和按撤离电铃,主任乘务长组织旅客坐在中间和尾部,乘务员分散站在两边过道示范迫降姿势和做个别辅导,并广播要求每位旅客取下随身的尖锐物品。飞机快要接地时,乘务员一遍遍齐声大喊:"低下头,弯下腰,全身紧迫用力!"机头触地的刹那,报警系统"嗡嗡嗡"地响,灯光全部熄灭,机舱里一片黑暗。

飞机停稳后,乘务员迅速疏导旅客离机。当发现3个行李架被打开后,乘务员大喊:"不要带行李了,快走快走!"紧急关头没有一位乘务员惊慌失措,每一个人都训练有素地指挥着旅客逃生。最后一个离开飞机、浑身都被泡沫打湿的乘务员舒晔在接受采访时说:"当时那种情况,完全就是一种责任心,如果让别的乘务员碰上,相信她们也会这么做。"

最终,航班上搭载的137人仅有9人因充气扶梯漏气而受轻伤。东方航空MU586号客机紧急迫降不仅是我国民航史上的首例民航飞机迫降事件,也是世界民航史上的一个奇迹。该事件被上海电影制片厂改编为电影《紧急迫降》。

问题思考:

1. 本案例中的紧急情况属于什么类型?应该使用哪种应急撤离处置方案?
2. 请分析总结本案例中机组人员展现的职业素养、职业操守和工作作风。你从本案例得到什么启示?

 任务一　应急撤离界定

虽然说飞机是目前世界上较安全的交通工具,但也不排除紧急情况的发生。当紧急情况发展到难以控制的时候,乘务人员需根据飞行机组的指令,组织旅客紧急撤离,以最大限度地保证机上人员的安全。

一、应急撤离的定义

应急撤离也叫紧急撤离,是指飞机遇到较大危险、威胁人们生命安全时,在陆地或水上进行紧急迫降后,全体机组成员和旅客按照科学统一的动作尽快撤离飞机的应急程序。

遇到应急撤离时,机组人员应严格按照程序要求明确各自职责,保持机组间良好的沟通与协作,在关键时刻做出准确的判断;同时,为了防止应急撤离时可能会造成旅客恐慌,客舱乘务员必须具备沉着冷静的心理素质和迅速控制局面的能力。

为提升客舱乘务员的应急处置能力,中国民航局在 CCAR-121FS-R4 中明确了客舱乘务员初始培训和年度复训科目。航空公司也在飞机上配备了《应急检查单》,包含不同情况下的撤离程序和优先程序,能有效帮助客舱乘务员完成客舱内各项准备程序。

二、应急撤离的类型

应急撤离按迫降地点可分为陆上撤离和水上撤离;按准备撤离的时间长短可分为有准备的应急撤离、有限时间准备的应急撤离、无准备的应急撤离。

（一）有准备的应急撤离

有准备的应急撤离指发生应急情况时,客舱乘务员有 10 分钟及以上的时间进行客舱准备和应急广播,并对旅客进行必要的安排和说明。

（二）有限时间准备的应急撤离

有限时间准备的应急撤离指飞行机组和客舱机组撤离前的准备时间非常有限,不足 10 分钟或更少。此时,乘务组准备工作的优先顺序为:关闭厨房电源及娱乐系统并固定好厨房设备;让旅客系好安全带;座椅靠背、脚踏板、小桌板、小电视屏收至原位;介绍防冲撞姿势、撤离路线及出口划分。如果时间紧迫,客舱乘务员可以在乘务员座椅上继续进行救生衣示范、援助者选择等工作说明和安排。

（三）无准备的应急撤离

无准备的应急撤离是指在突发的、没有时间准备的情况下进行的撤离。这一情况通常发生在飞机滑行、起飞和着陆阶段,如飞机终止起飞、冲出跑道等。

由于没有时间对突发事件做准备,客舱乘务员必须在出现第一个撞击迹象时迅速做出反应,这就要求客舱乘务员具备扎实的专业知识、良好的判断能力和高效的组织能力。

此外,客舱乘务员在航班起飞前要严格按照规定完成各项检查工作,如应急设备检查、安全演示、安全检查、静默 30 秒撤离程序回顾等,这也是保障成功撤离的基础和条件。

■ 知识关联

华航 CI120 航班——飞机起火后成功撤离

2007年8月20日当地时间上午10时33分,台湾中华航空航班号CI-120的波音737-800飞机在那霸机场降落驶往停机坪时,右主翼燃料箱漏油失火发生强烈爆炸,机身烧焦断裂,如图4-1所示。机上157名旅客和8名机组人员在机长犹建国和乘务长康立美的指挥下,在飞机起火爆炸前完成了撤离。

图 4-1 被烈焰包围的 B-18616 号飞机

当时飞机滑到停机位,乘务长康立美已经下达"舱门解除预位"的指令,但她突然在旅客广播中听到了机长的"机组各就各位"(Attention Crew on Station)的指令。康立美觉得很奇怪,但多年来对飞行安全的警惕性,让她又下达了"舱门预位"(All Door in Flight Mode)的指令。紧接着就听到机长"撤离,撤离"(Evacuation,Evacuation)的指令。

乘务组迅速组织旅客进行紧急撤离。撤离过程中,机组人员临危不惧、沉着冷静、指挥果断。仅一分半钟时间,157名旅客全部撤离飞机,包含2名婴儿和1名挂拐杖的旅客。

机组人员在所有旅客撤离后才逃生。他们把自己置于最危险的境地,把更多生的希望让给了乘客。

任务二 陆上应急撤离处置

陆上应急撤离可分为有准备的陆上应急撤离、有限时间准备的陆上应急撤离、无准备的陆上应急撤离。

一、有准备的陆上应急撤离

有准备的陆上应急撤离是指发生应急情况时,客舱乘务员有 10 分钟及以上的时间进行客舱准备和应急广播,并对旅客进行必要的安排和说明。具体撤离步骤如下。

(一)获取信息

乘务长从驾驶舱获取应急撤离的信息,如应急情况的性质、着陆方式、应急撤离形式、防冲击姿势的信号等。

(二)信息传达

乘务长召集客舱乘务员,把信息传达给每位客舱乘务员,进行责任分工,明确职责。

(三)客舱准备

应急迫降前,乘务组需完成以下客舱准备工作。
(1)广播通知旅客航班需要进行应急迫降。
(2)确认旅客已坐好并系好安全带,收直椅背,扣好小桌板,收起脚踏板,提醒旅客取下随身佩戴的锐利物品,穿好衣服,存放好行李。
(3)关闭厨房电源及娱乐系统,固定客舱和厨房设备,清理出口和通道。
(4)按照援助者的选择方式在航班上寻找合适的援助者并调整旅客座位。
(5)广播介绍应急撤离出口位置、路线。
(6)演示防冲撞姿势。
(7)客舱乘务员个人准备工作完成后,报告乘务长。
(8)乘务组准备工作完成后,乘务长报告机长"乘务组和客舱准备工作完毕"。

(四)防止冲撞

(1)当飞机下降到 1000 英尺(约 300 米)时,即飞机着陆前 1.5 分钟,驾驶舱发出"准备冲撞"的口令,客舱乘务员提醒旅客"系好安全带,做好防冲撞姿势"。
(2)当飞机下降到 500 英尺(约 150 米)时,驾驶舱发出警示,客舱乘务员须坐在乘务员座椅上,系好安全带和肩带。
(3)当飞机下降到 100—50 英尺(30—15 米)时,驾驶舱发出"冲撞开始"的口令,客舱乘务员做好防冲撞姿势并高喊"低下头!全身紧迫用力!"(Head Down! Brace!)直至飞机完全停稳。
(4)当飞机完全停稳后,客舱乘务员提醒旅客"解开安全带,不要动,听从指挥"。

(五)撤离命令

当飞机着陆停稳后,机长宣布"撤离"命令。如果广播系统失效,待"撤离警告鸣响"或"应急灯亮",客舱乘务员应立即组织旅客撤离。

(六)开启舱门撤离飞机

(1)判断飞机完全停稳,确认滑梯预位,观察外面情况(如确认无烟、无火、无障碍)后,打开所需要的机舱门和出口。

(2)确认滑梯充气状况,指挥旅客撤离飞机。

(3)旅客撤离完毕后,乘务长、客舱乘务员检查客舱后报告机长,带好所需物品撤离飞机。

(4)机长清舱后最后撤离飞机,如图4-2所示。

图4-2 陆上应急撤离跳滑梯训练

(七)后续工作

应急撤离的后续工作也非常重要,包括:指挥旅客前往离飞机至少100米的能保持安全距离的位置;清点旅客和机组成员人数,报告机长;组织救治伤者;发出求救信号;尽可能设置1名机组成员做警卫,以确保邮件、包裹或飞机各部分不受干扰。

■ 知识关联

> 川航3U8633英雄机组处置得力,挽救128条生命

2018年5月14日,四川航空的空中客车A319型客机,执行从重庆江北国际机场至拉萨贡嘎国际机场飞行任务的3U8633航班上,一共有3名机组成员、5名乘务组成员、1名安全员和119名乘客。

客机于6时27分从重庆江北国际机场顺利起飞,正常爬升至9800米的巡航高度,7时

08分飞行至成都空域时,机组向民航西南空管局区域管制中心报告说:"飞机有点问题,申请下降高度。"

当机组复诵"明白,下降高度至8400米"的指令后不久,飞机驾驶舱右侧风挡玻璃突然整块脱落,副驾驶徐瑞辰被强烈的气流"拉"出破口外,丧失了协助机长操控飞机的能力。驾驶台中部仪表台控制面板被气流掀开吹烂,大部分电子设备失灵。机长刘传建一边通过无线电系统向管制中心紧急呼叫"风挡裂了,申请返航",一边竭力控制住飞机。

空中机舱失压,首先应该把巡航高度降低到氧气含量适合的位置,但川航3U863的航线处在高原和山区,平均海拔超过4000米,贸然降低巡航高度极可能导致飞机撞山、机毁人亡。这就意味着:机组在前往备降地成都双流国际机场的航程上还要保持近10分钟的8000米高空缺氧状态!这不论对机组、乘务组还是旅客来说都是极大的考验。

机舱陷入缺氧状态,座位上方的氧气面罩纷纷自动掉落。死亡的威胁几乎让旅客们濒临崩溃,很多人在哭,有人吓晕了、吓吐了。紧急关头,乘务员和安全员沉着冷静、临危不乱、恪尽职责,果断应对。他们一边安抚旅客的情绪,一边维持客舱秩序,不断提醒旅客系好安全带,戴好氧气面罩,并高喊:"相信我们,机组人员有能力让大家安全着地!"

最终,在民航各保障单位的密切配合和机组的正确处置下,川航3U8633航班于7时46分平安备降在成都双流国际机场。

■ 行动指南

川航3U8633英雄乘务组临危不乱、果断应对

四川航空股份有限公司3U8633毕楠乘务组,包括乘务长毕楠、乘务员张秋奕、杨婷、黄婷、周彦雯均来自客舱部拉萨高高原优质标杆示范组。她们在2018年5月14日川航3U8633航班特情处置中,良好地配合飞行机组,临危不乱、果断应对,做好了旅客的应急处置指挥和情绪安抚工作。

在飞行前,乘务组已在航前准备会上根据手册要求为高原航线飞行准备了专门预案,对高原飞行特点、空防安全、机型知识、撤离程序、特情处置进行了详细的协同,其中就包括释压处置和颠簸处置。

飞机平飞后,乘务组正在客舱中进行餐饮服务,突然氧气面罩全部脱落,同时出现颠簸。乘务员们反应迅速,立刻执行释压处置程序。与此同时,乘务长毕楠通过广播、乘务员通过口令指挥旅客:"用力向下拉氧气面罩,将面罩罩在口鼻处,保持正常呼吸,系好安全带,听从我们的指挥。"事发突然,有些旅客情绪激动开始哭泣,乘务员通过语言安抚、紧握旅客双手的方式安抚旅客情绪,不停重复着"我们都是受过专业训练的,能够保障大家的安全"给旅客传递信心。

飞机放下起落架进行着陆准备后,全体乘务员不敢有丝毫放松和懈怠,在脑海里一遍遍默想撤离程序。当飞机落地,机长通知"飞机安全了,不需要撤离"时,大家悬着的一颗心才放下来,整个客舱响起了雷鸣般的掌声。

乘务组在关键时刻表现出的应急能力和专业素养不是一朝一夕造就的,而是在日复一日的航班飞行中、在每时每刻的专注与努力中积累而成的。2019年2月27日,在北京召开

的全国先进女职工集体和个人表彰大会上,四川航空 3U8633 航班毕楠乘务组荣获全国五一巾帼奖状、全国五一巾帼标兵岗。

■ 知识链接

《客舱应急撤离准备检查单》如表 4-1 所示。

表 4-1 客舱应急撤离准备检查单

	项目	乘务长	乘务员
通信与协调	机长通知乘务长应急撤离的决定	完成	
	乘务长召集乘务员	完成	完成
	检查/固定厨房设备、松散物品,关闭厨房及娱乐系统电源		完成
对旅客简介	乘务长广播通知旅客	广播	
	回收餐具、固定好座椅靠背和小桌板、系好安全带	广播	完成
	出口介绍	广播	演示
选择援助者	选择出口援助者	广播	完成
	安排旅客志愿协助者	广播	完成
	取下尖锐物品、穿好衣服、脱下高跟鞋(陆上)/鞋子(水上)、存放好行李	广播	检查
	演示防冲撞姿势	广播	演示
	穿上救生衣(水上)	广播	演示
做最后准备	重新检查客舱、厨房、出口及通道	完成	完成
	介绍注意事项	广播	
	关闭客舱灯	广播完成	
乘务员个人准备		发布指令	
	穿上制服/机组救生衣	完成	完成
	取下尖锐物品、丝巾、领带、高跟鞋、丝袜	完成	完成
	弄湿头发	完成	完成
	报告机长	完成	完成
	确认手电筒等应携带物品的位置	完成	完成
	系好安全带,做防冲撞准备	完成	完成
	回顾撤离分工	完成	完成

二、有限时间准备的陆上应急撤离

有限时间准备的陆上应急撤离是指飞行机组和客舱机组撤离前的准备时间非常有限,不足 10 分钟或更少。具体撤离步骤如下。

(1)乘务长从驾驶舱获取应急迫降的信息。
(2)乘务长召集客舱乘务员并把信息传递给每位客舱乘务员。
(3)关闭厨房电源及娱乐系统,固定厨房设备。
(4)广播通知旅客。
(5)检查并督促旅客收直椅背、扣好小桌板、收起脚踏板、系好安全带。
(6)介绍脱出口。
(7)广播表演防冲撞姿势。
(8)客舱乘务员自身准备。
(9)乘务组准备工作完成后报告机长。
(10)落地一刹那,得到防冲撞信息时,客舱乘务员高喊"紧迫用力""防止冲撞"的口令,直至飞机完全停稳。
(11)落地后工作同有充分时间准备的陆上应急撤离。

三、无准备的陆上应急撤离

无准备的陆上应急撤离是指突发的、在没有时间准备的情况下进行的陆上应急撤离。具体撤离步骤如下。

(1)发生第一个撞击迹象时迅速做出判断,客舱乘务员立即采取防冲撞姿势。
(2)用中英文交替向旅客下达指令:"不要动!系好安全带""低头、弯腰""全身紧迫用力"的口令,直至飞机完全停稳。
(3)呼叫驾驶舱机长,协调应急撤离,听从机长口令。
(4)当机长发出"撤离"的指令或撤离信号时,立即解开安全带,进行紧急撤离。若没有来自驾驶舱的指令,应由乘务长立即联络驾驶舱。若发生下列几种异常情况,主任乘务长/区域乘务长/客舱乘务员,可自行发出应急撤离口令,指挥旅客紧急撤离。异常情况如下。
①机体严重结构性损伤、明显破损;
②发生威胁性起火或烟雾,烟雾火灾无法控制;
③发动机周围燃油泄漏严重;
④飞机进水;
⑤驾驶员失去指挥能力;
⑥乘务长呼叫驾驶舱没有反应,30秒内未接获任何指令。
(5)确认或打开应急灯。
(6)开门前观察门外情况。
(7)开门后观察滑梯充气状况。
(8)指挥旅客撤离并远离飞机。
(9)撤离后执行"有充分时间准备的陆上应急撤离"的相关程序。
当决定不撤离时,客舱乘务员会收到来自驾驶舱的广播通知:"不需要撤离""客舱乘务员留在原位"。为防止可能出现的恐慌局面,客舱乘务员必须在飞机停稳后迅速安抚好旅客,指挥旅客保持镇静、在原座位坐好。

任务三　水上应急撤离处置

水上应急撤离可分为有准备的水上应急撤离、有限时间准备的水上应急撤离及无准备的水上应急撤离。

一、有准备的水上应急撤离

有准备的水上应急撤离和有准备的陆上应急撤离程序基本相同,在应急迫降(见图4-3)前乘务组需完成工作中添加了"救生衣演示""协助旅客穿好救生衣"内容;开启舱门撤离飞机环节主要工作为"判断水面状况""检查救生船自动充气状况""指挥旅客登陆救生船并撤离";应急撤离后续工作部分添加了"连接救生船并固定位置"等内容。具体步骤如下。

图 4-3　飞机水上迫降

(一)获取信息

乘务长从驾驶舱获取应急迫降的信息,如应急情况的性质、着陆方式、应急迫降形式、防冲撞姿势的信号等。

(二)信息传达

乘务长把应急迫降的信息传达给全体客舱乘务员,并进行责任分工,确认其明确职责。

(三)客舱准备

应急迫降前,乘务组需完成如下工作。

(1)广播通知旅客航班需要进行应急迫降的决定。
(2)确认旅客已坐好并系好安全带。
(3)告知旅客收直椅背、扣好小桌板、收起脚踏板。
(4)关闭厨房电源及娱乐系统,固定客舱和厨房设备,清理出口和通道。
(5)按照援助者的选择方式在本航班上寻找合适的援助者并调整旅客座位。
(6)广播介绍应急撤离出口位置、路线。
(7)要求旅客取下随身佩戴的锐利物品,穿好衣服,存放好行李。
(8)演示防冲撞姿势。
(9)进行救生衣演示,协助旅客穿好救生衣,并要求旅客在客舱内时先不要给救生衣充气,如图4-4所示。

图4-4 乘务员为旅客进行救生衣使用示范

(10)确认客舱旅客及乘务员自身准备工作完成后,报告乘务长。
(11)当乘务组准备工作完成后,由乘务长报告机长"乘务组和客舱准备工作完毕"。

(四)防止冲撞

(1)当飞机下降到1000英尺(约300米)时,即飞机着陆前1.5分钟,驾驶舱会发出"准备冲撞"的口令,客舱乘务员提醒旅客"系好安全带,做好防冲击姿势"。
(2)当飞机下降到500英尺(约150米)时,驾驶舱发出警示,客舱乘务员必须坐在乘务员座椅上,系好安全带和肩带。
(3)当飞机下降到100—50英尺(30—15米)时,驾驶舱发出"冲撞开始"的口令,客舱乘务员高声喊3遍"紧迫用力"(Brace),并做好防冲撞姿势,直至飞机完全停稳。
(4)当飞机完全停稳后,客舱乘务员提醒旅客"解开安全带,不要动,听从指挥"。

(五)撤离命令

当飞机着水停稳后,机长宣布"撤离"命令。如果广播系统失效,待"撤离警告鸣响"或"应急灯亮",客舱乘务员应立即组织旅客撤离。

（六）开启舱门撤离飞机

（1）确认飞机在水上完全停稳后解开安全带。
（2）判断水面状况，确认机舱门在水面上、分离器在预位位置后打开需要打开的机舱门和出口。
（3）救生船自动充气后检查充气状况，若充气不足或未完成，则拉动人工充气手柄。
（4）救生船充气完成后，指挥旅客撤离飞机（撤离顺序一般是L1门船和尾部船最先撤离，R1门的船最后撤离，其他各船上满人后即进行撤离）。
（5）离开飞机或上船前给救生衣充气。
（6）旅客撤离完毕后，客舱乘务员、乘务长检查客舱后报告机长，随后带好所需物品撤离飞机。
（7）机长做最后的清舱后撤离飞机。
（8）机上人员全部撤离后，释放救生船，并切断机体与救生船之间的连接绳。

（七）后续工作

有准备的水上应急撤离后续工作包括以下内容。
（1）水上应急撤离应选择风下侧，撤离后组织旅客前往离飞机至少100米的能保持安全距离的地方，离开燃油区和燃烧区。
（2）组织营救落水者和救治伤者。
（3）到达安全区域后，连接救生船并固定好位置，清点旅客和机组成员人数，报告机长。
（4）使用求救设备发出求救信号。
（5）尽可能设置一名机组成员做警卫，以确保邮件、包裹或飞机各部分不受干扰。

二、有限时间准备的水上应急撤离

有限时间准备的水上应急撤离程序基本同有限时间准备的陆上应急撤离，仅增加"穿好救生衣"环节。具体步骤如下。
（1）乘务长从驾驶舱获取应急迫降的信息。
（2）乘务长召集全体客舱乘务员并把信息传递给每位客舱乘务员。
（3）关闭厨房电源及娱乐系统，固定厨房设备。
（4）广播通知旅客。
（5）检查并督促旅客收直椅背、扣好小桌板、收起脚踏板、系好安全带。
（6）介绍脱出口。
（7）广播表演防冲撞姿势。
（8）穿好救生衣（水上迫降）。
（9）客舱乘务员自身准备。
（10）乘务组准备工作完成后报告机长。
（11）落地一刹那，得到防冲撞信息时，客舱乘务员高喊"紧迫用力""防止冲撞"的口令，直至飞机完全停稳。

（12）落地后工作同有充分时间准备的水上应急撤离。

三、无准备的水上应急撤离

在飞机降落前的工作基本与无准备的陆上应急撤离相同，当发现飞机迫降在水面上后，增加了以下程序。

（1）广播、演示并协助旅客穿好救生衣。

（2）开门前，观察舱门外情况，以确认舱门在水面上。

（3）开门后，观察救生船充气状况。

（4）用明确的口令指挥旅客上船撤离并远离飞机。

（5）撤离后，执行有准备的水上应急撤离的程序。

■ 知识链接

客舱应急广播

在广播和演示时，打开客舱内的所有灯光。固定好窗帘，关掉娱乐系统。

1. 乘务长广播：代表机长宣布迫降决定（客舱乘务员安抚乘客）

女士们、先生们：

我是本次航班的乘务长，现在代表机长继续广播。由于____故障（原因），我们决定陆上/水上迫降。我们全体机组人员都受过严格的训练，有信心、有能力保证你们的安全。请乘客们回到座位上，保持安静，听从乘务员的指挥。

Ladies and Gentlemen：

This is Chief Purser speaking on behalf of the captain. Due to ____, it is necessary to make an emergency landing (ditching). The crew has been well trained to handle this type of situation. We will do anything necessary to ensure your safety. Please return to your seats and keep calm, pay close attention to the flight attendants and follow their directions.

2. 乘务长广播：客舱整理（根据实际情况需要广播；客舱乘务员按广播内容整理、检查客舱及厨房）

请将您的餐盘和其他所有服务用具准备好，以便乘务员收取。

Pass your food tray and all other service items for picking up.

请调直座椅靠背，固定好小桌板，收起脚踏板和座位上的录像装置。

Bring seat backs to the upright position and fix tray tables. Stow footrests and in-seat video units.

3. 乘务长广播：脱出口介绍（客舱乘务员工作：确认出口环境、划分乘客的撤离区域、演示出口并加以确认）

（陆上迫降）

女士们、先生们：

现在客舱乘务员将告诉您最近的出口位置，这个出口可能就在您的周围，请确认两个以上的出口。当机长发出撤离指令时，请按客舱乘务员所指的方向撤离，不要携带任何物品。在指定的门不能撤离时，请尽快转移到其他出口。

Ladies and gentlemen：

Now the flight attendants will tell you the location of your nearest exit. Please ensure two exits at least. Follow the instruction of the flight attendants and do not take anything while evacuating. If the exit can not be used，move to another one immediately.

（水上迫降）

女士们、先生们：

现在客舱乘务员将告诉您最近的带救生船的出口位置，这个出口可能就在您的周围，请确认两个以上的出口。当机长发出撤离指令时，请按客舱乘务员所指的方向撤离，不要携带任何物品。在指定的门不能撤离时，请尽快转移到其他出口。

Ladies and gentlemen：

Now the flight attendants will tell you the location of your nearest exit with raft. Please ensure two exits at least. Follow the instruction of the flight attendants and do not take anything while evacuating. If the exit can not be used，move to another one immediately.

客舱乘务员客舱演示及确认。

为了便于撤离，我们将把客舱分成____个区域。

We will divide you into ____ groups for a rapid and smooth evacuation.

坐在这一侧的乘客请听从我的指挥，坐在另一侧的乘客请听从她/他的指挥。

Passengers on this side，please follow my instructions. Passengers on that side，please follow her/his instructions.

坐在这里的乘客(重复)，请从这边的门撤离。如果这边的门不能使用，请从那边的门撤离(做两组说明)。

Passengers sitting in this area，evacuate through this exit. If this exit can not be used，move to that exit.

请问您从哪个门撤离？如果这边的门不能使用，应从哪个门撤离？（确认数名靠走道的乘客）。

Which exit will you evacuate from? If this exit can not be used，which exit do you use?

4.乘务长广播：选择援助者(客舱乘务员寻找援助者并确认其任务)

女士们、先生们请注意：

如果您是航空公司的雇员、消防人员或军人，请与客舱乘务员联络，我们需要您的协助（暂停广播）。

If you are airlines staff，fire fighter or soldier，please contact the cabin attendant. We need your help.

■ 行动指南

> 应急撤离时，乘客应如何配合？

在一起成功的应急撤离中，机组、乘务组人员的临危不乱、有效指挥，乘客的快速反应、理智配合，以及地面有关部门迅速的应对救援措施，都是缺一不可的。作为乘客，如果了解必要的应急撤离知识，无疑能在危急时刻最大限度地保护自己。那么，应急撤离时乘客应该怎么做呢？

(1) 专心观看安全须知录像或乘务员的安全演示，仔细阅读座椅背后口袋里的安全须知手册，了解救生衣、氧气面罩、安全带的使用方法以及紧急出口的位置。

(2) 如果乘客恰好坐在了应急出口附近的座位，请积极配合乘务员工作，在被询问是否有意愿做应急撤离时的志愿者时，如果表示愿意协助，就须详细了解应急出口位置的安全注意事项、乘客须履行的职责。

(3) 不要因为惊慌而盲目参与大规模移动。因为乘客出于惊恐或者其他心理而迅速聚集，可能影响飞机的配载平衡，造成严重的飞行安全事故。

(4) 时刻倾听机组人员指挥。机组人员都进行过专业培训，了解飞机的结构，知道最佳逃离路线。他们掌握着机舱内的情况，能够快速打开应急出口，迅速指挥乘客撤离。

(5) 在撤离前，听从机组人员的安全指令，取下尖锐物品，如钢笔、发夹、珠宝首饰和手表等，脱下高跟鞋、皮鞋以及带钉子的鞋。钢笔、发夹这些尖锐物品在撤离时会伤到自己；高跟鞋、皮鞋、带钉子的鞋，容易在撤离时踩伤他人。此外，乘客从充气滑梯滑下飞机时，这些尖锐物品还可能划破滑梯。

(6) 在撤离时，一定不要携带行李。应急撤离的速度是以秒来计算的，从行李架取出行李会堵塞通道，如果行李滑落砸伤乘客会进一步减慢撤离速度。并且带着行李逃生，会使本就狭窄的过道变得更加拥堵不堪。而各式各样的行李物品更有可能造成滑梯受损，不利于后面乘客逃生。

(7) 离开滑梯后，要迅速逃离飞机100米以外，不要在滑梯下等候家人或朋友。如果飞机着火，最严重的后果是发生爆炸，在滑梯下面等待他人，不但危及自己的生命安全，也会阻碍他人快速撤离现场。

(8) 撤离到安全区域后，听从机组人员指挥，进行集合，方便机组人员清点人数。

最重要的一点，相信乘务组，服从并配合乘务员的指挥！电影《中国机长》里有一句台词："从飞行员到乘务员，我们每一个人都经历了日复一日的训练，就是为了能保证大家的安全。这也是我们在这架飞机上的意义。"乘务员的第一职责就是保障客舱和乘客的安全，无论何时，请相信他们。

■ 行动指南

哈德逊河奇迹——全美航空 1549 号航班迫降

说到水上迫降成功典范，不得不提被改编成电影《萨利机长》的纽约哈德逊河紧急迫降。

2009 年 1 月 15 日下午，全美航空 1549 号航班于下午 3 时 26 分在纽约拉瓜迪亚机场起飞。起飞 1 分钟左右，机长向机场塔台报告，飞机上两具引擎都撞上鸟且失去动力，要求立即折返机场。

机场随即指示班机立即折返，但机长沙林博格发现条件不允许掉头折返机场，于是准备将飞机飞往新泽西的泰特伯勒机场作紧急降落。但其后机长又发现当时飞机的高度及下降速率无法让客机安全降落于泰特伯勒机场。于是，机长决定避开人烟稠密地区，冒险让客机紧急降落在贯穿纽约市的哈德逊河上。

随后，飞机飞进哈德逊河河道上空，并以滑翔的方式缓缓下降。乘客回忆说："飞行员通知乘客'准备经历碰撞（着陆）'，乘务人员随之指挥大家双脚平放地、注意低头和保护头部。"

飞机机尾首先触水，其后以机腹接触水面滑行，飞机左侧的一号引擎于水面滑行期间脱落沉入河底。尽管机身此时已开始下沉，但机组人员在机长指挥下及时组织全体乘客撤离。最后机长两度检查机舱，确保没有乘客被困才离开。待救援队赶来时，所有乘客和机组人员都井然有序地站在机翼或紧急充气救生滑梯上等候救援，如图 4-5 所示。

图 4-5　客机紧急降落在哈德逊河上

事发后机长被美国民众推崇为英雄。他凭借丰富的经验、科学的危机处理理念以及高超的技术急降飞机于河面，挽救了机上所有人的生命。

任务四　应急求救信号使用与联络

如果飞机迫降发生在大海、沙漠、丛林等环境恶劣的地方,从飞机上安全撤离就只是成功获救的第一步,重要的是获救前能在恶劣环境中生存下去。因此,机组人员要有强烈的求生意识,做好生存计划,熟悉各种生存技巧及应急求救信号的使用,才有可能维护自己及旅客的生命安全。

一、应急求救信号的种类及使用

客舱乘务员可以利用应急定位发射器和救生包内的信号弹、反光镜、哨子、手电筒等客舱应急设备发出求救信号,也可以通过天然材料(如火堆或燃烧所带来的烟雾、拼搭地对空目视信号等方式)发出求救信号,还可以将飞机残骸(如玻璃、整流罩、救生衣、滑梯等有反光作用或色彩鲜艳的物品)堆放在周围引起营救人员的注意。

(一)利用客舱应急设备发射求救信号

使用具备发射求救信号功能的应急设备是求救首选。客舱乘务员可以利用应急定位发射器和救生包内的信号弹、反光镜、哨子、手电筒等发出求救信号。

1　应急定位发射器(Emergency Locator Transmitter)

应急定位发射器是一类用于应急情况下以获得搜救为目的指示位置的设备统称,这类设备在指定的无线电频率上广播、发射一种独特的信号。飞机上至少会装备一台应急定位发射器,如图 4-6 所示。

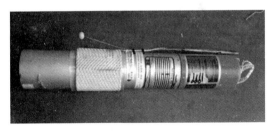

图 4-6　Rescue 406 自动式应急定位发射器

2　救生包(Survival Kit)

救生包为应急撤离后的生存提供帮助,一般存放在滑梯、救生船或行李架内。陆上应急撤离后,救生包悬挂在滑梯上;水上应急撤离到达安全区域后,可从水中捞出使用。救生包内的很多应急设备具备发射应急求救信号的功能,具体如下。

(1)信号筒(Signal Flare)。

信号筒是向外界发出应急信号的设备,具备两种功能:一种是白天发出橘黄色的烟雾,一种是夜间发出红色的光。白天使用橘黄色平滑一端;夜间使用红色突起一端,如图 4-7 所示。使用方式:打开外盖;用拇指或手钩住 D 型环;拉起 D 型环,打开密封盖;设备发烟或冒火。操作时最好戴上手套,将其放在船外使用。

图 4-7　信号筒

(2)信号弹(Signal Rocket)。

信号弹也是向外界发出应急信号的设备。使用方式:按压顶部,信号弹滑下;下拉至固定位;旋开顶盖;举过头顶,拉环发射。使用时需注意防止失火及救生船受损;发射时,于下风处伸直手臂至筏外,指向远处,勿指向地面。

(3)化学安全灯棒(Safety-Light)。

化学安全灯棒也是向外界发出应急信号的设备,如图 4-8 所示。使用方式:取出灯棒;从中间折弯;用力摇晃;系在船外侧的绳上。其使用时间为 12 个小时;注意不要将其折断。

图 4-8　化学安全灯棒

(4)反光镜(Signal Mirror)。

反光镜是一个金属的方盘,中间有视孔(见图 4-9),通过反射的日光和月光向外界发出求救信号。在晴朗的天气下,反射光程可达 70 千米(37 海里)。使用方法:用镜子的反射光去对准手掌或近有物体,然后用眼镜对准视孔寻找亮点;调整镜子让亮点对准救援物体;使亮点和救援物体重叠在视孔中心。注意使用时将其挂在脖子上以防掉落;不要用镜子对着靠近的飞机。

(5)海水着色剂(Sea Dye Marker)。

海水着色剂通过使船周围的海水变色向外发出信号,每次只使用一个。使用方式:打开包装,将染料洒在船只周围,染料在水中散发绿色的荧光,如图 4-10 所示。在静止环境中,可拨动海水来增大流速使染料散开。绿色的荧光染料可在水中作用 45 分钟。

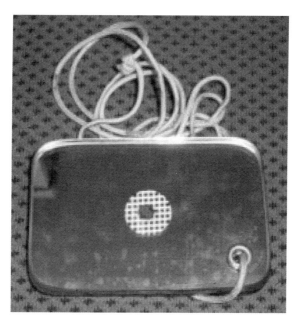

图 4-9 反光镜

图 4-10 海水着色剂

(6)海水手电筒(Sea Light)。

使用方式:打开封盖(见图 4-11);灌入海水或盐水;盖上封盖;设备发光。当光减弱时,可以继续加入海水或盐水,继续使用。

图 4-11 海水手电筒

(7)手电筒(Light)。

手电筒(见图 4-12)的亮光可以在很远的地方看到,在夜间可以用手电筒发射信号。国际通用的 SOS 求救信号是三次短闪、三次长闪、三次短闪。

类型1　　　　　　　　　类型2

图 4-12　手电筒

（二）利用天然材料发射求救信号

如果具备发射求救信号功能的应急设备遗失、损坏或使用殆尽，也可利用自然界的天然材料，比如树丛、树叶、石头、雪等堆成地对空求援符号吸引救援人员的注意。

1　利用火光引起救援人员注意

火在白天和夜间都可作为信号，燃放三堆火焰是国际通行的求救信号，如图 4-13 所示。白天可在火堆上放苔藓、青嫩树枝、橡皮等使之产生浓烟；晚上可放干柴，将火烧旺、令火升高。如果燃料稀缺或者自己伤势严重，凑不够三堆火焰，点燃一堆也可以。

图 4-13　三堆火焰

2　燃烧烟雾引起救援人员注意

浓烟升空后会与周围环境形成反差，在夜间或深绿色的丛林中，亮色浓烟十分醒目。晴朗无风时，可用白色、黑色烟雾作为信号；若在丛林里，可在火堆里添加绿草、绿叶、苔藓、蕨类植物形成浓烟；橡胶和汽油燃烧可产生黑烟，黑色烟雾在雪地或沙漠中非常醒目；潮湿的草席、坐垫可熏烧很长时间，同时防止飞虫逼近伤人。如果受天气条件限制，烟雾只能近地表飘动，可加大火势让暖气流上升，携带烟雾到相当的高度，如图 4-14 所示。

3　摆放树枝或石块引起救援人员注意

可制作由树枝或碎石片等组成的大型箭头信号，使营救者了解求救者的行动路径，确定曾经或现在的位置。当自己返回时也不会迷路，且这些信号在空中也能一目了然，如图 4-15 所示。

图 4-14 烟雾

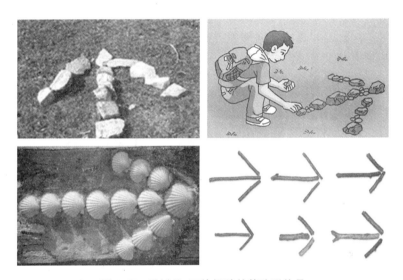

图 4-15 用树枝、石块摆放的箭头形信号

（三）收集飞机残骸及部件引起救援人员注意

可将飞机的玻璃、救生衣、滑梯等有反光作用或色彩鲜艳的物品堆放在周围以引起营救人员的注意，如图 4-16 所示。

图 4-16 利用飞机残骸及部件发布求救信号

二、应急求救信号铺设注意事项及国际公认的求援信号

(一)应急求救信号铺设注意事项

(1)几乎任何重复三次的行动都象征着寻求援助。比如点燃三堆火、制造三股浓烟、发出三声响亮的口哨、三声枪响,甚至三次火光的闪耀。如果使用声音或灯光信号,在每组发送三次信号后间隔1分钟再次重复。

(2)保护好信号材料不受冷受潮,可能的情况下多准备几种信号。不要把所有信号火种整天燃烧,应随时做好准备,有飞机或救援队伍路过时再点燃求助。

(3)所有信号的发出和铺设都应在开阔地带,信号在昼间大部分时间都有阴影,所以铺设方向应为东西方向,线条宽度为3英尺,长度不短于18英尺。

(4)任何异常的标志和颜色之间的差异在空中都能被发现,发射求救信号的最佳方式依次为无线电、烟雾和反光镜。

(二)国际公认的求援信号

遇险求救时,了解国际公认的求援信号非常重要。这些信号可以快速准确地向救援队伍传递求救人群的生命体征和所在位置等重要信息,让救援人员提前做好准备,节省救援时间。

国际公认的求援符号有以下几种:"V"字表示求援者需要援助;"箭头"表示求援者行进的方向;"X"表示幸存者需要医药援助;"Y"或"N"分别代表"是"或"不是";"SOS"表示请求援助我们,详见表4-2。

表 4-2 国际通用的地对空目视信号

编号	代表意义	字母符号
1	需要援助	V
2	需要医药援助	X
3	不是或否定	N
4	是或肯定	Y
5	向此方向前进	→
6	请求援助	SOS

当飞机在空中发现了地面发出的求救信号,如图4-17所示,营救人员会采取以下方式做出应答。

(1)收到信息并且理解:在白天,飞机摇摆机翼;在夜晚,着陆灯闪亮两次;

(2)收到信息但不理解:在白天,飞机向右手侧方向做旋转;在夜晚,亮起红灯。

图 4-17 不同环境下的 SOS 求救信号

■ 知识链接

陆上应急撤离野外求生指南

当陆上应急撤离发生在偏僻和荒凉地区,救援人员不能马上赶到时,幸存者应做好陆地求生的准备。

1. 撤离后的组织工作

远离飞机,避免烟火侵害;当发动机冷却、燃油蒸发、火已熄灭时,设法返回飞机;寻找乘客中的医务人员对受伤人员实施急救;集合并清点幸存人数,将其分为几个小组,每组4—25人;每组指定一名组长负责管理,总任务由机组人员(按机上指挥权的接替顺序)下达,具体任务由组长分配给每一个人;就地取材搭设临时避难所;准备好发出求救信号的设备。

2. 建立避难所

天然避难所最好选择山区和岩石岸边的山洞、凸出的大岩石下边、树、树枝及雪旁。飞机避难所可选择的范围包括:完整的机身、机翼和尾翼、滑梯、机舱内的塑料板及绝缘板。

修建避难所时要注意的问题:山洞作为避难所时,里面可能潮湿,可能会有其他生物存在;冬季不宜依靠机身修建避难所,因为金属散热过快;应避免在低洼潮湿的溪谷处修建避难所,防止避难所被洪水冲走;不宜在茂密的草木丛林中修建避难所。

3. 饮水

水是生命生存的必需品,比食物更为重要。从飞机上撤离时,在保证安全的情况下应尽可能多地携带水和饮料。除此之外,获取水源的方式还包括:收集雨水和露水;寻找附近的河流、湖泊、池塘、山泉等;挖掘干枯河床下或沙丘之间凹处的水源;利用好热带丛林富含水分的植物;鸟群经常在水坑上飞翔,可以顺着动物的足迹和粪便寻找水源。

饮水时要注意的问题:河流、湖泊、池塘、山泉等水源的水需消毒后饮用,最少煮10分钟;不要直接食用冰和雪解渴,因为冰和雪会降低体温,造成更严重的脱水;不要饮用植物分泌的乳汁状的汁液,可能有毒;不要饮用尿液,对身体有害;减少活动,避免体液损失;飞机上带下的水和应急水应放在最后使用。

4. 食物

一个幸存者不吃东西,光靠水和本身脂肪也能生存一段时间。在不影响撤离速度的情况下,尽可能从飞机上带下可用食品。当需要吃东西时,还可以从周围的环境中获取。

获取食物的方法:从昆虫身上获取食物;猎捕野兽和鸟类、鱼类、爬行动物;采摘野生藤本植物。

进食时要注意以下问题:应急食品应留到迫不得已时食用;昆虫中蝗虫、蜈蚣、蝎子、蜘蛛、苍蝇、红蚁、虱子和蚊子等不能生吃;食用鸟类及兽肉之前,应先放血,去皮取出内脏,烤熟后食用,在取内脏时不要碰破胆囊,并将多余的肉储存;淡水鱼要将其煮熟后食用;食用野生藤本植物之前,分辨一下是否有毒,折断植物的枝叶,如果有乳汁样的汁液流出,触摸后有刺痒感及红肿,嚼在嘴中有烧灼感、辛辣苦涩或滑腻味,则有毒的概率很大;但不是所有有毒植物都有怪味,可先取一小块咀嚼,8小时后无特殊感觉可放心食用。

项目训练

1. 武汉至北京的飞行过程中,飞机遇到紧急情况,乘务组有20分钟时间准备,随后将进行陆上迫降,请模拟乘务组执行应急撤离处置。

2. 角色扮演:有准备的陆上应急撤离。

3. 上网查找国内外民航飞机陆上应急撤离的案例,讨论并分析这些案例中撤离成功或失败的原因、值得借鉴及需要改进的地方。

4. 飞机在北京至伦敦的飞行过程中遇到紧急情况,乘务组有20分钟时间进行准备,随后将水上迫降,请模拟乘务组执行应急撤离处置。

5. 角色扮演:有准备的水上应急撤离。

6. 上网查找国内外民航客机水上迫降及应急撤离的案例,讨论并分析这些案例中撤离成功或失败的原因、值得借鉴及需要改进的地方。

7. 某航班成功迫降在丛林里。请模拟乘务组进行应急撤离后的组织工作,选择适合的应急求救信号类型求救。

8. 实训演练:水上求生。根据陆上应急撤离求生指南进行推演:如果飞机迫降于水上,应如何实施水上求生?

9. 收集森林、极地、沙漠等特殊自然环境下的野外生存要点,谈谈作为客舱乘务员该如何组织旅客进行野外求生。

项目五 机上危险品界定及处置

 **项目目标**

- **知识目标**

　　1.了解危险品及危险品运输的概念。
　　2.了解危险品运输的法律法规。
　　3.掌握危险品的九大类别及各类别的特性。

- **能力目标**

　　1.能依据危险品的类别,准确识别各类危险品。
　　2.能说出不同类别的危险品具有哪些危险特性。

- **素质目标**

　　1.对航班运输的货物、旅客携带的物品时刻保持职业敏感度,判断其是否具有危险性,养成专业不懈怠的工作态度。
　　2.守土有责,在工作岗位上要有高度的责任感和敬畏感,敬畏规章、敬畏生命。
　　3.任何时候都要关注每一位旅客,绝不粗心大意,绝不掉以轻心。时刻将旅客生命财产安全放在职责首位。

知识框架

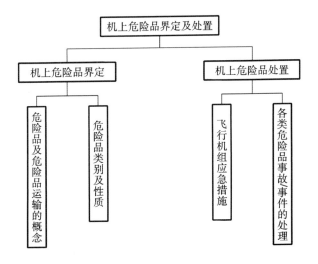

项目引入

2022年3月1日,某航空公司从广州飞往宜昌的AQ1305次航班在空中发生货舱火警,机组果断处置,飞机备降在长沙黄花国际机场,机上105名旅客和机组全部安全撤离。经初步调查,货舱内有3件带有烧灼痕迹的货物行李,不排除旅客行李中带有充电宝类含有锂电池的违规物品。

2000年3月,北京BGS接收了"大通国际运输公司"托运的一票货物,货运单上品名为八羟基喹啉、固体,而实际运输的是淡黄色、有毒、有腐蚀性的液体草酰氯。该货物在吉隆坡国际机场发生泄漏,造成5名工人中毒,飞机报废。马航向我国民航局投诉,并将我国6家公司告上法庭。2007年12月,国内相关网站刊登了北京市最高人民法院对此案进行判决的报道。北京市最高人民法院判决大连化建等公司赔偿5家境外保险公司6506.3万美元。

2004年,芝加哥奥黑尔国际机场,有行李在往飞机上运输的路途中着火。原因是行李中有一个未卸下电池的电钻。在地服运输时,颠簸使电钻开关被意外开启,引燃行李。

2007年11月8日,在某航空公司浦东至法兰克福航班到达目的站卸机时,一件邮包泄漏,有白色粉末溢出,粉末误入搬运工眼睛,造成搬运工暂时失明,在该区域活动的其他人员也出现嗓子不适、咳嗽症状,伤者接受医护治疗。经调查,寄件人交给邮局的邮件中装有三氯苯乙酮化工品,三氯苯乙酮具有腐蚀性和毒性。

问题思考:

1. 上述案例有什么共同点?
2. 危险品运输事故有可能造成的后果有哪些?

任务一 机上危险品界定

一、危险品及危险品运输的概念

(一)危险品的概念

1 危险品的定义

对于危险品,不同国家、行业有不同的称谓和界定,如化工业称其为危险化学品,而民航业则称其为危险品。国际民航组织(ICAO)在《危险物品安全航空运输技术细则》(简称《技术细则》)中对危险品给出了明确定义:能对健康、安全、财产或环境构成危险,并在《技术细则》的危险品品名表中列明和根据《技术细则》进行分类的物品或物质。

2 危险品的特征

根据危险品的定义,危险品以《技术细则》的危险品品名表和分类标准为界定依据,具有以下特征。

(1)具有爆炸性、易爆、易燃、毒害性、腐蚀性、放射性等性质。这些性质是造成运输中火灾、爆炸、中毒等危险的内在因素。

(2)易造成人员伤亡和财产损毁。当受到摩擦、撞击、震动,以及接触火源、受日光暴晒、遇水受潮、遇到温度变化或性能相抵触的其他物品等时,危险品容易发生化学变化,而引起爆炸、燃烧、中毒、灼伤等可能造成人员伤亡或财产损毁的危险。

(3)需要特别防护。特别防护是指除了轻拿轻放、谨防明火外,特别要针对各类危险品本身的特性采取一些"特别"的防护措施,如避光、控制温度、控制湿度、添加抑制剂等。

(二)危险品运输的概念

危险品运输是特种运输中的一种,是指专门组织或技术人员使用特殊车辆对非常规物品进行的运输。一般只有经过国家相关职能部门严格审核,并且拥有能安全运输危险品的相应设施设备的组织才有资格进行危险品运输。

二、危险品类别及性质

(一)危险品分类

以下危险品分类内容来自国际航空运输协会(IATA)颁布的《危险品规则》(DGR)。

1 第 1 类:爆炸品(Explosives)

1.1 项:具有整体爆炸危险性的物品和物质。

1.2 项:具有喷射危险性而无整体爆炸危险性的物品和物质,如图 5-1 所示。

1.3 项:具有起火危险性、较小的爆炸和(或)较小的喷射危险性而无整体爆炸危险性的物品和物质。

1.4 项:不存在显著危险性的物品和物质,如图 5-2 所示。

1.5 项:具有整体爆炸危险性而敏感度极低的物质。

1.6 项:无整体爆炸危险性且敏感度极低的物质。

2 第 2 类:气体(Gas)

2.1 项:易燃气体(Flammable Gas)如图 5-3 至图 5-5 所示。

2.2 项:非易燃无毒气体(Non-Flammable,Non-Toxic Gas)。

2.3 项:毒性气体(Toxic Gas)。

3 第 3 类:易燃液体(Flammable Liquid)

易燃液体无分项,如图 5-6、图 5-7 所示。

图 5-1　子弹

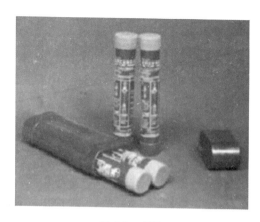

图 5-2　爆竹

图 5-3　煤气炉中的一氧化碳在燃烧

图 5-4　可以喷出易燃气体的生活物品

图 5-5　燃烧的发胶

④ 第 4 类：易燃固体、易于自燃的物质和遇水释放易燃气体的物质（Flammable Solids, Substances Liable to Spontaneous Combustion and Substances Which, in Contact with Water, Emit Flammable Gases）

4.1 项：易燃固体（Flammable Solids），如图 5-8、图 5-9 所示。

4.2 项：易于自燃的物质（Substances Liable to Spontaneous Combustion）。

图 5-6 油漆

图 5-7 黏合剂

4.3 项：遇水释放易燃气体的物质（Substances Which，in Contact with Water，Emit Flammable Gases）。

图 5-8 烧烤引碳器

图 5-9 硫黄

5　第 5 类：氧化性物质和有机过氧化物（Oxidizing Substances and Organic Peroxides）

5.1 项：氧化性物质（Oxidizing Substances），如图 5-10 所示的消毒液的主要有效成分即为次氯酸钠，一种氧化性物质。

5.2 项：有机过氧化物（Organic Peroxides），如图 5-11 所示的制氧机的基本原理，即过氧化物在水中通过催化剂的作用分解形成氧气。

6　第 6 类：毒性物质和感染性物质（Toxic and Infectious Substances）

6.1 项：毒性物质（Toxic），如图 5-12、图 5-13 所示。

6.2 项：感染性物质（Infectious Substances），如图 5-14 所示。

7　第 7 类：放射性物质（Radioactive Material）

放射性物质无分项，指含有放射性核素的任何物质。图 5-15 为含有放射性物质的设备。

图 5-10 84 消毒液

图 5-11 制氧机

图 5-12 氯化钾化肥

图 5-13 老鼠药

图 5-14 医用标本

8 第 8 类：腐蚀性物质（Corrosive）

腐蚀性物质无分项。主要有硝酸、硫酸、氢氯酸、氢溴酸、氢碘酸、高氯酸、氢氧化钠等蓄电池、水银温度计（见图 5-16、图 5-17）中有腐蚀性物质。

9 第 9 类：杂项危险品（Miscellaneous Dangerous Goods）

杂项类危险品无分项，指除以上 8 类危险品之外的其他危险品，如图 5-18 至图 5-20 所示。

图 5-15　医用放射性设备

图 5-16　蓄电池

图 5-17　水银温度计

图 5-18　水下照明设备

图 5-19　汽车气囊

图 5-20　干冰

（二）各类危险品的性质

1　爆炸品

爆炸品包括以下几种。

（1）爆炸性物质（物质本身不是爆炸品，但能形成气体、蒸气或粉尘爆炸环境者，不列入第1类），不包括那些太危险以致不能运输或那些主要危险性符合其他类别的物质。

（2）爆炸性物品，不包括下述装置：其中所含爆炸性物质的数量或特征不会使其在运输过程中偶然或意外被点燃或引发后因迸射、发火、冒烟、发热或巨响而在装置外部产生任何影响。

（3）上述两条款中未提及的，为产生爆炸或烟火实际效果而制造的物品和物质。

❷ 气体

气体指在 50 ℃时，其蒸气压力大于 300 kPa（3.0 bar）或在 20 ℃，标准大气压力为 101.3 kPa（1.01 bar）时，完全处于气态的物质。

（1）易燃气体。

易燃气体指在 20 ℃和 101.3 kPa 标准大气压下，在与空气的混合物中按体积计，占总气体体积的 13％或更少时可点燃的气体，或与空气混合，燃烧的体积分数上限和下限之差不小于 12％的气体。

（2）非易燃无毒气体。

①窒息性气体：通常会稀释或取代空气中的氧气的气体；

②氧化性气体：一般通过提供氧气可比空气更能引起或促进其他材料燃烧的气体。

（3）毒性气体。

①已知具有的毒性或腐蚀性强到会对人的健康造成危害的气体。

②根据吸入毒性试验，LC50 的数值等于或小于 5000 mL/m³ 的气体。

❸ 易燃液体

第 3 类易燃液体无分项，包括易燃液体与减敏的液态爆炸品。易燃液体是指在闭杯试验中温度不超过 60.0 ℃，或者在开杯试验中温度不超过 65.5 ℃时，放出易燃蒸气的液体、液体混合物或含有固体的溶液或悬浊液（例如，油漆、清漆、真漆等，但不包括主要危险性属于其他类别的物质）。

在《危险品规则》中，符合上述定义，闪点高于 35 ℃且不能持续燃烧的液体，若符合下列条件之一，则不必视为易燃液体。

（1）它们通过了适当的燃烧性试验；

（2）燃点高于 100 ℃；

（3）水溶液，含水量超过 90％（按重量计）。

如果托运的某种液体的温度达到或超过其闪点，可视这种液体为易燃液体。

❹ 易燃固体、易于自燃的物质和遇水释放易燃气体的物质

（1）易燃固体、自反应物质和固态减敏爆炸品。

《危险品规则》指出，4.1 项以易燃固体为代表，除此之外还包括自反应物质和固态减敏爆炸品。易燃固体是指在正常运输条件下，易于燃烧的固体和摩擦可能起火的固体；自反应物质是指容易发生激烈放热反应的物质；固态减敏爆炸品是指不充分稀释就可能爆炸的物质。

易于燃烧的固体为粉状、颗粒状或糊状物质，这些物质如与燃烧的火柴等火源短暂接触即能起火，并且火焰会迅速蔓延，十分危险。这种危险不仅来自火焰，还可能来自毒性燃烧产物。金属粉末特别危险，一旦着火就难以扑灭，因为常用的灭火剂（如二氧化碳或水）只能增加其危险性。

自反应物质是即使没有氧（空气）也容易发生激烈放热分解的热不稳定物质。自反应物质的分解可因热，与催化性杂质（如酸、重金属化合物、碱）接触、摩擦或碰撞而开始。分解速度随温度而增加，且因物质而异。分解，特别是在没有着火的情况下，可能放出毒性气体或蒸气。对某些自反应物质，必须控制环境温度。有些自反应物质可能发生爆炸性分解，特别是在封闭的情况下。这一特性带来的危险可通过添加稀释剂或使用适当的包装来加以预防。有些自反应物质会发生剧烈燃烧。

固态减敏爆炸品是指用水或醇类将爆炸品润湿或用其他物质稀释，形成的均匀固态混合物。这种混合可以抑制爆炸品爆炸性。

(2) 易于自燃的物质。

《危险品规则》中 4.2 项易于自燃的物质是指在正常运输条件下能自发放热，或接触空气能够发热，并随后易于起火的物质，包括发火物质和自发放热物质。

① 发火物质是指 5 分钟内即使少量接触空气也可燃烧的物质，包括混合物和溶液（固体或液体）。这种物质很容易自动燃烧。

② 自发热物质是指没有另外的能量补给，接触空气自身放热的物质。这种物质只有在大量（若干千克）长时间（若干小时或天）接触空气时才能燃烧。

(3) 遇水释放易燃气体的物质。

《危险品规则》中 4.3 项危险品，是指遇水释放易燃气体的物质。这种物质与水反应会自燃或产生足以达到危险体积的易燃气体。

■ **知识链接**

2015 年"8·12"天津滨海新区爆炸事故

2015 年 8 月 12 日 23:30 左右，位于天津市滨海新区天津港的瑞海公司危险品仓库发生火灾爆炸事故，造成 165 人遇难、8 人失踪、798 人受伤，304 幢建筑物、12428 辆商品汽车、7533 个集装箱受损。截至 2015 年 12 月 10 日，依据《企业职工伤亡事故经济损失统计标准》等标准和规定统计，已核定的直接经济损失为 68.66 亿元。经国务院调查组认定，天津港"8·12"瑞海公司危险品仓库火灾爆炸事故是一起特别重大生产安全责任事故。

事故调查组通过调取天津海关 H2010 通关管理系统数据等查明，事发当日，瑞海公司危险品仓库运抵区储存的危险货物包括第 2、3、4、5、6、8 类及无危险性分类数据的物质，共 72 种。调查组对上述物质采用理化性质分析、实验验证、视频比对、现场物证分析等方法，逐类进行了筛查。筛查结果显示，其中第 4 类易燃固体、易于自燃的物质、遇水释放易燃气体的物质 8 种，除硝化棉外，均不自燃或自热。经与事故现场监控视频比对，事故最初的燃烧火焰特征与硝化棉的燃烧火焰特征相吻合。同时调查组查明，事发当天运抵区内共有硝化棉及硝漆基片 32.97 吨。最终，调查组认定最初着火物质为硝化棉。集装箱内的硝化棉由于湿润剂散失出现局部干燥，在高温（天气）等因素的作用下加速分解放热，积热自燃，引起相邻集装箱内的硝化棉和其他危险化学品长时间大面积燃烧，导致堆放于运抵区的硝酸铵等危险化学品发生爆炸。

调查组认定，瑞海公司严重违反有关法律、法规，是造成事故发生的主体责任单位。该公司无视安全生产主体责任,严重违反天津市城市总体规划和滨海新区控制性详细规划,违法建设危险货物堆场、违法经营、违规储存危险货物,安全管理极其混乱,安全隐患长期存在。

5 氧化性物质和有机过氧化物

(1)《危险品规则》中5.1项氧化性物质是指本身未必可燃,但通常因放出氧气可能引起或促使其他物质燃烧的物质。这类物质可能含在物品内。

(2)《危险品规则》中5.2项有机过氧化物是指含有二价过氧基(—O—O—)的有机物,也可以将它看作一个或两个氢原子被有机原子团取代的过氧化氢的衍生物。

有机过氧化物遇热不稳定,它可以放热并因而加速自身的分解。此外,它们还可能具有下列一种或多种特性:易于发生爆炸性分解;速燃;对碰撞或摩擦敏感;能与其他物质发生危险的反应;会损伤眼睛。

6 毒性物质和感染性物质

(1)《危险品规则》中6.1项毒性物质是指在吞食、吸入或与皮肤接触后,可能造成死亡、严重受伤或损害人类健康的物质。

(2)《危险品规则》中6.2项感染性物质包括以下物质:生物制品、培养物、病患标本、医学或临床废弃物。

■ 知识链接

未申报的毒性物质导致人员中毒

1999年4月12日,青岛至广州的航班在广州落地后,装卸工打开舱门卸货,闻到一股浓烈的刺鼻气味,之后发现有一件货物破损并流出液体。

经调查,此货物为间氟苯酚,属于6.1项毒性物质,但托运时并未办理危险品申报手续。事故造成17名工作人员不同程度中毒。最终,托运货物的代理人被处以10万元的罚款。

7 放射性物品

放射性物品是指含有放射性核素且比活度和放射性总活度分别超过基本限值的物品。

8 腐蚀性物质

腐蚀性物质是指由于化学作用而能够严重损害与之接触的生物组织或在渗漏时会严重损害甚至损坏其他货物或运输工具的物质。

■ 知识链接

波士顿空难

1973年,一架从纽约起飞的货机在空中起火,在波士顿洛根国际机场迫降时飞机坠毁,机组人员全部遇难。

事故原因:货舱中的货物有未如实申报的危险品硝酸,而货运单上的货物品名却是"电器"。160个木箱,每个木箱内有一个装有5升硝酸的玻璃瓶。

调查结果:托运人签署了一份空白"托运人危险品申报单"给货运代理,货运代理将货物交给包装公司进行空运打包。包装公司并不了解硝酸的包装要求,将装有5升硝酸的玻璃瓶放入一个用锯末作吸附和填充材料的木箱中。这样的包装共有160个,操作时一些工人在包装外粘贴了方向性标签,另一些工人则没有贴。货物在托运时,货运单上的品名被改成了电器,危险品文件在操作过程中也丢失了。这160个木箱在装入集装器时,粘贴了方向性标签的木箱是按照向上方向码放的,而未粘贴方向性标签的木箱被倾倒了。

事后用硝酸与木屑接触做试验,证明硝酸与木屑接触后会起火,8分钟后冒烟,16分钟后木箱被烧穿,22分钟后爆燃,32分钟后变为灰烬。到达巡航高度时,瓶子的内外压差造成瓶帽松弛,硝酸流出与木屑接触,随即起火。实际起火的木箱可能不超过2个,但却导致了整架飞机的坠毁。

❾ 杂项危险物质和物品

《危险品规则》中第9类危险品是指在空运过程中存在的不属于其他类别危险品的危险物质和物品,包括但不限于下列物品和物质。

(1)遭遇航空限制的固体和液体:具有麻醉性、有害性、刺激性或其他性质,一旦在航空器上溢出或泄漏能引起机组人员极度烦躁或不适以致不能正常履行职责的任何物质。

(2)磁性物质:为航空运输而包装好的任何物质,如距离组装好的包装件外表面任一点2.1米处的最大磁场强度使罗盘偏转大于2°,即为磁性物质。

(3)高温物质:运输温度等于或高于100 ℃的液态物质以及等于或高于240 ℃的固态物质。

(4)环境(水环境)危害物质:与联合国《危险品运输建议书——规章范本》的2.9.3中标准相符的物质,或与货物运送的始发国或目的地国的主管部门制定的国家或国际条例中的相关标准相符的物质。

(5)转基因微生物(GMMOs)和转基因生物(GMOs):转基因微生物和转基因生物是通过遗传工程以非自然方式有意将遗传物质改变的微生物和生物。

(6)锂电池:含有任何形式锂元素的电池芯和电池、安装在设备中的电池芯和电池、与设备包装在一起的电池芯和电池。

(7)吸入细粉尘危害健康的物质,如石棉、角闪石(铁石棉、透闪石、阳起石、直闪石、青石棉)、温石棉等。

(8)电容器。

(9)能产生易燃蒸气的物质,如塑料造型化合物等。

(10)救生设备,如自动膨胀式救生设备、安全设备等。

(11)发生火灾时可能产生二噁英的物质和物品,如液态或固态多氯联苯类等。

(12)在运输中可能出现危险但不符合其他类别定义的物质或物品,如蓖麻籽、以易燃气体或易燃液体为燃料的车辆、以电池为动力的设备或车辆、化学物品箱或急救箱、熏蒸货物装置、仪器或机器中的危险品、内燃发动机或内燃机器、日用消费品等。

■ **知识链接**

旅客携带锂电池乘机的规定

根据中华人民共和国民用航空行业标准《锂电池航空运输规范》(MH/T1020—2013)和《旅客和机组关于携带危险品的航空运输规范》(MH/T1020—2018)等相关法规文件,旅客携带锂离子电池乘坐民用航空器应注意如下事项。

(1)携带的锂离子电池额定能量不允许超过160 Wh,超过160 Wh的应通过办理危险货物手续进行运输。

(2)内含锂离子电池的设备(如手提电脑、照相机、便携式摄像机等),应按如下规则携带运输:

①放置在托运行李及随身行李中携带;

②有防止意外启动的措施;

③锂离子电池额定能量不超过100 Wh;

④额定能量在100 Wh(不含)至160 Wh(含)的安装在设备中的锂离子电池,具有运营人(航空公司)的批准。

(3)备用锂离子电池,应按如下规则携带运输:

①放置在随身行李中携带;

②单个做好保护,以防短路,可将备用电池放置于原厂零售包装中或对电极进行绝缘处理,如将暴露的电极用胶布粘住、将电池单独装在塑料袋或保护袋中;

③单个锂离子电池额定能量不超过100 Wh;

④经运营人(航空公司)批准,可携带额定能量在100 Wh(不含)至160 Wh(含)的备用锂离子电池,但不能超过2块。

任务二 机上危险品处置

航空运输中,危险品的操作不当可能引起危险品不安全事件。与航空运输有关联,不一定发生在航空器上,但造成人员受伤、财产损失、起火、破损、溢出、液体或放射性物质渗漏或包装未能保持完好的其他情况被视为危险品事件。任何与危险品航空运输有关并严重危及航空器或机上人员的事件也被视为危险品事件。危险品事故是指与航空运输有关联,造成致命或严重人身伤害和财产损失的事故。

一、飞行机组应急措施

根据国际民航组织和各航空公司运行手册要求,飞行机组在涉及危险品事件/事故情况下使用的检查单内容如下。

(一)飞机灭火或排烟的应急处置程序

(1)打开"禁止吸烟"显示灯。
(2)考虑尽快着陆。
(3)考虑关闭机上非必要的电源。
(4)确定浓烟/烟雾/火焰的根源。
(5)对于客舱内的危险品事故(见客舱乘务员检查单),驾驶舱与客舱机组协作处置。
(6)确定应急处理措施代号。
(7)根据确定的应急处理措施代号,使用"机上应急处理措施表"(查阅机载运行手册《机上危险品事故应急处理指南》或"机载检查单")确定相应的处置程序。
(8)如果情况允许,通知地面部门飞机上装载的危险品情况,包括运输专用名称、类/项(以及第Ⅰ类的配装组)、主要危险性及任何可识别的次要危险性、数量和装载位置、有关危险品的联系电话号码。

(二)着陆以后的处置程序

着陆以后的应急处置程序如下。
(1)在打开货舱门之前,让旅客和机组人员先行离机。
(2)通知地面和应急救援人员危险品的性质和其在机上装载的位置。
(3)在维修记录本上做相应的记录。
(4)飞机落地后,机长应尽可能向地面事故调查和救援组织提供NOTOC。

(三)货舱中装载的危险品处置

除非在客舱或者驾驶舱中出现明显的烟雾,否则货舱中装载的危险品发生溢出或泄漏在飞行中是不易被觉察到的。在发生泄漏的情况下,客舱或者驾驶舱中的空气可能变得易燃、有刺激性或有毒性。这种情况下,应该关闭非必要的电器并且禁止吸烟;同时机组人员应使用可达成百分百供氧的防烟面罩或防护性呼吸设备;可能的情况下,应该向旅客提供用于捂住口鼻的湿毛巾或湿布。

(四)客舱机组人员的应急措施

客舱机组人员的应急措施如下:

(1)通知机长。
(2)识别涉及的物品。
如果起火,启动标准程序并检查水的使用情况。如果溢出或泄漏,则采取以下措施:
(1)收集危险品处置包和其他有用的物品。
(2)戴上橡胶手套和防烟面罩。
(3)组织旅客从发生事故的区域撤离,并向旅客发放湿毛巾或湿布。
(4)将危险品放进聚乙烯塑料袋里。
(5)隔离放置聚乙烯塑料袋。
(6)把受到影响的设备及物品当作危险品处理。
(7)覆盖地毡/地板上的危险品溢出物。
(8)经常地检查被隔离放置的物品和被污染的设备。
飞机着陆以后:
(1)通知地面人员机上危险品的装载位置。
(2)在维修记录本上做相应的记录。

二、各类危险品事故/事件的处理

(一)第1类:爆炸品

1　收运后发现包装件破损应采取的措施

(1)破损包装件不得装入飞机或集装箱。
(2)已经装入飞机或集装箱的破损包装件必须卸下。
(3)检查同一批货物的其他包装件是否有相似的损坏情况。
(4)在破损包装件附近严禁烟火。
(5)将破损包装件及时转移到安全地点,并立即通知货运部门进行事故调查和处理。
(6)通知托运人或收货人,未经主管部门同意,该包装件不得运输。

2　发生火灾时的灭火措施

(1)现场抢救人员应戴防毒面具。
(2)现场抢救人员应站在上风头。
(3)用水和各式灭火设备灭火。

(二)第2类:危险性气体(压缩、液化及深度冷冻气体)

1　收运后发现包装件破损,或有气体以及气体逸漏现象应采取的措施

(1)破损包装件不得装入飞机或集装箱。
(2)已经装入飞机或集装箱的破损包装件必须卸下。

(3)检查同一批货物的其他包装件是否有相似的损坏情况。

(4)包装件有逸漏迹象时,工作人员应避免在附近吸入漏出的气体。如果易燃气体或非易燃气体包装件在库房内或在室内发生逸漏,必须打开所有门窗,使空气充分流通,然后由专业人员将其移至室外。如果毒性气体包装件发生逸漏,应由戴防毒面具的专业人员处理。

(5)在易燃气体破损包装件附近,不准吸烟,严禁明火,不得开启任何电器。任何机动车辆不得靠近。

(6)通知货运部门的主管人员进行事故调查和处理。

(7)通知托运人或收货人,未经主管部门同意,该包装件不得运输。

2 发生火灾时的灭火措施

(1)现场抢救人员必须戴防毒面具。

(2)现场抢救人员应避免站在气体钢瓶的首、尾部。

(3)在情况允许时,应将火势未及区域的气体钢瓶迅速移至安全地带。

(4)用水或雾状水浇在气体钢瓶上,使其冷却,并用二氧化碳灭火剂灭火。

(三)第3类:易燃液体

1 收运后发现包装件漏损应采取的措施

(1)漏损包装件不得装入飞机和集装箱。

(2)已经装入飞机或集装箱的漏损包装件必须卸下。

(3)检查同一批货物的其他包装件是否有相似的损坏情况。

(4)在漏损包装件附近,不准吸烟,严禁明火,不得开启任何电源。

(5)如果易燃液体在库房内或机舱内漏出,应立即通知消防部门,消除漏出的易燃液体。

(6)将漏损包装件移至室外,通知货运部门的主管人员进行事故调查和处理。

(7)通知托运人或收运人,未经主管部门同意,该包装件不得运输。

2 发生火灾时的灭火措施

(1)现场抢救人员应戴防毒面具并使用其他防护用具。

(2)现场抢救人员应站在上风头。

(3)易燃液体燃烧时,可用二氧化碳灭火剂、砂土、泡沫灭火剂或干粉灭火剂灭火。

(四)第4类:易燃固体、易于自燃的物质和遇水释放易燃气体的物质

1 收运后发现包装件破损应采取的措施

(1)破损包装件不得装入飞机和集装箱。

(2)已经装入飞机或集装箱的破损包装件必须卸下。

(3)检查同一批货物的其他包装件是否有相似的损坏情况。
(4)在破损包装件附近,不准吸烟,严禁明火。
(5)任何热源需远离易于自燃的物质的包装件。
(6)对于遇水释放易燃气体的物质的破损包装件,避免与水接触,应该用防水帆布盖好。
(7)通知货运部门的主管人员进行事故调查和处理。
(8)通知托运人或收货人,未经主管部门同意,该包装件不得运输。

2 发生火灾时的灭火措施

(1)现场抢救人员应戴防毒口罩。
(2)对于易燃固体、易于自燃的物质,可用砂土、石棉毯、干粉灭火剂或二氧化碳灭火剂灭火。
(3)对于遇水释放易燃气体的物质,例如金属粉末,可用砂土或石棉毯进行覆盖,也可使用干粉灭火剂灭火。

(五)第5类:氧化性物质和有机过氧化物

1 收运后发现包装件破损应采取的措施

(1)破损包装件不得装入飞机和集装箱。
(2)已经装入飞机或集装箱的破损包装件必须卸下。
(3)检查同一批货物的其他包装件是否有相似的损坏情况。
(4)在破损包装件附近,不准吸烟,严禁明火。
(5)其他危险品(即便是包装完好的)与所有易燃的材料(如纸、硬纸板、碎布等),不准靠近破损的包装件。
(6)任何热源需远离有机过氧化物包装件。
(7)通知货运部门的主管人员进行事故调查和处理。
(8)通知托运人或收货人,未经主管部门同意,该包装件不得运输。

2 发生火灾时的灭火措施

(1)有机过氧化物着火时,应该用干砂、干粉灭火剂或二氧化碳灭火剂灭火。
(2)其他氧化剂着火时,应该用干砂或雾状水灭火,并且要随时防止水溶液与其他易燃、易爆制品接触。

(六)第6类:毒性物质和传染性物质

1 收运后发现毒性物质包装件漏损、有气味,或有轻微的渗漏应采取的措施

(1)漏损包装件不得装入飞机和集装箱。
(2)已经装入飞机或集装箱的漏损包装件必须卸下。

(3)检查同一批货物的其他包装件是否有相似的损坏情况。

(4)现场人员避免皮肤接触漏损包装件,避免吸入有毒蒸气。

(5)搬运漏损包装件的人员,必须戴上专用的橡胶手套,使用后扔掉,且在搬运后5分钟内必须把手洗净。

(6)如果毒害品的液体或粉末在库房内或机舱内漏出,应通知卫生检疫部门,并由他们对被污染的库房、机舱及其他货物或行李进行污染消除。

(7)将漏损包装单独存放于分库房内,然后通知货运部门的主管人员进行事故调查和处理。

(8)如有人员意外沾染毒性物质,无论是否有中毒症状,均应立即前往医疗部门进行检查和治疗。

(9)通知托运人或收货人,未经主管部门同意,该包装件不得运输。

2 收运后发现传染性物质包装件漏损,或有轻微的渗漏应采取的措施

(1)漏损包装件不得装入飞机或集装箱。

(2)已经装入飞机或集装箱的漏损包装件必须卸下。

(3)检查同一批货物的其他包装件是否有相似的损坏情况。

(4)对漏损包装件最好不移动或尽可能少移动。在不得不移动的情况下,如从飞机上卸下时,为减少传染的机会,应只由一人进行搬运。

(5)搬运漏损包装件的人员,严禁皮肤直接接触包装件或漏出的传染性物质,必须戴上专用的橡胶手套。手套在使用后用火烧毁。

(6)距漏损包装件至少5米范围内,禁止任何人进入,最好用绳索将这一区域拦起来。

(7)及时向环境保护部门和卫生防疫部门报告,并应说明如下情况。

①"危险品申报单"上所述的有关包装件的情况。

②与漏损包装件接触过的全部人员名单。

③漏损包装件在运输过程中已经过的地点,即该包装件可能影响的范围。

(8)通知货运部门的主管人员。

(9)严格按照环保部门和检疫部门的要求,消除漏损包装件对机舱,其他货物和行李,以及运输设备的污染,对接触过传染性物质包装件的人员进行身体检查,对这些人员的衣服进行处理,对该包装件进行处理。

(10)通知托运人或收货人,未经检疫部门的同意,该包装件不得运输。

3 发生火灾时的灭火措施

(1)现场抢救人员应做好全身性的防护,除防毒面具外,还应穿戴防护服和手套等。

(2)现场抢救人员应站在上风头。

(3)应该用砂土灭火。

(七)第7类:放射性物质

若收运后,包装件无破损、无渗漏现象,且封闭完好,但经仪器测定,发现运输指数有变化,且大于申报的1.2倍,应将其退回。

若收运后发现包装件破损,或有渗漏现象,或封闭不严。

(1)该包装件不得装入飞机或集装箱。

(2)已经装入飞机或集装箱的破损包装件必须卸下。搬运人员必须戴上手套作业,避免被放射性物质污染。

(3)检查同一批货物的其他包装件是否有相似的损坏情况。

(4)将破损包装件卸下飞机之前,应该画出它在机舱中的位置,以便检查和消除污染。

(5)除检查和搬运人员外,任何人不得靠近破损包装件。

(6)查阅"危险品申报单",按照 Additional Handling Information 栏中的文字说明,采取相应的具体措施。

(7)破损包装件应放入机场专门设计的放射性物质库房内。如果没有专用库房,应放在室外,距破损包装件至少5米之内,禁止任何人靠近,应该用绳子将这一区域拦起来并做出表示危险的标记。

(8)通知环境保护部门和(或)辐射防护部门,由他们对货物、飞机及环境的污染程度进行测量和做出判断。

(9)必须按照环保部门和(或)辐射防护部门提出的要求,消除破损包装件对机舱,其他货物和行李,以及运输设备的污染。在消除机舱污染之前,飞机不准起飞。

(10)通知货运部门和技术部门的主管领导对事故进行调查,通知托运人或收货人,未经货运部门和技术部门主管领导同意,该包装件不得运输。

(八)第8类:腐蚀性物质

1 收运后发现包装件漏损应采取的措施

(1)漏损包装件不得装入飞机或集装箱。

(2)已经装入飞机或集装器的漏损包装件必须卸下。

(3)检查同一批货物的其他包装件是否有相似的损坏情况。

(4)现场人员避免皮肤接触漏损包装件和漏出的腐蚀性物质,避免吸入蒸气。

(5)搬运漏损包装件的人员,必须戴上专用橡胶手套。

(6)如果腐蚀性物质漏洒到飞机的结构部分上,必须尽快对这一部分进行彻底清洗,从事清洗的人员应戴上手套,避免皮肤与腐蚀性物质接触。一旦发生这种事故,应立刻通知飞机维修部门,说明腐蚀性物质的运输专用名称,以便及时做好彻底的清洗工作。

(7)其他危险品(即使是包装完好的)不准靠近该漏损包装件。

(8)通知货运部门的主管人员进行事故调查和处理。

(9)通知托运人或收货人,未经主管部门同意,该包装件不得运输。

2 发生火灾时的灭火措施

(1)现场抢救人员除应戴防毒面具外,还应穿戴防护服和手套。

(2)现场抢救人员应站在上风头。

(九)第9类:杂项危险品

收运后发现包装件破损应采取的措施:
(1)破损包装件不得装入飞机或集装箱。
(2)已经装入飞机或集装器的破损包装件必须卸下。
(3)检查同一批货物的其他包装件是否有相似的损坏情况。
(4)检查飞机是否有损坏情况。
(5)通知货运部门的主管人员进行事故调查和处理。
(6)通知托运人或收货人,未经主管部门同意,该包装件不得运输。

项目训练

1. 分小组演练不同类型的危险品的处置程序。
2. 上网查询近年来国际上航空运输中的危险品处置事件。

项目六　危害空防安全行为界定与处置

项目目标

○ **知识目标**

　　1. 了解非法干扰行为的类型。
　　2. 熟知各类非法干扰行为的处置原则和程序。
　　3. 掌握非法劫持航空器行为的处置流程。

○ **能力目标**

　　1. 能根据实际情况辨别各类非法干扰行为。
　　2. 能根据民航规章进行非法干扰行为处置。
　　3. 能根据民航规章进行反劫机处置。

○ **素质目标**

　　1. 根据航班所飞地区的旅客的实际情况,做好可能危害空防安全行为处置的预案,养成防患于未然的职业习惯。
　　2. 一旦发生非法干扰行为,严格按照处置流程进行及时处置。指出学生反劫机处置过程中的不足,让他们体会到遗漏任何一个环节都会造成事故,培养他们精益求精的工匠精神。
　　3. 任何时候都要关注每一个旅客,绝不粗心大意,绝不掉以轻心,一定要"敬畏生命"。

知识框架

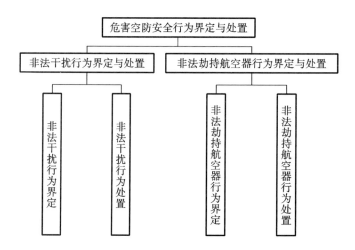

项目引入

2015年7月26日,深航ZH9648台州至广州航班发生一起机上纵火、行凶、危害飞行安全事件。据乘客梁先生回忆,事发时,飞机已准备降落,飞机广播提醒乘客"调直座椅靠背,收起小桌板"。没多久,一名50多岁的男人从经济舱向头等舱走去,手里拿着一份报纸。不久,梁先生听到前排传来尖叫声,闻声望去,看到头等舱冒出黑烟,有乘客拉开头等舱和经济舱之间的布帘后,火苗蹿了出来,两名乘务员手持灭火器迅速将火扑灭。

机舱里满是汽油味和奇怪的味道,点火后男子返回经济舱,手里拿着一把20厘米长的匕首,一边挥刀一边威胁乘客"给我老实点",一名乘客的手被划伤。此时,两名男乘务员一前一后将男子堵在过道上,一边与之对峙,一边将他堵回头等舱。在纵火者行凶过程中,空姐一直在提醒乘客保持冷静,并挥臂高喊"请相信我们",还呼吁保护好儿童和妇女安全,让妇女儿童退后到飞机尾部,同时号召男乘客站出来,"大家就把行李架上的行李拿下来堆在过道上,把那人堵在过道上"。她们处理突发事件过程中始终保持着沉着、冷静。后来,男子再次点燃了火,火比第一次还大,使得客舱到处都是黑烟,但也马上被乘务员扑灭。

几分钟后飞机便落地了,机场外已有消防、公安等车辆在等候。随后,机组人员打开舱门让大家从滑梯紧急撤离。

据深航方面通报,机组人员发现一名旅客的异常举动后,在空中启动应急处置程序,并第一时间通知空管、白云机场等相关单位,随后机组控制该旅客。飞机于26日0时58分安全降落在广州白云机场,机组启动紧急撤离程序及时疏散旅客,所有旅客均安全撤离。事件中无人员死亡,有2人轻伤被送往医院救治,其中一名伤者手臂外伤,经治疗已出院,另一名伤者腰部扭伤,留院观察。疑犯被捕时跳机伤及头部,已脑死亡。

事后,台州机场安检站站长、副站长、当班职工被全部开除,台州市民航局局长等相关责任人被免职。中国民航华东地区管理局发布通告称,自7月29日6时起暂时停止台州机场运行,并派出工作组现场督查台州机场整改工作。

民航局通报表彰深圳航空ZH9648机组,记集体一等功,奖励人民币30万元;奖励2名见义勇为旅客人民币各3万元。此外,中航集团、国航、深国际、深圳航空等都给予ZH9648机组、2名见义勇为旅客及相关单位丰厚的奖励。

犯罪嫌疑人在机舱内纵火、持刀威胁、伤人、二次纵火等行为,对飞行安全和乘客安全造成了严重的威胁,随时可能造成机毁人亡的严重后果,涉嫌放火罪和暴力危及飞行安全罪。机场安检工作存在严重安全隐患,也应依法追究相关人员的相关责任。

问题思考:

1.从空防安全的角度,谈谈本案例中男乘客行为的危害性,思考如何预防类似事件的发生。

2.分析本案例中乘务组的处置,如果你是飞机上的乘务员,遇到这种情况应如何正确处置?

3.你从以上案例得到什么启示?

任务一　非法干扰行为界定与处置

一、非法干扰行为界定

（一）非法干扰行为的定义

非法干扰行为指违反有关航空安全的规定，危害或足以危害民用机场、航空器运行安全或秩序，以及旅客和有关人员生命与财产安全的行为。

（二）非法干扰行为的类别

1　严重刑事犯罪行为

《东京公约》《海牙公约》《蒙特利尔公约》规定的触犯刑律的犯罪行为（如恐怖主义罪行）有实施或者企图实施劫持、爆炸航空器；袭击、爆炸机场等。

2　可能危及飞行安全的行为

当面威胁或电话威胁劫机、炸机；未经许可进入驾驶舱或企图打开驾驶舱门；违反规定不听机组劝阻；在客舱洗手间内吸烟；殴打机组人员或威胁伤害他人；谎报险情；未经允许使用电子设备；偷盗或者故意损坏救生设备；违反规定开启机上应急救生设备等。

3　扰乱秩序行为

寻衅滋事、殴打乘客；酗酒滋事；性骚扰；破坏公共秩序；偷盗机上物品、设备；在机场禁烟区吸烟；冲击机场、强行登占航空器等行为。

■ 知识关联

美国处罚机上闹事者最高判 20 年

国际上，飞机上的任何干扰机组成员履行职责、干扰航班安全飞行或是危及机上人员安全的行为都被称为"空中暴行"。通常，机组人员对实施此类行为者会先进行规劝、警告，必要时会采取约束性措施。国际上对这类"空中暴行"的刑事处分案例颇多。

2012年9月2日，一架瑞士航空的空客A340飞机计划从苏黎世飞往北京。在飞机到达俄罗斯上空时，两名男子突然打了起来，而且劝阻不住。因为当时是在俄罗斯上空，机长担心打斗场面继续恶化会威胁到飞行安全，又因为迫降俄罗斯可能导致机上乘客较难办理入境签证,所以返航。不过,两名打架的乘客被瑞士机场警方逮捕并拘留,最后被瑞士政府刑事处分。对此,瑞航表示,安全永远是瑞航首要的准则,机组成员完全遵照相关的规定和程序进行了处置。

不仅瑞士,美国、英国、加拿大都对航空安全极其重视。其中,美国通过《国土安全法案》《安全飞行条例》等一系列完备的法律来加强国家航空安全。美国FAR法规125部第328条规定:任何人不得攻击、威胁、恐吓或干扰机组人员履行职责,非法干扰机组行为会被判20年以下的有期徒刑并处罚金。例如,2007年7月,一名乘客在美国一航班途中,不仅对自己的孩子动粗,还因空姐拒绝提供酒而泼空姐饮料,结果这名乘客被空乘人员用胶带束缚在了座位上。不仅如此,后来该乘客还因此在监狱中度过了3个月。另外,在美国,一旦旅客不遵守规定且不听劝阻,就会被视为挑衅行为,机长就会以"危害飞行安全"为由拒绝闹事乘客乘坐飞机。

■ 知识链接

《公共航空旅客运输飞行中安全保卫工作规则》

中新网2020年3月20日电,国务院法制办网站公布《公共航空旅客运输飞行中安全保卫工作规则》(简称《工作规则》)。《工作规则》中规定,旅客在飞机上若做出强占座位、打架斗殴、寻衅滋事、违规使用手机等九类扰乱行为,将被口头制止,制止无效将被采取管束措施。

《工作规则》中规定,机长统一负责飞行中的安全保卫工作。机长在处置航空器上的扰乱行为或者非法干扰行为时,必要时可以请求旅客协助;在航空器上出现扰乱行为或者非法干扰行为等严重危害飞行安全行为时,可以根据需要改变原定飞行计划或对航空器做出适当处置。

《工作规则》中规定,机组成员应按照机长授权处置扰乱行为和非法干扰行为。根据机上案(事)件处置程序,发生扰乱行为时,机组成员应当口头予以制止,制止无效的,应当采取管束措施;发生非法干扰行为时,机组成员应当采取一切必要处置措施。

根据《工作规则》的解释说明,非法干扰行为,是指危害民用航空安全的行为或未遂行为,主要包括:

(一)非法劫持航空器;
(二)毁坏使用中的航空器;
(三)在航空器上或机场扣留人质;
(四)强行闯入航空器、机场或航空设施场所;
(五)为犯罪目的而将武器或危险装置、材料带入航空器或机场;
(六)利用使用中的航空器造成死亡、严重人身伤害,或对财产或环境的严重破坏;
(七)散播危害飞行中或地面上的航空器、机场或民航设施场所内的旅客、机组、地面人员或大众安全的虚假信息。

扰乱行为,是指在民用机场或在航空器上不遵守规定,或不听从机场工作人员或机组成员指示,从而扰乱机场或航空器上良好秩序的行为。

航空器上的扰乱行为主要包括：

（一）强占座位、行李架；

（二）打架斗殴、寻衅滋事；

（三）违规使用手机或其他禁止使用的电子设备；

（四）盗窃、故意损坏或者擅自移动救生物品等航空设施设备或强行打开应急舱门；

（五）吸烟（含电子香烟）、使用火种；

（六）猥亵或性骚扰客舱内人员；

（七）传播淫秽物品及其他非法印制物；

（八）妨碍机组成员履行职责；

（九）扰乱航空器上秩序的其他行为。

■ 知识关联

疑因感情受挫试图打开后舱舱门寻短见，被空乘人员及时制止

2009年9月19日下午，在上海飞往北京的东航MU564次航班上，一名年轻男子在飞行过程中多次试图打开后舱舱门，被乘务人员及时制止。

目击者张先生称，19日下午，他从上海浦东乘坐东航的MU564次航班回京，当时坐在飞机的后排。飞机起飞10多分钟后，他突然听到阵阵闷响，抬头一看，发现一名男子正在用手疯狂地捶打着舱门，并试图将舱门打开。几名空姐见状，立即上前阻止，并挡在舱门处，不让男子靠前。该男子未加理会，又多次冲向舱门，均被空姐拦下。随后，四五名机组人员一拥而上，直接将男子摁倒在地。随后，该男子被带到机舱后部的服务间附近，并被控制起来。

"从砸舱门开始，那个男的一句话都没说。"张先生称，当时机上的很多乘客都因这一幕感到惊讶。很多乘客进行拍照，安全员进行了阻拦。事后他了解到，闹事的男子刚刚失恋了，准备将后舱门打开跳下飞机自杀。当天16时20分，飞机降落到首都机场T2航站楼，该男子随即被机场民警带走调查。

二、非法干扰行为处置

（一）非法干扰行为处置原则

(1) 确保航空安全，争取飞行正常。

(2) 确定性质，区别处置。

(3) 及时控制事态，防止矛盾激化。

(4) 教育与处罚相结合。

(5) 机上控制，机下处理。

(6)空地配合,互相协作。

■ 行动指南

《民航旅客不文明行为记录管理办法(试行)》

2014年4月16日,由泰国曼谷飞往中国北京的泰国航空公司674号航班上,3名男性乘客发生肢体冲突。据飞机上的旅客描述,此次事件发生在飞机起飞后40多分钟。当时,机舱中后部的座位突然传来喊骂声,他循声望去,发现3名30岁上下的乘客不停地喊喊。原因是两人要休息,另外一人要吃饭,要休息的乘客嫌用餐的乘客声音太大,双方由此引发语言上的冲突,进而升级到打斗。冲突中,一名乘客拿起用餐的叉子刺向对方造成其头部受伤流血,双方的争斗愈演愈烈,直至空乘人员出面制止,冲突才得以平息。当飞机降落在首都国际机场之后,这3名乘客被带到了机场派出所接受调查。

据了解,自2016年2月1日起,中国航空运输协会正式实施《民航旅客不文明行为记录管理办法(试行)》。民航旅客不文明行为,是指扰乱航空运输秩序且已危及航空安全,造成严重不良社会影响,或依据相关法律法规、民航规章应予以处罚的行为。根据该办法,下列11类旅客不文明行为将被记录。

(1)堵塞、强占、冲击值机柜台、安检通道及登机口(通道);
(2)违反规定进入机坪、跑道和滑行道;
(3)强行登(占)、拦截航空器;
(4)对民航工作人员实施人身攻击或威胁实施此类攻击;
(5)强行冲击驾驶舱、擅自打开应急舱门;
(6)故意损坏机场、航空器内设施设备;
(7)妨碍民航工作人员履行职责或者煽动旅客妨碍民航工作人员履行职责;
(8)违反客舱安全规定,拒不执行机组人员指令;
(9)在机场、航空器内打架斗殴、寻衅滋事;
(10)编造、故意传播虚假恐怖信息;
(11)其他扰乱航空运输秩序、已造成严重社会不良影响或依据相关法律法规、民航规章应予以处罚的行为。

该办法明确规定,中国航空运输协会将定期从中国民航局获取"旅客不文明行为记录",信息保存期限为一年至两年,自信息核实之日起计算。而后中国航空运输协会将对民航"旅客不文明行为记录"实行动态管理,定期向航空公司、中航信(中国民航信息集团有限公司)等单位告知记录信息,此类单位将对被列入"旅客不文明行为记录"的相关当事人采取一定的限制服务措施。

(二)处置非法干扰行为的职责分工

1 机组和航空安全员职责

(1)机长对机上发生的非法干扰事件处置负责。

(2)航空安全员负责在机长领导下,具体落实机长的指令。在紧急情况下,航空安全员为了保证航空器及其所载人员生命财产安全,有权在采取必要措施先行处置后报告机长。

(3)航空器飞行中受到非法干扰时,航空安全员(客舱乘务员)应及时将情况报告机长。机长应立即将情况报告地面有关部门,并随时通报事态发展情况。

(4)在飞行中,对非法干扰航空安全的行为,机长可视情节予以劝阻、警告,并决定对行为人采取管束、中途令其下机等必要措施。管束措施是指机长指令航空安全员及其他机组人员(必要时可请求旅客协助)对非法干扰行为人实行看管、强制约束,以使其不能继续实施非法干扰行为。

(5)航空器在飞行中遇到特殊情况时,机长对航空器有最后处置权。

(6)需要移交地面处理的,要及时收集证据。

2 公安机关职责

公安机关职责包括及时出警、调查取证,以及依法处理,反馈处理情况。

3 安检部门职责

安检部门要根据非法干扰行为情况采取措施,必要时重新进行安检,配合有关部门进行清舱。

■ 知识关联

英国名模责骂机长及警察 最高可判6个月监禁

2008年6月,英国某名模因不久前在机场丢失行李并攻击机长和警察被起诉。

据报道,不久前,该名模在伦敦希思罗机场准备搭乘飞往美国洛杉矶的英国航空公司航班。由于机场新启用的5号航站楼行李管理系统出现故障,该名模的行李丢失。该名模因此和机长以及两名警察发生冲突,不仅责骂机长,还辱骂两名试图将她赶下飞机的警察,并向他们吐唾沫。

位于伦敦西部的阿克斯布里奇法院判决该名模在12个月内完成200个小时的义工工作,另外向机长赔偿150英镑,向两名警察各赔偿200英镑,此外再缴纳总共2300英镑的罚款。该名模一共受到3项指控。根据这些指控,该名模最高可被判6个月监禁和每项罪名5000英镑的罚款。该名模的律师说:"她对机场冲突事件'真诚地感到抱歉'。"法官彼得说:"对她的判决考虑到了她的认罪请求和过去的良好表现。"

(三)非法干扰行为基本处置程序

(1)面对非法干扰行为,先由客舱乘务员(第一个发现第一个制止)进行解释劝说。在劝说和制止无效时,航空安全员可表明身份,根据法律条款予以警告。

(2)对行为人警告无效时,航空安全员可在机长授权下对其采取必要的措施,直至其行为终止。

(3)航空安全员在处置过程中保持与机长的联系,加强对客舱和行为人的监控。乘务组负责维持客舱秩序,向旅客做好相关解释工作,排除安全隐患,防止事态扩大。

(4)各方及时收集相关的证言证据(机组人员两份、知情旅客三份)。

(5)航空安全员报告机长,通知地面警方登机处理。

(6)在与地面警方办理移交时,移交单上应有航空安全员和警方双方签字。

(7)对于出港飞机,航空安全员请示机长执行局部或全部清舱程序,确认机上没有行为人的随身物品和托运行李。

(8)航空安全员将事件的经过以及处置的情况如实填写在执勤日志上,并请机长或乘务长签字。

(9)航班结束后,航空安全员及时报告。

■ 行动指南

适当限制特定严重失信人乘坐民用航空器

2018年5月,国家发改委牵头,最高人民法院、民航局等八部委联合签署了《关于在一定期限内适当限制特定严重失信人乘坐民用航空器推动社会信用体系建设的意见》。按照规定,旅客若在机场或航空器内实施下列行为被公安机关处以行政处罚或被追究刑事责任,就有可能被民航相关部门限制乘坐民用航班一年。

(1)编造、故意传播涉及民航空防安全虚假恐怖信息。

(2)使用伪造、编造或冒用他人乘机身份证件、乘机凭证。

(3)堵塞、强占、冲击值机柜台、安检通道、登机口(通道)。

(4)随身携带或者托运国家法律、法规规定的危险品、违禁品和管制物品;在随身携带或者托运行李中故意藏匿国家规定以外属于民航禁止、限制运输的物品。

除了上述违法行为,还有几项违法行为也需要人们格外注意。其中包括:

(1)强行登机、拦截航空器,强行闯入或者冲击航空器驾驶舱、跑道和机坪。

(2)妨碍或煽动他人妨碍民航工作人员履行职责、实施或威胁实施人身攻击。

(3)强占座位、行李架、打架斗殴、寻衅滋事、故意损坏、盗窃、擅自开启航空器或者航空实施设备等扰乱客舱秩序。

(4)在航空器内使用明火、吸烟、违规使用电子设备,不听劝阻。

(5)在航空器内盗窃他人物品。

(资料来源:沈阳新闻广播)

(四)非法干扰行为处置的法律依据

根据非法干扰行为事实、性质、情节以及危害程度,依照《中华人民共和国民用航空安全保卫条例》《中华人民共和国民用航空法》《中华人民共和国治安管理处罚条例》等民航法律与法规处理,处理如下。

(1)对轻微的非法干扰行为予以口头警告、训诫、批评教育后放行。

(2)对比较严重的非法干扰行为,依法予以警告,责令其悔过,罚款。

(3)对以下严重非法干扰行为,依法给予行政拘留处罚:造成航班延误;造成返航或者迫降;造成重大经济损失;造成恶劣影响;造成人员、财产损失;可能造成飞行安全、空防安全事故的其他行为。

(4)构成犯罪的依照《中华人民共和国刑法》予以惩处。

(5)构成民事侵权行为的,依法要求行为人赔偿损失。

■ 知识链接

海航2名乘客升舱被拒殴打空姐,被判处2年有期徒刑

2016年6月12日,海航HU7041太原至重庆航班在飞机滑行过程中,旅客田某、耿某不按登机牌指示就座经济舱座位,坚持坐到飞机头等舱,不听从机组安排,并殴打空乘人员秦某和见义勇为旅客杨某,造成4名客舱乘务员及1名航空安全员不同程度受伤。机组报警后,太原机场公安局民警迅速赶到现场处置。

据乘客周先生介绍,登机后,空姐发现2名在头等舱内的男性乘客购买的是经济舱机票。空姐告知他们升舱需补齐费用,因为机上没有刷卡机器,只能交现金。但两人以现金不够只能刷卡为由拒绝。"他们说自己身上没那么多现金,两人不交钱也不回经济舱。"周先生说。在空姐再次提示两人返回经济舱后,两人情绪激动,出言不逊并殴打空姐。一名在经济舱内的年轻男子曾试图制止两人。

随后,空姐向机长求助,一名航空安全员前来处置,也遭到两人的殴打。周先生说:"安全员被他们堵在座位上,鼻子都被打流血了。"受此影响,原本已滑行的飞机重新回到原点。机组人员报警后,机场警方到场处置,2名乘客对警方的工作也并不配合。事件造成飞机晚点2小时。

事件发生后,海南航空对此类行为表示强烈谴责,并根据中国民航局及中航协《民航旅客不文明行为记录管理办法》规定,申请将2名涉事乘客列入中国民航旅客黑名单,并将坚决依法追究其法律责任。法院依法裁定2名乘客构成寻衅滋事罪,判处他们2年有期徒刑,连带赔偿附带民事诉讼原告人海南航空控股股份有限公司各项经济损失共计13246.75元。

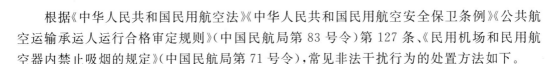

(五)常见非法干扰行为处置

根据《中华人民共和国民用航空法》《中华人民共和国民用航空安全保卫条例》《公共航空运输承运人运行合格审定规则》(中国民航局第83号令)第127条、《民用机场和民用航空器内禁止吸烟的规定》(中国民航局第71号令),常见非法干扰行为的处置方法如下。

1 需要移交地面处理的非法干扰行为处置

对于需要移交地面处理的非法干扰行为,要及时收集证据,乘务长应从目击者中获得相关证据,填写"机上事件报告单",请目击者在事件报告单上签字。

机组人员在飞行中应做好收集证据的准备工作;及时向知情旅客发放书写"亲笔证言"的纸;做好录音录像准备工作;收集书证、物证等证据。

航空器落地后,应将非法干扰行为人及时移交当地机场公安机关,并办好交接手续,已备必要时追究当事人的法律责任。

机场公安机关接报后,迅速派员赶赴现场,及时受理,并做好记录和调查取证工作,依法处理。

❷ 客舱内声称劫机或有爆炸物的处置

机组或其他工作人员遇到客舱内有人称要劫机或有爆炸物时,首先要辨明真伪。如行为人确欲行劫机、炸机等破坏行为,或者情况难以辨明,应按照处置劫机炸机工作预案进行处置。如行为人因对航班延误、民航服务等发泄不满而语言过激,按照本程序处置。

若客舱内人员声称劫机或有爆炸物发生在起飞前,机组、航空安全员应对行为人及其行李物品予以监控,如行为人有随行者,同时注意监控,并立即按规定报告机场公安机关,请公安人员登机处理。同时,客舱乘务员对周围旅客讲明情况,稳定旅客情绪,防止事态扩大。动员知情旅客积极配合公安机关调查取证,或请旅客提供亲笔证词。

若客舱内人员声称劫机或有爆炸物发生在起飞后,如行为人有其他过激行为,机组、航空安全员应予以约束,等降落后,移交机场公安机关处理。如行为人无其他过激行为,可在飞行途中安排专人控制,待飞机降落目的地后移交机场公安机关处理。

机场公安机关处置程序:机场公安机关接报后,立即派人登机,将行为人及其行李物品扣押,带离飞机,并对其座位及行李舱架进行安全检查;如有同行人,可视情况一并带离;将其交运行李应机上卸下,一并扣留;如航空器尚未起飞或中途降落,在采取前项措施后,一般可不再对其他旅客及行李重新进行安全检查;尽快做好旅客和机组调查取证工作,按规定与机长办理移交手续;及时将处理情况报现场指挥部门,由其决定是否放飞。机组在航班结束后将情况报公司保卫部门。

❸ 客舱内酗酒滋事、性骚扰、打架斗殴等扰乱秩序行为的处置

客舱内扰乱秩序行为有酗酒滋事、性骚扰、打架斗殴、在禁烟区吸烟、偷窃机上物品等。如果这些行为发生在起飞前,机组人员应及时制止,制止无效经机长同意,可通知机场公安机关将行为人带离航空器。

如果这些行为发生在飞行中,对酗酒滋事者、打架斗殴者,应责成其同行者予以控制。如无同行者或同行者控制不了的,航空安全员可报请机长同意,对其采取临时管束措施,落地后交机场公安机关处理;对性骚扰、争抢座位(行李架)打架斗殴的,机组应视情调整当事人的座位,避免发生冲突;飞行中发生治安案件直接威胁机组、旅客人身安全、飞行安全或无法制止事态发展时,航空安全员应报请机长同意对当事人采取临时管束措施。

机上发生此类非法干扰事件时,机组应通过空管部门及时通知降落地机场公安机关做好处理准备。

■ 知识关联

> 酗酒滋事、违规吸烟、殴打空乘事件

某日,一名男子搭乘荷兰航空公司客机从阿姆斯特丹飞往旧金山,该男子与女友在登机前就已喝得醉醺醺了,当时这两个人向荷兰航空地面人员保证在机上不会饮酒。航班飞了一半后,这对男女开始打架并被机组人员分开安置。随后,肇事男子又开始在飞机上吸烟,并喝自己偷偷带上来的酒。一名男空乘上前制止此人胡闹,结果被打,还被咬伤了耳朵。飞机降落后,这名男子被警方逮捕,被控干扰飞行安全罪,最多可判20年徒刑和25万美元罚款。

4 违反规定使用电子设备的处置

在飞行期间,当机长发现存在电子干扰并怀疑该干扰来自机上时,应立即指示其他机组人员、航空安全员在客舱巡查。当发现违反规定使用电子设备的旅客,机组人员应立即进行劝阻,对不听劝阻的旅客提出警告,仍坚持不改者,对其设备暂时予以扣押、保存。

5 偷盗、违反规定开启或损坏机上应急救生设备的处置

机上应急救生设备,包括紧急脱离航空器的舱、门、梯等设施,供救生脱险用的救生衣、救生阀、灭火器、急救包箱,供报警呼救用的灯、光、电、色等设备物品。

对于偷窃、故意损坏应急救生器材设备的,应及时采取措施消除危险,并将行为人及相关证据移交公安机关处理。

对于无意触碰、开启机上应急救生设备的,机组人员应及时制止。未造成后果的,可对行为人进行教育;致使设施设备损坏、造成严重后果的,机组人员应采取补救措施,并及时收集有关证据,将行为人移交公安机关依法处理。

机长应安排机组人员在旅客登机后进行必要的通告和宣传,对机上应急设备进行经常性检查,航空安全员要注意及时收集行为人的非法行为证据。

■ 行动指南

> 严禁盗窃飞机上的救生设备

2011年2月16日上午,乘客李某在浙江杭州萧山国际机场欲乘坐飞机去天津。过安检时,该乘客被查出随身行李中有一件带有某航空公司标识的航空救生衣,安检工作人员遂将其移交给了机场公安机关调查。据该乘客交代,这件航空救生衣是他在2月15日上午乘坐从天津到杭州的航班上拿的。他在飞行过程中发现了座位下的航空救生衣,于是就把救生衣放在自己的包里带下了飞机。该乘客顺手拿走飞机上的航空救生设备,涉嫌违反《中华人民共和国民用航空法》的规定,被浙江省机场公安局行政拘留5天。

无独有偶,2012年3月7日下午,4名女子欲乘飞机离开厦门,在过机场安检时被发现

他们的行李中有4件航空救生衣。原来飞来厦门时,她们在飞机上看到了这些救生衣,觉得回家游泳时可能用得着,便留了下来。飞机上的救生衣属于机上应急设备,是在飞机紧急备降到水面时用来让乘客保命的。机场民警介绍说,每一个顺手拿走飞机救生衣的人很可能带走的就是一条人命,这让4名女子十分震惊。其中一位乘客说,她们是第一次坐飞机,根本不知道这些东西是不能拿的。这4名女乘客因涉嫌违反《中华人民共和国民用航空法》的规定,受到10—15天的行政拘留。

6 未经许可进入驾驶舱或企图打开驾驶舱门的处置

机组人员发现旅客企图打开驾驶舱门时,应立即予以制止,并说明有关规定。

对不听劝阻企图强行进入者,航空安全员或其他机组人员应当立即将其制服,并采取管束措施。航空器降落后,将行为人移交机场公安机关处理。

■ 知识链接

一名男子两次要冲进驾驶舱,被机组和乘客制服

2019年9月9日,钱江晚报记者接到网友报料,9月7日,从柬埔寨西哈努克飞往杭州的QD700航班上,有一名旅客企图冲进驾驶室,被乘务员和机上旅客制服,飞机降落在金边机场。

记者辗转联系上了知情人士陈先生。他告诉记者,登机后不久,就听见机舱内吵吵嚷嚷,一名坐在机舱后部的男旅客拿着钱在跟乘务员交涉,"大概是想升舱,要坐到机舱前面,后面坐着不舒服吧。"陈先生说。这架飞机当时基本是坐满的,有180人左右,他注意到飞机前部并没有商务舱,"可能是前面的位置比较宽敞,腿部伸展会舒服一些。"陈先生没有多想。

因为这是柬埔寨景成航空的航班,所以机上的乘务员都是当地人。"乘务员可能并没有听懂男子说话,交流上有些障碍。"陈先生说。

没过多久,飞机要起飞了,乘务员过来提醒大家系好安全带。原本,机舱里大家都应该坐稳,很安静了,不料,这名男旅客又整出了动静。"他不仅不系安全带,还站起来,声音特别大,在喊叫。"因为陈先生离他比较远,具体没听到男子在说什么,但觉得飞机在起飞的时候这样做肯定不妥,"有什么事等飞机起飞后平稳了再说嘛。"

这名男子情绪却越来越激动,朝驾驶舱方向走过去。机上有5名乘务员,其中有两三名男乘务员。大家看到后,就过来劝阻他。

后来,乘务员可能是为了安抚他,将他安排在了前排。不料,这名男子又第二次站了起来。乘务员有一些绳子之类的工具,在男子第二次要冲驾驶室的时候,两名乘务员拿餐车将男子挡在了外面,并且机上有一名旅客特别勇敢,与其他旅客一起帮忙,将这名男子制服。

事件持续10分钟左右,机长最后决定临时将航班降落在金边机场,把这名男旅客送下飞机。后来,当地机场警察将男子带走了。9月7日20点30分左右,飞机从金边机场出发,飞回了杭州。

还有很多网友纷纷谴责这名冲驾驶舱的旅客的行为:"这种行为太偏激,太奇葩了,自己不想活,千万不要害了别人啊。""就应该让他终身不能坐飞机!"

这个事件提醒大家,勿把所有人的生命当儿戏,在搭乘飞机时,应遵守客舱内的旅客秩序,如有扰乱公共安全的行为,将会受到《中华人民共和国治安管理处罚条例》的处罚,情节严重的需承担刑事责任。

7 在客舱内吸烟的处置

根据规定,乘坐中国民航班机,禁止在机上吸烟。凡违反此规定,机组人员应立即予以制止,且应立即检查洗手间,消除火灾隐患。

对不听劝阻者,应收缴其烟具予以暂时扣押,收集证物,并进行必要的证人、证言记录,待飞机降落后,交机场公安机关处理。

机场公安机关接到报告后,应立即派员至航空器,及时受理,并做好调查取证工作,依法处理。

■ **行动指南**

机组处置程序得失分析

在我国某航空公司的某一国际航班上,一名客舱乘务员发现刚刚从卫生间出来的旅客吸过烟,于是上前询问:"对不起,先生,你是否在卫生间吸过烟?"该旅客态度蛮横地说:"什么?吸烟,我没有。"并大步向自己在后舱的座位走去,客舱乘务员紧追上去补充说:"在我们的飞机上不允许抽烟,我们在起飞前也提醒过您的。"该旅客恼羞成怒,挥手就是一拳,将客舱乘务员打倒在地,航空安全员上前制止时,暴怒的旅客又攻击航空安全员。机长得知后只得请求旅客协助航空安全员将该旅客制服,将情况报告地面有关当局,并安排机组做好取证准备。

该案例中,客舱乘务员按照民航法规及时制止旅客吸烟是非常正确的,航空安全员制止殴打机组成员的行为也是正确的。按照我国处置非法干扰民用航空安全行为程序的规定,当发生殴打机组人员事件时,航空安全员应立即制止,对不听制止者予以制服,必要时可以请求旅客协助。机组对在飞行中的民用航空器内发生的非法干扰行为,应该做好收集证据的准备。

不足之处:①客舱乘务员发现有人吸烟后没有立即报告机长。航空器飞行中发生诸如吸烟之类的非法干扰行为时,航空安全员或客舱乘务员应及时将情况报告机长,而不是只顾去询问旅客是否吸烟。②客舱乘务员没有立即检查洗手间,消除火灾隐患。按照客舱乘务员手册相关规定,发现有人在洗手间内吸烟,客舱乘务员应该立即检查洗手间,以消除火灾隐患。

8 殴打机组人员的处置

当殴打机组人员事件发生时,航空安全员应立即制止。

对不听制止者予以制服,并采取管束措施。航空器降落后,将行为人移交机场公安机关处理。

■ 知识链接

> **男子因不满航班服务泼盒饭烫伤空姐 赔偿500元**

10日下午西部航空宁波—长沙航班上,一名乘客因不满航班餐食配备,将他人点的一份热盖饭便当泼向空姐致其烫伤。11日,西部航空透露,该乘客目前已被长沙机场公安判处500元经济处罚并责令其向受伤乘务员做出一定经济补偿。

据了解,西部航空为降低乘客出行成本,从本年开始实行差异化服务,取消机上免费餐食并做了提前告知。4月10日,宁波—长沙的PN6260航班上,有乘客付费点了一份盖饭。乘务组送餐时,另一名乘客(男)不满航班餐食服务,在客舱中抢夺热盖饭泼向乘务员,导致乘务员被烫伤。目前,长沙机场公安经过调查和调解,最终判定给予闹事乘客500元经济处罚,并责令其向受伤乘务员做出一定金额的经济补偿。

任务二 非法劫持航空器行为界定与处置

随着航空事业的发展,劫持航空器的犯罪时有发生,已严重危及航空安全。在联合国及国际民航组织和世界各国的共同努力下,三个关于反对空中劫持的国际公约先后出台,即1963年9月在东京签订的《关于在航空器内的犯罪和其他某些行为的公约》(简称《东京公约》)、1970年12月在海牙通过的《关于制止非法劫持航空器的公约》(简称《海牙公约》)、1971年9月在蒙特利尔通过的《关于制止危害民用航空安全的非法行为的公约》(简称《蒙特利尔公约》)。我国于1978年加入了《东京公约》,而后又于1980年加入了《海牙公约》和《蒙特利尔公约》。

1992年12月,全国人大常委会专门通过了《关于惩治劫持航空器犯罪分子的决定》,该决定是严厉打击劫持航空器的犯罪分子,保护旅客人身、财产以及航空器的安全,维护正常的民用航空秩序,促进我国民航事业发展的一项重要法律。

一、非法劫持航空器行为界定

(一)反劫机成为中国民航空防的主要任务

1977年6月,新疆乌鲁木齐管理局一架安2型B-303号飞机在执飞乌鲁木齐至哈密航班任务时被劫持。劫机犯张某因政治问题被单位审查,为了达到逃亡境外的目的,携带玩具手枪、大扳手、地图以及体育教练手榴弹、假炸药包等购买机票登上民航客机。在客机起飞后,张某实施了劫机行为,被机组成功制止。自此以后,又连续发生数起劫持民航客机事件。20世纪70年代末开始发生的劫持民用航空器的行为对我国民航的安全构成极大危害,反劫机成为民航空防的主要任务,已经成为空中防线安全的代名词。在此后的很长一段时间里,反劫机成为我国航空安保的一个专用概念。

1983年5月,民航沈阳管理局B-296号飞机在执飞6501沈阳至上海航班任务时,被卓某等6名歹徒劫持到韩国。该劫机事件引起国家和民航行业的高度重视,我国民航通过对该劫机事件的反思,进一步强化了对国际民航安保的认识,空防工作开始走上与国际接轨的道路。

1983年10月,民航局下发的《关于严防阶级敌人劫持、破坏飞机的通知》首次明确提出了"空防安全"这一概念。同年12月,中国民航局下发的《中国民用航空局关于保证安全的决定》首次提出"民航各级主要领导一定要把保证飞行安全和空防安全作为自己的中心任务",将"确保人机安全"明确规定为保证空防安全的最高原则。

空防安全是困扰各国各航空公司的一大问题,特别是美国"9·11"事件之后,空防安全问题备受人们的关注。美国"9·11"恐怖袭击之后,我国民航参与国际反恐合作,空防安全的目标已由保护人机安全上升至保卫国家安全,空防安全工作全面国际化。随着我国国际化程度的日益提高,我国民航已成为国际民航的重要组成部分。

(二)非法劫持航空器行为界定

根据《中华人民共和国刑法》第一百二十一条的规定,劫持航空器罪,是指以暴力、胁迫或者其他方法劫持航空器的行为。可见,非法劫持航空器行为属于犯罪行为。

应当指出的是,根据有关国际公约的原则立场和基本精神以及法律的规定,外国人劫持飞机进入中国境内,也构成劫持航空器罪。凡劫持我国的航空器进入他国的,我国仍对该犯罪分子具有追究刑事责任的管辖权,有关国家的司法当局应根据有关国际公约的引渡条款予以配合。

非法劫持航空器行为在主观方面表现为故意犯罪,但对犯罪目的没有特别要求,行为人劫持航空器,不论出于何种目的,都不影响犯罪的成立。这一点是有关国际公约确认并被包括我国在内的所有缔约国所承诺的。因此,对于那些以政治避难为名而劫持飞机的,亦应依法追诉。对于非法劫持航空器罪犯,属于下列情形的,我国有权行使管辖权。

(1)在我国登记的航空器内犯本罪。

(2)在航空器里面犯罪,在我国领土上降落而犯罪嫌疑人还在该航空器内。

(3)在租来时不带机组的航空器内犯有罪行而租机人在我国有主要营业地,或无主要营业地而有永久住所。

(三)空中反劫机预警制度

中国政府一贯反对任何形式的恐怖主义,主张加强国际合作,实行标本兼治防范和打击恐怖活动。中国积极采取各种措施加强空防安全工作,不断加大反恐力度。中国恪守关于航空安保的国际公约,监督实施国际民航组织在航空安保方面的标准,在制定一系列有关航空安保的国内法律和规章的同时,专门制定了《国家处置劫机事件总体预案》,成立了国家级处置劫机事件的指挥机构和从上到下的各级机构,规定了处置劫机事件时各级机构的职责分工、程序和注意事项。各级主管单位及成员单位也制定了相应的反劫机预案。为了进一步健全反劫机预警机制,国家还专门组建了空中警察队伍和航空安全员队伍,坚决预防、制止、打击包括劫机在内的各种形式的恐怖活动和危害航空安全的行为。

■ 知识链接

1990年以来世界范围内劫持航空器事件梳理

(1)1990年1月,4名持枪者试图劫持一架伊朗航空公司的波音727客机,最后被保安人员击毙。

(2)1990年8月,11名囚犯在制服了监狱看守后要求一架载有92名乘客和9名机组人员的图-154客机飞往卡拉奇,后向安全部队投降。

(3)1990年10月,中国厦门航空公司波音737客机自厦门飞往广州,途中被一歹徒劫持,在广州白云机场降落时撞坏2架停机坪上的飞机,造成128人死亡。

(4)1990年10月,2名青年旅客劫持了一架泰国国际航空公司的空中客车客机,机上共有204名乘客和17名机组成员,劫机者在加尔各答机场向警方投降。

(5)1991年3月,4名旅客劫持了一架新加坡航空公司飞往新加坡的飞机。机上有114名乘客和9名机组成员。新加坡武装部队击毙了全部4名劫机者。

(6)1993年3月,埃塞俄比亚航空公司的一架飞机在埃东部被劫持,安全部队击毙了4名劫机者中的3名。

(7)1994年10月,俄罗斯托夫航线航空公司的一架雅克-40客机从土库曼斯坦首都阿什哈巴德飞往罗斯托夫,机上有27名乘客。在飞机途经俄罗斯达吉斯坦共和国首府马哈奇卡拉时,一名身带炸药的武装暴徒要求降落,并索要200万美元及让飞机飞往伊朗。俄内务部队和联邦反间谍局立即在机场采取行动,暴徒在山穷水尽的情况下,引爆炸药,自杀身亡。

(8)1994年12月,4名旅客在阿尔及尔机场劫持了法国航空公司一架空中客车A-300型客机,机上共有239名乘客,3名乘客被害。26日,这架飞机从阿尔及尔起飞,降落在法国马赛机场。法国国家宪兵队行动小组向劫机者发起攻击,救出其余人质。4名劫机者被击毙。

(9)1995年6月,1名旅客在日本函馆机场劫持了日本航空公司的一架波音747客机,机上共有365名乘客。劫机者要求释放被关押的同伴。16个小时后,日本警方向劫机者发起攻击,所有乘客安然获救。

(10)1996年8月,苏丹航空公司执行喀土穆—安曼航线的一架载有199名乘客的空中客车A-310客机被7名不法分子劫往伦敦斯坦斯特德机场。劫机者后向警方投降。

(11)1996年11月,埃塞俄比亚航空公司一架波音767客机在从亚的斯亚贝巴飞往阿比让的途中被数名不法分子劫持后在科摩罗附近坠海,机上共有178名乘客,其中50人死亡。

(12)1997年3月,1名旅客向身上泼满汽油后迫使一架台湾远东航空公司的波音757客机飞往厦门。机上有150名乘客和8名机组人员。

(13)1998年5月,巴基斯坦国家航空公司飞机在从俾路支省的瓜达尔市飞往卡拉奇的途中被3名巴基坦武装分子劫持。劫机者企图将飞机劫持到印度,但经过机长与其巧妙周旋,飞机在海德拉巴市机场降落。巴军方与警方密切合作,逮捕了3名劫机犯,机上29名乘客和6名机组人员获救。

(14)1998年6月,1名男子劫持了一架伊比利亚航空公司的波音727客机,在强迫飞机在西班牙的巴伦西亚降落后,释放了机上全部131名乘客和机组人员,并向警方投降。

(15)1998年8月,俄罗斯一架图-154客机在莫斯科多莫杰多沃机场发生被劫持风波。经过数小时周折,机上97人全部离开客机,但没有发现劫机犯。

(16)1998年9月,1名旅客手持一支玩具手枪劫持了一架土耳其航空公司的空中客车A-310型客机,暂时扣押了76名乘客和8名机组人员,后向警方投降。

(17)1998年10月,中国国际航空公司CA905航班波音737/2949号飞机执行北京—昆明航班任务,中途被机长及其妻子劫持飞往台湾,机上有旅客95人、机组人员9人。

(18)1999年4月,哥伦比亚"阿维安卡"航空公司的一架执行布卡拉曼加—波哥大航线的客机被民族解放军格瓦拉派的5名游击队员劫持,飞机被迫降在偏远地区的一个简易机场,机上46名乘客和机组人员被绑架。

(19)1999年7月,1名妄图"在空中翱翔"的人劫持了一架日本大型客机,机上有517名乘客和机组人员,在与劫机者搏斗的过程中驾驶员被刺死,劫机者被制服。

(20)1999年10月,一架埃及航空公司的波音737-500型客机执行从伊斯坦布尔到开罗的任务,机上有47名乘客。飞机被劫持,被迫改飞到伦敦。

(21)1999年12月,6名武装分子劫持了一架载有189名乘客的从加德满都飞往新德里的印度航空公司的空中客车A300型客机,劫机者打死了4名乘客。被劫持的飞机先后在印度边境城市阿姆利则、巴基斯坦边境城市拉合尔和阿联酋的迪拜强行降落和加油。劫机者在迪拜释放了26名妇女、儿童和伤病人员后,25日又强迫客机飞往阿富汗。印度政府27日派出了一个谈判小组前往坎大哈与劫机分子举行谈判。最后,印度政府决定交给劫机分子要求释放的关押在印度狱中的3名"极端分子",以交换机上155名人质的释放。12月31日,人质被全部释放。

(22)2000年2月,阿富汗航空公司的一架波音727客机被10名不明身份者劫持,机上共有约180人。飞机先后在乌兹别克斯坦首都塔什干、哈萨克斯坦的阿克纠宾斯克、俄罗斯的莫斯科停留并释放了少数人质,最后劫机者在伦敦释放了所有人质并向警方投降。

(23)2001年3月,3名车臣武装分子劫持了从伊斯坦布尔起飞前往莫斯科的俄罗斯弗努科夫航空公司图-154客机,机上载有162名乘客。随后,飞机降落在沙特阿拉伯的麦地那机场。在谈判无果后,沙特特种部队对该机发起进攻,3名劫机者中1人被击毙,2人被逮捕。所有人质中1名俄罗斯机组人员和1名土耳其乘客死亡,其余人员均获救。

(24)2001年9月11日上午(北京时间9月11日晚上),恐怖分子劫持的4架民航客机撞击美国纽约世界贸易中心(双子塔)和华盛顿五角大楼,包括美国纽约地标性建筑世界贸易中心(双子塔)在内的6座建筑被完全摧毁,其他23座高层建筑遭到破坏,美国国防部总部所在地五角大楼也遭到袭击。世贸的2幢110层塔楼在遭到攻击后相继倒塌。经统计,"9·11"事件总共造成3000多人死亡,6000多人受伤。自此,"9·11"成了美国国土安全与世界反恐的代名词。

(25)2006年12月,俄罗斯国际航空公司一架载有大约170名乘客的飞机在途中遭遇劫机。1名男子声称携有炸弹,企图劫机,并要求客机飞往非洲。后经调查发现,这名男子当时和8名亲属一同乘坐客机,因醉酒而同其他乘客发生争吵,因而威胁破坏飞机、要求飞机改变航向,最终这名男子被空乘人员和乘客制服。

(26)2008年10月,1名俄罗斯醉酒男子在土耳其航空公司一架客机上声称携有炸弹,意欲劫持飞机,但机组人员和乘客很快将其制服;同月,1名俄男子在索契飞往莫斯科的俄国内航线飞行途中声称劫机,要求改道飞往维也纳,但后来证实是醉酒闹事,局势很快得到控制。

(27)2009年9月,一架载有100多名乘客的墨西哥航空公司波音737客机遭劫持后降落在墨西哥首都墨西哥城国际机场。劫机者声称持有炸弹,要求与墨西哥总统见面,否则就引爆炸弹。事后调查发现,劫机者所称持有的炸弹是一个果汁罐。这起事故没有造成人员伤亡。

(28)2012年6月,一架天津航空EMB190/B3171号飞机于12时25分自和田起飞,12时31分遭6名歹徒暴力冲击驾驶舱。以2名航空安全员为主的机组成员得到机上乘客帮助,用时约20分钟将劫机人员制服。

(29)2014年2月,土耳其飞马航空公司一架客机在乌克兰哈尔科夫市飞往土耳其伊斯坦布尔途中遭1名乌克兰男子劫机。该男子声称自己携带爆炸物,要求飞机改变航向,向东飞往索契,并试图闯入驾驶舱。接到劫机报警后,一架土耳其空军F-16型战机紧急起飞,伴飞遭劫客机,直至降落。在土耳其当局与劫机者谈判过程中,突击队员发起突袭,制服劫机者。后土耳其执法部门认定该起事件与恐怖主义没有关联,肇事男子"当时醉得厉害"。

(30)2014年4月,维珍澳大利亚航空公司飞往印度尼西亚巴厘岛的一架客机发出"遭劫持"信号,最后安全降落在目的地巴厘岛登巴萨机场。当时大批印尼军警赶到机场严阵以待。不料,后据航空公司称,一名澳大利亚乘客可能因为"喝太多了"而声称劫机。经过对肇事者的血液测试,警方认定这名乘客服用了多种止痛药。这名男子事后供述,他想在着陆前最后去一次厕所,"把驾驶舱当成厕所",引发误会。

(31)2016年3月,埃及航空公司一架载有62人的客机从亚历山大飞往开罗的过程中遭到劫持,航班被迫在塞浦路斯拉纳卡机场降落。劫机者是一名埃及公民,以引爆自杀式炸弹作威胁,逼迫飞行员降落塞浦路斯,后向塞浦路斯当局提出要求政治庇护并释放所有乘客。穆斯塔法被捕后向塞浦路斯警方供述,他劫持飞机前往塞浦路斯是为看望前妻。他自称已经24年没有见过家人,想要看看他的(前任)妻子和儿女,而埃及政府却不允许,所以劫机。

二、非法劫持航空器行为处置

(一) 反劫机事件的处置程序

1 做好反劫机预案

航前机组协同要通报所飞航线当前空防级别和应配备空警和航空安全员人数、警具配备情况等；确定发生劫机时使用的暗号、驾驶舱收到暗号后向客舱反馈收到信息的方法。

② 尽快报告机长

在飞行中，最先发现飞机被劫持或最先获得信息的机组人员，要立即用事先约定的暗号或联络方式将情况报告给机长（或航空安全员或乘务长）。

③ 做好准备工作

发生劫机事件后，其他机组人员要服从机长的指挥，按照机长的指令或决定或预案中的分工，做好各项准备工作及对乘客的服务，必要时请求乘客协助。

④ 弄清劫机信息

按照机长的指派或分工，航空安全员或客舱乘务员想法接近劫机者并与其周旋，尽快弄清劫机者的姓名、性别、年龄、特征、身体状况、高度、有无航行知识、劫机原因、目的和要求等。

⑤ 判断劫机危害

航空安全员或客舱乘务员要迅速判明或弄清劫机者所携带或所称凶器、危险品种类、品牌、危害效力，弄清所携带武器、爆炸物的类别、威力、有无同伙、座位号等情况，并及时报告给机长。机长应尽快将情况报告给地面当局。

⑥ 开展周旋、交涉与谈判

航空安全员或客舱乘务员要主动靠近劫机者与其同伙，进行周旋、交涉或谈判；在谈判中要采取说服感化或容许其提出条件要求等各种方法，稳住其情绪，尽量减缓和稳定劫机者的冲动情绪，防止与其争吵使其做出过激的行为，避免直接冲突。特别值得注意的是，为确保安全，出现以下情形，机组人员可满足劫机者的要求：

(1) 已判明劫机者确有爆炸物或同伙；
(2) 劫机者携带有爆炸物或武器，并已控制驾驶舱；
(3) 劫机者已严重危及乘客、机组和航空器的平安。

发生上述情况，机长有权决定飞机飞往境内外任何机场降落，客舱乘务员应做好飞机在境内外机场着陆中的各项应急处置准备工作。飞机着陆后，机组人员应立即按照处置程序或国际惯例或机场当局指令要求，实施对乘客、航空器的平安处置工作。

⑦ 机组人员要完成的其他工作

操纵飞机下降到达平安高度，并进行释压；打开"禁止吸烟"指示灯，关闭不必要的电器设备和电源；降低客舱温度，减少液体发挥；将灭火系统、客舱内的灭火器材还原到准备状态；中断各种酒类的供给；继续做好对乘客的服务，包括餐食的供给；加强对客舱的巡视次数；观察乘客的动态；注意发现其他乘客的可疑迹象或劫机者的同伙。

⑧ 避免造成恐慌

发生劫机事件后，一般先不通知飞机上的其他乘客，以免造成恐慌。

9 保护好驾驶舱

在飞机上采取劫机处置行动,必须得到机长的同意或认可。由于情况紧急,来不及报告,且确有把握制服劫机者的,在保证人机平安的情况下,可以采取断然措施,制服劫机者。

10 飞机落地后的处置

飞机落地后,机组人员根据当时实际情况,确定是否对乘客采取应急撤离。一旦采取应急撤离措施,机组要留有人员看押劫机者,待地面警方上机后由警方押走;并主动配合警方的工作,向当局或警方提供情况报告或证词;机上乘客撤离飞机后,确保乘客的平安并请地面当局给予协助,做好对乘客的服务。

飞机降落后,机组人员应与民航机场当局联络,要求当局为飞机、乘客、机组的平安效劳及为飞机返回提供一切必要的保障。飞机在境外机场停留期间,必须有人对飞机进行监护,停留时间久的要办理飞机铅封交接手续。

机组人员要维护国家的声誉,声明谴责劫机者的恐怖活动和暴力行为,按照国际民航公约的法律规定,声明将劫机者同机带回。飞机返回时要做好乘客的服务,稳定乘客的情绪,维护乘客的利益。

■ 知识链接

天津航空成功处置一起劫机事件

据天津航空透露,2012 年 6 月 29 日,一架天津航空 EMB190/B3171 号飞机于 12 时 25 分自和田起飞,12 时 31 分遭 6 名歹徒暴力冲击驾驶舱。知情人士称,飞机起飞约 10 分钟后,分布在机舱前部第 6 排至第 8 排的 3 名旅客突然用拐杖殴打其他乘客,他们持有疑似爆炸品并用民族语言呼喊,这些人的行为得到在机舱中部就座的另外 3 名乘客响应。他们还冲撞了驾驶舱舱门。

一微博网友描述了劫机细节。刚刚起飞平稳,5 名男子脱掉上衣,露出文身走到了驾驶舱的门口敲门:"开门,我们要劫机。"空乘劝他们别闹了,穿好衣服回到座位上。1 名歹徒拿出一个貌似遥控器的东西大喊:"我要开手机了,咱们一起完蛋"!机长因扰乱空中安全事件决定返航。1 名同伙因无法解开安全带,没有能参与本次劫机。

当时飞机上共有机组人员 9 名。以 2 名航空安全员为主的机组人员得到机上乘客帮助,用时约 20 分钟将劫机人员制服。知情人士说,当时恰好约有 20 名来自当地公安部门的乘客搭乘此次航班外出培训。航班机组人员和乘客奋不顾身共同将 6 名暴徒制服。在处置过程中,有 4 名乘客受伤,被送到医院救治,均无生命危险。歹徒被制服后,飞机随即返航和田机场并安全着陆。案件在进一步调查中。进出和田机场的航班均正常运行。

(二)面对劫炸机威胁电话的紧急处置程序

(1)受威胁航空器应停靠在指定应急处置停机位。

（2）受劫炸机威胁的航空器停靠后，应派出足够的武装警察登机，扣留劫炸机嫌疑人。

（3）如果无法确定劫炸机嫌疑人，有必要将机上乘客及其随身行李进行集中，并重新进行安全检查。

（4）受爆炸物威胁的航空器停靠后，机组与紧急处置人员应迅速疏导机上乘客，使乘客有秩序地撤离受威胁的航空器。

（5）乘客撤离后，机场公安机关应根据实际情况，以受爆炸物威胁的航空器为中心划定安全范围，禁止无关人员进入安全圈。

（6）对受爆炸物威胁的航空器进行清舱检查，受威胁航空公司应该提供搜查内容及范围。检查小组应由机长领导，由机务、公安、安检人员组成。

（7）对旅客交运的行李以及航空公司承运的货邮，必须立即卸下并运至指定的安全地点，重新进行安全检查。

（8）检查中发现的可疑物品，应由排爆人员负责撤离、清除。在排爆人员到达之前，任何人不要触摸、振动、移动该可疑物品。

（9）对确认的爆炸物，经排爆人员清除后，机场公安机关应迅速调查该物品的来源。

（10）如查明来源，应迅速查找嫌疑人。

■ **知识链接**

"诈"弹与炸弹同样可怕

2012年10月8日，某航空公司飞往北京的680号航班，收到匿名的恐怖信息威胁，备降兰州中川机场；10月9日，某航空公司的4111号、1578号两航班起飞前接到不明威胁电话，相关人员按民航安全管理规定对该航班进行严格检查，未发现异常。

2016年8月22日，《香港大公报》报道，8月20日16时，一名男子报案声称机场有炸弹。警方接报大为紧张，派员搜索后暂无发现。约40分钟后，该男子再报警称机场又有炸弹，并指可能很多人生命有危险，警方遂再派员搜索也无发现。约10分钟后，该男子第三次报警，声称机场有炸弹，警方遂加强巡逻搜查，出动机场特警、刑事侦缉探员、经特别训练的警犬，在机场大范围搜索，但仍没有发现炸弹。警方经地毯式搜查后找到电话报警男子。其被逮捕时并无反抗，被捕后承认报假案，理由是其女友将离港，他企图阻止，遂多次报假案。

在安全等级最高的航空领域，"诈"弹与炸弹同样可怕，接二连三的恐吓电话让人们"谈弹色变"，虚惊一场，既消耗了巨大的公共资源，又是对公共秩序的严重干扰。

■ **项目训练**

1. 情景模拟：飞机客舱内机组人员配合处置空防安全事件（各小组自拟空防安全事件）。

2. 上网查找国内外劫机案例，完成一份案例分析报告。

敬畏职责篇：客舱乘务员安全管理职责

本篇提示："敬畏生命，敬畏规章，敬畏职责"体现了民航人应有的职业操守和作为当代民航人的奋斗目标，也是民航客舱乘务员的工作准则。

客舱乘务员是指出于对旅客安全的考虑，受航空公司指派，在客舱执行值勤任务的机组成员。提起客舱乘务员这个职业，很多人都会羡慕、欣赏和赞叹，认为其颜值高、收入高，但他们看到的只是表面，其实乘务员肩头更多的是专业、纪律、责任。

客舱乘务员的主要职责是保证客舱安全。客舱乘务员是客舱安全文化建设的主体，是安全目标的具体实施者。从一进入这个行业，就被灌输着安全文化，从初始培训到每年的各类培训，安全都是最重要的内容。

敬畏职责，是对生命最起码的尊重。"把平凡的工作做好，就是不平凡。"职责对于一名客舱乘务员来说意义重大，它体现在飞行的岗位责任中，要求自身承担起对旅客、对社会的责任。想要成为一名出色的客舱乘务员，要像热爱生命那样热爱飞行工作，把客舱安全工作当作崇高的事业对待。当客舱乘务员能够扛起"责任"二字时，才有资格成为真正的民航人，才能危难时勇于担当、力挽狂澜。

敬畏职责，要做到岗位责任和专业能力的高度统一。乘务组作为客舱服务和安全的第一责任主体，要对自己的岗位职责高度认同，在关键时刻绝不推卸责任，自觉按照岗位要求提升专业能力，自觉抛弃不适应岗位职责的不良习惯，养成爱岗敬业的良好素质。对职责心存敬畏之心，才会有如履薄冰的谨慎态度，才会有一丝不苟的认真精神。履行自己的职责，是对工作负责、对旅客负责、对上级负责、对同事负责，更是对自己负责。

本篇针对民航客舱乘务员安全管理职责，从客舱乘务员配备与训练、客舱乘务员安全职责、客舱安全运行程序、客舱旅客安全管理、机组资源管理等方面明确了客舱乘务员及安全员的岗位职责。学生应通过本篇的学习，掌握客舱乘务员安全管理职责，以工匠精神履行岗位职责，用精益求精的姿态对待工作，养成良好工作作风，把"严、实、细、勤"的态度贯彻到每个环节中，时刻践行当代民航精神。

只有平时严守客舱乘务员职责，多流汗苦练基本功，才能危难时少流血，沉着冷静、从容面对突发状况。只有平时每时每刻严守安全的底线，才能确保飞行安全运行平稳可控。

项目七　客舱乘务员配备与训练

项目目标

- 知识目标
    1. 了解客舱乘务员资格和要求。
    2. 了解客舱乘务员训练政策和训练要求。
    3. 了解客舱乘务员相关运行规则。
- 能力目标
    1. 能根据客舱乘务员资格管理规定，做飞行前的自身资质检查。
    2. 能根据现行客舱乘务员运行管理规定，计算飞行期及休息期。
- 素质目标
    1. 客舱乘务员经过严格的训练和资质获得后才能担任相应的岗位，要严格遵守岗位规定，培养职业责任感。
    2. 在客舱乘务员工作内容中，保障旅客安全优于为旅客服务，保障旅客生命财产安全是客舱乘务员的最重要的工作职责。

知识框架

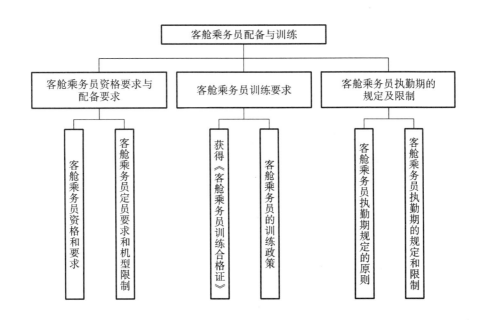

项目引入

乘务员证件过期案例

2021年6月23日,某航空公司乘务员小王在开航前准备协作会,乘务长发现其健康证已过期,原来小王在完成年度体检后,将新下发的健康证与旧的健康证混淆,丢弃了新下发的健康证,保留的是旧的健康证,导致所持体检证的有效期为2021年6月21日,已过期2日。因此小王不具备执行航班的资格,被换下。

2021年4月,某航空公司乘务员小卢在开航前协作会时,在检查证件环节被发现未携带乘务员登机牌,不具备执行航班的资格,被换下。

2021年7月,乘务员小张在年度复训中因紧急撤离科目考试不合格,需重新参加8月的年度复训,期间,因不具备独立担任机组成员的资质,暂时停飞。

(资料来源:航司运行宣贯)

问题思考:

1.案例中乘务员丢失证件或者忘带证件为什么就失去了执行航班任务的资格?

2.案例中乘务员年度复训不及格,在等待二次复训期间,为什么需要停飞?

3.从以上案例你得到什么启发?要成为一名机组必需成员,需要符合哪些条件?

任务一 客舱乘务员资格要求与配备要求

对于客舱乘务员资格与配备的要求,2020年6月,交通运输部修订发布的《大型飞机公共航空运输承运人运行合格审定规则》(CCAR-121-R6)进行了明确,如下所述。

一、客舱乘务员资格和要求

(一)中国民用航空局建议客舱乘务员资格满足以下要求

(1)年满18周岁。

(2)具有高中及以上文化程度。

(3)能正确听、说、读、写中文,无影响沟通的口音和口吃。合格证持有人聘用的外籍客舱乘务员,应具备一定的中文或英语沟通力。

(4)具备执行合格证持有人正常、不正常和应急情况下的程序以及操作航空器机型设备、系统的能力和力量。

（二）客舱乘务员的训练要求

客舱乘务员（含兼职安全员）必须按局方批准的《客舱乘务员训练大纲》在航空公司指定的训练基地完成地面训练，在飞机上完成指定时间的带飞实习训练，经乘务检查员检查合格，获得公司颁发的《客舱乘务员训练合格证》后，取得所在执勤岗位的工作资格，才能够作为机组必需成员执行航班任务。

（三）客舱乘务员的证件要求

客舱乘务员在执行航班任务时，必须携带现行有效的《客舱乘务员训练合格证》（见图7-1）（兼职安全员还应持《航空安全员执照》）、《民用航空人员体检合格证》（见图7-2）和其他有效证件。

图7-1 《客舱乘务员训练合格证》

图7-2 《民用航空人员体检合格证》

（四）证件的有效性要求

航空公司运行部门不得安排《客舱乘务员训练合格证》或《民用航空人员体检合格证》过期、失效或丢失的客舱乘务员担任机组成员；持证（照）人也不得接受飞行任务。

（五）接受检查的要求

在执行飞行任务时，当局方运行监察员或其他安全检查人员进行检查时，客舱乘务员应接受其检查，并按要求出示相关证件。

二、客舱乘务员定员要求和机型限制

(一)客舱乘务员定员要求

(1)为了保证安全运行,合格证持有人在每架载运旅客的飞机上,应当按照下列要求配备客舱乘务员。

①对于旅客座位数量为20—50的飞机,至少配备1名客舱乘务员;

②对于旅客座位数量为51—100的飞机,至少配备2名客舱乘务员;

③对于旅客座位数量超过100的飞机,在配备2名客舱乘务员的基础上,按照每增加50个旅客座位增加1名客舱乘务员的方法配备客舱乘务员,不足50的余数部分按照50计算。

(2)如果在应急撤离演示中,使用的客舱乘务员人数多于第1款,应当按照下列条件配备客舱乘务员。

①飞机为最大旅客座位数量布局时,客舱乘务员人数至少应当等于应急撤离演示期间所用的人数;

②飞机为任一减少了旅客座位数量的布局时,客舱乘务员人数至少应当在本条第1款对该布局旅客座位数量要求的客舱乘务员人数之外再增加应急撤离演示期间所用客舱乘务员人数与本条第1款对原布局所要求人数之差。

(3)在明确客舱乘务员配备人数时,除了满足本条第1款和第2款要求外,还需考虑以下的因素。

①出口的数量;

②出口的类型和撤离手段;

③出口的位置;

④客舱乘务员座位位置;

⑤水上迫降对客舱乘务员要求的程序;

⑥负责成对出口的客舱乘务员额外程序要求;

⑦航线类型。

(4)按照第1、第2、第3款所批准的客舱乘务员人数应当规定在该合格证持有人的运行规范中。

(5)在起飞和着陆过程中,要求客舱乘务员应当尽可能地靠近所要求的地板高度出口,而且应当在整个客舱内均匀分布,以便在应急撤离时高效率地疏散旅客。在滑行期间,本条要求客舱乘务员除完成保障飞机和机上人员安全的任务外,其他时间应当坐在其值勤位置,并系好安全带和肩带。

(二)客舱乘务员的机型限制

客舱乘务员所服务的机型数量不应当超过3种,例如某客舱乘务员最多可以拥有空客330、波音787、波音777这3种不同机型的资质。如果合格证持有人所运行的机型中有2

种机型在安全设备和操作程序上相类似,经局方批准可增加至 4 种。如果一个机型的改型或衍生型在应急出口操作、应急设备安放位置、应急设备型号以及应急操作程序方面与原机型差异较大,局方也可将其视为客舱乘务员所服务的另一种机型。

任务二　客舱乘务员训练要求

中国民航为了在全行业内对服务于公共航空运输飞机上的客舱乘务员实行统一资格管理,规定民航各地区管理局对客舱乘务员进行资格管理,并将颁发执照或上岗证的方法统一为:客舱乘务员在完成具备局方批准的客舱乘务员训练大纲的训练课程并带飞检查合格后,由航空公司颁发客舱乘务员训练合格证。

一、获得《客舱乘务员训练合格证》

《客舱乘务员训练合格证》是客舱乘务员完成训练、检查和考试合格后获得资格的证明。

客舱乘务员具备飞机型别的资格和限制后,由航空公司的指定部门在其《客舱乘务员训练合格证》上进行签注,证明客舱乘务员所拥有的资质和限制。

《客舱乘务员训练合格证》由航空公司客舱部颁发。新进航空公司的客舱乘务员按一个飞机型别的训练课程完成训练后,就可以获得《客舱乘务员训练合格证》。

二、客舱乘务员的训练政策

所有担任机组成员的客舱乘务员,必须严格遵照各航空公司的训练大纲和训练程序,进行相应型别飞机和相应机组乘员岗位的各类训练。一般每一种训练类别的提纲应当包含地面训练、飞机飞行训练、应急生存训练和资格检查等课程段。

根据运行的需要、参训人员的不同经历和参训人员拟担任的职位,客舱乘务员的训练应包括下列类别。

(一)初始新雇员训练(Initial Training,IT)

新雇员是指航空公司新聘用或航空公司内部其他岗位即将转到客舱乘务员岗位工作的人员。

初始新雇员训练是指新雇员在进入客舱乘务员岗位之前需要进行的训练。初始新雇员训练包括专业基础理论训练、针对特定机型和岗位的训练。

初始新雇员训练主要内容和要求如表 7-1 所示。

表 7-1 初始新雇员训练主要内容和要求

分类	内容	时长/小时	航段
地面训练	GD-A	≥40	无
应急生存训练 飞机飞行训练 资格检查	根据不同新雇员的原有经历和拟担任的职位,完成初始、转机型、差异、复训、重获资格训练之一的内容		

例如,小张为某职业技术学院应届毕业生,后经过招聘进入某航空公司,则需要参加客舱乘务员初始新雇员训练,如图 7-3、图 7-4 所示。

图 7-3 初始新雇员训练中的应急生存训练-1

图 7-4 初始新雇员训练中的应急生存训练-2

(二)初始训练(Transiting Traning,TT)

未在相同组类其他飞机上的客舱乘务员职位经审定合格并服务过的人员应当圆满完成初始训练。(注:组类Ⅰ为螺旋桨驱动的飞机,包括以活塞式发动机为动力的飞机和以涡轮螺旋桨发动机为动力的飞机;组类Ⅱ为以涡轮喷气发动机为动力的飞机。)

客舱乘务员应当在结束初始训练的所有地面训练和应急生存训练后 120 天内完成飞机飞行训练和资格检查。逾期未完成的应进行补充训练,训练内容不少于所有地面训练和应急生存训练的50%。

初始训练主要内容和要求如表7-2所示。

表7-2　初始训练主要内容和要求

分类	内容	时长/小时	航段
地面训练	GD-B	组类Ⅰ飞机≥32；组类Ⅱ飞机≥48	无
应急生存训练	EM-A EM-B EM-C	≥26	无
飞机飞行训练	FT-A FT-C FT-D FT-E	每一机型包括第一衍生型和改型：≥15,总时间≥50	第一机型包括每一衍生型和改型：≥4,总航段≥20
资格检查	QC-A 至 QC-G	同一种机型≥5	同一种机型≥2

（三）转机型训练

曾在相同组类不同型别飞机的相同职位上经审定合格并服务过的客舱乘务员需要进行转机型训练。例如，客舱乘务员小王拥有波音737-700和波音737-800机型资格，因公司新增加宽体机波音787机型投入航线运行，小王需要参加转机型训练，学习波音787的相关设备操作知识，获得该机型的资质。

客舱乘务员应当在结束转机型的所有地面训练和应急生存训练后的90天内完成飞机飞行训练和资格检查。逾期未完成的应进行补充训练，训练内容不少于所有地面训练和应急生存训练的50%。

转机型训练主要内容和要求如表7-3所示。

表7-3　转机型训练主要内容和要求

分类	内容	时长/小时	航段
地面训练	GD-A 适当部分 GD-B1(2)(4) GD-B2 GD-B3 适当部分	≥8	无
应急生存训练	EM-A/EM-B/EM-C 适当部分	≥12	无
飞机飞行训练	FT-A2 FT-A1/FT-A3/FT-A4/FT-A5 适当部分 FT-D FT-E	≥15	≥4
资格检查	QC-A 至 QC-F	≥5	≥2

(四)差异训练

已在某一特定机型的飞机上经审定合格并服务过的人员,当局方认为其使用的同型别飞机与原服务过的飞机在性能、设备或者操作程序等方面存在差异,需要进行补充性训练时应当完成差异训练。

例如,客舱乘务员小张在 B737-300 飞机上审定合格并在相同职位工作过,在转入 B737-800 的同一职务时进行的就是差异训练。而客舱乘务员小李从波音 757 转到波音 767 机型,需要完成的就是转机型训练。

合格证持有人应能区分同一种机型中不同机型的差异等级,并在差异训练中达到一、二或三级差异等级的训练要求。

差异训练(三级)主要内容和要求如表 7-4 所示。

表 7-4 差异训练(三级)主要内容和要求

分类	内容	时长/小时	航段
地面训练	GD-B1/GD-B2 适当部分	≥3	无
应急生存训练	EM-A/EM-B/EM-C 适当部分	≥3	无
飞机飞行训练	FT-A2 FT-A3/FT-A4/FT-A5 适当部分 FT-D	≥2	≥2
资格检查	QC-A/QC-B 适当部分 QC-C QC-E	≥5	≥2

(五)定期复训(Recurrent Training, RT)

定期复训是指已取得资格的机组成员,为了保持其资格和技术熟练水平,在规定的期限内按照规定的内容进行的训练。

对于服务于组类Ⅰ飞机的客舱乘务员,应每 12 个日历月完成一次不少于 10 小时的复训;对于服务于组类Ⅱ飞机的客舱乘务员,应每 12 个日历月完成一次不少于 16 小时的复训。

定期复训主要内容和要求如表 7-5 所示。

表 7-5 定期复训主要内容和要求

分类	内容	时长/小时	航段
地面训练	GD-A/GD-B 适当部分	组类Ⅰ飞机≥10(含资格检查)	无
应急生存训练	EM-A/EM-B/EM-C 适当部分	组类Ⅱ飞机≥16(含资格检查)	无
飞机飞行训练	无	无	无
资格检查	QC-A QC-B	≥1	无

(六)重获资格训练(Requalification Training,RQT)

对于因为未按照规定期限完成定期复训、局方或合格证持有人检查未通过等原因而失去资格的客舱乘务员,应当进行相应的重获资格训练。

例如,客舱乘务员陈某因怀孕生育原因,连续13个月没有飞行,没有参加定期复训,产假结束后,她需要参加重获资格训练。

重获资格训练的主要内容和要求如表7-6所示。

表7-6 重获资格训练的主要内容和要求

分类	内容	时长/小时	航段
地面训练	GD-A/GD-B 适当部分	≥12	无
应急生存训练	EM-A/EM-B/EM-C 适当部分	组类Ⅰ飞机≥10 组类Ⅱ飞机≥16	
飞机飞行训练	FT-A 适当部分 FT-D FT-E	同一机型≥5	≥2
资格检查	QC-A 至 QC-F	同一种机型≥2	≥1

(七)升级训练

需要在某一机型上担任高一级岗位的乘务人员,必须完成相应的升级训练,包括地面理论训练、考核和航线带飞、检查(如适用);适用于由客舱乘务员晋升为乘务长、乘务教员及乘务检查员岗位的训练。

例如,客舱乘务员小李已在普通客舱乘务员岗位上飞行5年,因表现优秀,经过客舱部选拔,可以晋级为乘务长。小李需要参加升级训练,完成规定课时的地面理论学习和考核,完成机上乘务长岗位的带飞和检查,才可以成为一名能够独立带班的乘务长。

(八)危险品的训练(Dangerous Goods Transport Training,DGTT)

乘务人员应在每24个日历月圆满完成经批准的训练大纲中的有关危险品运输的训练,包括学习关于危险品的基本常识,限制、禁运的危险品,一般标记和标签的识别,危险品处置包的应用,旅客和机组携带危险品的规定,怀疑危险品造成损害或泄漏的处置方法,客舱内危险品事故处置程序和飞行中危险品事故检查单。

(九)紧急医学事件处置训练

每一名客舱乘务员应至少每24个日历月接受一次紧急医学事件处置训练。此训练包括一般训练和特殊训练。

一般训练是结合飞机的型别、构型、运行种类和特点设定的针对完成应急医疗的知识和技能,以及机组乘务员的协调配合的训练。

特殊训练是针对旅客、机组成员突发医学急症或意外受伤的应急处置,以及机载应急医疗设备相关知识和技能的训练。比如紧急医学事件处置训练包含包扎项目、心脏复苏项目等。

(十) 客舱乘务教员训练

客舱乘务教员训练,是指已取得资格的客舱乘务员在担任客舱乘务教员之前需进行的训练。

客舱乘务教员应每 24 个日历月完成一次不少于 8 小时的客舱乘务教员复训。因逾期未完成复训或复训不合格等原因失去客舱乘务教员资格的,应当重新进行客舱乘务教员训练。

客舱乘务教员训练主要内容和要求如表 7-7 所示。

表 7-7　客舱乘务教员训练主要内容和要求

分类	内容	时长/小时	航段
地面训练	GD-A/GD-B 适当部分 GD-C2	≥8	无
应急生存训练	EM-A/EM-B/EM-C 适当部分 EM-D2	≥10	无
飞机飞行训练	无	无	无
资格检查	QC-A　QC-B	≥2	无

(十一) 客舱乘务检查员训练

客舱乘务检查员训练,是指已取得资格的客舱乘务员在担任客舱乘务检查员之前需进行的训练。

客舱乘务检查员应每 24 个日历月完成一次不少于 8 小时的客舱乘务检查员复训。如果客舱乘务检查员复训与客舱乘务教员复训结合进行,对于组类Ⅰ飞机和组类Ⅱ飞机可以作为 4 小时计入。因逾期未完成复训或复训不合格等原因失去客舱乘务检查员资格的,应当重新进行客舱乘务检查员训练。

客舱乘务检查员训练主要内容和要求如表 7-8 所示。

表 7-8　客舱乘务检查员训练主要内容和要求

分类	内容	时长/小时	航段
地面训练	GD-A/GD-B 适当部分 GD-C3	≥8	无
应急生存训练	EM-A/EM-B/EM-C 适当部分 EM-D3	≥10	无
飞机飞行训练	无	无	无
资格检查	QC-A　QC-B	≥2	无

任务三　客舱乘务员执勤期的规定及限制

为了保证将客舱乘务员的飞行时间控制在合理的范围,中国民航局多次进行客舱乘务员月、年飞行时间的调整。而这样的时间调整都是经过反复论证的,主要目的是避免客舱乘务员因为过度疲劳而在应急情况下无法进行及时有效的处置。航空公司必须保证客舱乘务员在值勤期间符合适用的值勤期限制、飞行时间限制和休息要求。

一、客舱乘务员执勤期规定的原则

(1)客舱乘务员应熟悉局方、公司关于机组成员飞行时间、执勤时间限制和休息时间的具体规定,并掌握自己实际的飞行和值勤时间。

(2)客舱乘务员休息期内,航空公司任何部门不得为该员工安排任何工作和给予任何干扰;客舱乘务员为了完成指派的飞行任务使用交通工具往来于驻地和执勤地点的时间不得计入休息期。

(3)客舱乘务员有权对排班的合法性提出疑问,任何人无权要求客舱乘务员违反飞行时间、执勤期时间限制和休息要求的规定;客舱乘务员也不得违反公司飞行时间、执勤期限制和休息期要求的规定参加飞行。

(4)客舱乘务员应掌握自己的飞行时间,如果按正常排班时间计算执行飞行任务有可能超过飞行时间限制或飞行执勤期限制,应及时向排班部门及所属部门报告,并有权要求更改排班计划,有权拒绝安排的超时飞行,有权提出规定的休息要求。

(5)执勤期和飞行小时记录由负责排班的部门统计,以供局方监督检查;如客舱乘务员发现自己的飞行时间、执勤时间已超过规定的累积飞行时间、执勤时间限制时,务必及时向排班部门及所属部门报告。

二、客舱乘务员执勤期的规定和限制

(一)累积飞行时间和飞行执勤期限制

航空公司不得为客舱乘务员安排、客舱乘务员也不得接受超出以下规定限制的累积飞行时间和飞行执勤期限制:

(1)任何连续7个日历日,飞行执勤期不超过70小时;
(2)任一日历月,飞行执勤期不超过230小时;
(3)任一日历月,累积飞行时间不超过100小时;
(4)任一日历年,累积飞行时间不超过1100小时。

■ 知识链接

某航空公司客舱乘务员小陈于2021年12月30日查班发现原计划次日的航班任务武汉—哈尔滨往返任务更换为武汉—重庆往返任务,于是打电话给该公司客舱部运行部门询问任务变更原因,运行部门回复:小陈截至2021年12月30日全年飞行小时已达1096小时,原计划次日安排的武汉—哈尔滨往返航班,预计飞行时间为5小时,小陈全年飞行小时将超过1100小时,超过了中国民航局关于客舱乘务员日历年内累积飞行时间的限制,故更换为飞行时间为3小时的任务。

(资料来源:航空公司运行官宣)

(二)飞行执勤期、休息期限制

(1)当按照航空公司运行规范规定的最低数量配备客舱乘务员时,其执勤期不得超过14小时。

(2)正常运行时,在最低数量配备的基础上额外增加1名客舱乘务员执行航班任务时,其执勤期不得超过16小时;额外增加2名客舱乘务员执行航班任务时,其执勤期不得超过18小时;额外增加3名及以上客舱乘务员执行航班任务时,其执勤期不得超过20小时,如表7-9所示。

(3)除非客舱乘务员在前一个飞行执勤期结束至下一个飞行执勤期开始前获得了至少连续10个小时的休息期,否则航空公司不得安排、客舱乘务员也不得接受任何飞行执勤任务。

(4)如果飞行的终止地点所在时区与客舱乘务员的基地所在时区之间有6个小时及以上的时差,则当客舱乘务员回到基地(指公司确定的客舱乘务员驻地并接受排班的地方)以后,公司应当为之安排一个至少48个连续小时的休息期,这一休息期应当在客舱乘务员进入下一执勤期之前安排。

表7-9 客舱乘务员执勤期和休息期限制

人数	执勤期/小时		休息期/小时	
	正常运行	意外运行延长(至)	正常运行	附加要求
机型最低配置数量	≤14	16	或延长至可以将飞机安全地降落在下一个目的地机场或备降机场	10	48(飞行任务或主备份前的144小时内) 48(6个小时及以上时差)
增加1名	≤16	18		10	
增加2名	≤18	20		10	
增加3名及以上	≤20	22		10	

注:执勤期延长30分钟以上的情况只可在获得规定连续48小时休息期之前发生一次。

(三)飞行运行期间安排机组成员休息

(1)因天气、飞机故障、机场关闭、飞机备降等意外造成运行延误,或预计飞机过站等待时间超过3小时时,应妥善安排机组成员休息,并根据机组成员的飞行执勤期和休息期限制确定预计起飞时间。

(2)机组成员在起飞前由于延误造成地面等待,如果没有在适宜的居住场所进行休息,则其等待时间计入值勤期。

(3)在一个值勤期内,如机组成员能在适宜的居住场所内得到休息,则该休息时间可以不计入该值勤期。

(4)如果满足了机组成员的休息期要求,再次起飞时,应重新计算机组成员的值勤期。

> **项目训练**
>
> 1. 某航班机型为B787-800,最低配置客舱乘务员数量为4人,实际配置客舱乘务员数量为5人,若航班出现延误,该乘务组的值勤期最长有多少小时?
>
> 2. 某乘务组执行完纽约—武汉航班后,回到驻地,航空公司是否应给该机组安排连续休息期?休息期时间应为多长?
>
> 3. 客舱乘务员小李某日执行完武汉—青岛—武汉航班任务,回到基地,若次日再安排航班任务,则两个飞行任务之间最少需要间隔多少小时?

项目八 客舱乘务员与航空安全员/空中警察安全职责

项目目标

- 知识目标

    1.了解客舱各区域乘务员的安全职责。

    2.了解航空安全员/空中警察的安全职责。

- 能力目标

    1.能根据客舱各区域乘务员安全职责,针对不同客舱安全情景进行处理。

    2.能根据航空安全员/空中警察安全职责,对客舱安全事件进行有效处理。

- 素质目标

    1.牢固树立责任意识。引导学生在思想上明确客舱安全的重要性,在工作中保持严谨的工作作风,避免和消除失误隐患。

    2.牢固树立规章意识。让学生在学习客舱安全制度、标准的同时能够严格遵循相关安全规章程序,培养学生安全无小事、防患于未然的职业习惯。

    3.预防安全隐患从细节做起。引导学生追求精益求精的职业精神,不断提高业务技能和综合素质。

知识框架

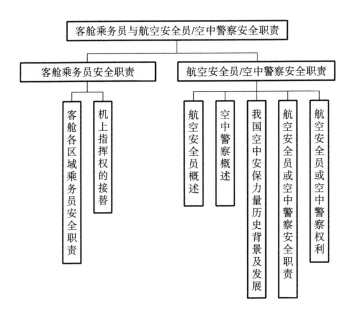

项目引入

武汉飞往乌鲁木齐的航班上,飞行年限不足1年的乘务员李冰被分配担任3号位的工作,此刻她正在舱门口迎客并清点旅客人数。眼看客舱已坐得满满当当,李冰心想:"应该差不多登机完了吧。"

这时地面工作人员过来交接:"旅客156人,都齐了,可以关舱门了。"156,李冰一边复述地面人员报的旅客人数一边低头看了看手中的计数器,数字赫然显示:155。

"我数出来是155呢",李冰说道。

"好的,我回去查一下。"地勤人员马上回去确认了票根,是156,于是开玩笑地问李冰:"你是新乘吧,是不是自己数错了?"

此时已到飞机预计起飞时间,错过很可能要再次排队等待,进而造成延误。地面人员着急地催促李冰通知乘务长关舱门:"不会错的,快关门吧,别耽误起飞时间。"

李冰想了想,觉得还是应该坚持乘务长在准备会强调的"旅客人数三核对"原则,于是立刻跟乘务长反馈了旅客人数不一致的情况。乘务长听后安排5号乘务员和李冰组成双人组,一同进入客舱把旅客人数重新数了一遍。两位乘务员的计数器上都显示:155!确实少了一位旅客。

乘务长根据经验判断旅客有可能走错廊桥或登错飞机,于是马上提醒地勤人员通过广播提醒并到附近廊桥口寻找。果然地勤人员在隔壁登机口找到了那位走错的旅客,立刻将他带上了飞机。

确认旅客人数齐全后,乘务长随即发布关闭机舱门的指令,航班按时顺利起飞了。

问题思考:

1. 本案例中如果客舱乘务员没有坚持再数一遍旅客人数,会导致什么情况发生?
2. 你从以上案例得到什么启示?

任务一 客舱乘务员安全职责

安全是民航永恒的主题,是民航工作的重中之重。保证航空安全不仅是实现民航可持续发展的前提条件,更是民航贯彻落实科学发展观、构建社会主义和谐社会的必然要求。

客舱乘务员是保障客舱安全的具体实施者,遇到特殊情况时,为了能严格按照《客舱乘务员手册》要求处置好险情,保障旅客的生命及财产安全,熟知并掌握客舱各区域乘务员安全职责是基本条件。

一、客舱各区域乘务员安全职责

（一）客舱乘务检查员职责

客舱乘务检查员按照《客舱乘务员训练大纲》对客舱乘务员的训练进行评估和检查，其职责包含但不限于以下内容。

（1）按公司要求在客舱乘务员训练合格证上做相应签注。

（2）每年向客舱服务部门递交年度检查工作报告，内容包含检查人数、不及格率、主要问题和建议等。

（二）客舱乘务教员职责

客舱乘务教员包括承担地面课程训练任务的授课教员和承担飞行训练任务的带飞教员，其职责包含但不限于以下内容。

（1）按照训练大纲拟写教案并对客舱乘务员进行地面课程训练及航线实习带飞训练。

（2）提供客舱乘务员是否满足地面训练课程及航线带飞训练要求的证明，填写训练记录、航线带飞记录，并在合格单上签名。

（3）参与各级组织的教学研讨和交流活动，拟定新的教学内容和方法，提出建议和意见。

（三）主任乘务长/乘务长职责

主任乘务长/乘务长是指符合客舱乘务员训练、经历和职责要求，由各单位资格认可后指派在飞机客舱内履行管理责任的客舱乘务员，其主要职责如下。

（1）按照公司手册程序开展工作，保障机上成员的安全。

（2）对飞行过程中的正常或不正常、应急情况下执行、协调客舱程序负有全面责任。

（3）对客舱工作进行管理，对客舱机组成员的工作进行合理分工、评估、记录。

（4）服从机长指挥，向机长汇报，保持与飞行机组、客舱机组、安保组的沟通。

（5）组织处理客舱中各种非常规事务，如客舱发生与安全有关的事件，按照《客舱乘务员手册》要求填写《机上紧急事件报告单》，并向所在单位报告。

（6）负责与地面保障部门沟通协调，做好相关交接与记录工作。

（7）收集航班任务信息、客舱设备信息、乘客反馈信息，并做好记录和报告。

（四）区域乘务长职责

区域乘务长协助主任乘务长/乘务长管理客舱某块区域，例如经济舱区域乘务长、商务舱区域乘务长，主要职责如下。

（1）协助主任乘务长/乘务长处理客舱安全相关事宜，就客舱乘务组的监督、客舱管理和客舱安全向主任乘务长/乘务长汇报并负责。

（2）对所管辖区域的客舱安全进行全面管理，检查落实本区域紧急设备使用状态。

（3）遇到紧急情况及时报告主任乘务长/乘务长、机长，在机长/主任乘务长/乘务长的指挥下，带领客舱区域乘务员应对处置。

（五）客舱乘务员职责

客舱乘务员是保障客舱安全的具体实施者，安全职责包含但不限于以下内容。

（1）遵守法律法规和公司政策，按照公司手册程序开展工作，处置客舱内各种非常规事务，必要时组织旅客紧急撤离飞机，保障机上成员人身和财产安全。

（2）引导旅客遵守法律法规、公司政策和机组指令，维持客舱秩序，协助机长和空中保卫人员做好安全保卫工作。

（3）服从机长、乘务长管理，向机长、乘务长汇报，保持与机长、乘务长等机组成员之间的沟通。

（4）收集航班运行信息、客舱设备信息和乘客反馈信息，向乘务长汇报。

（5）在确保安全的前提下为旅客提供服务。如遇颠簸或其他不正常、不安全的情况，依据乘务长的决定调整、删减服务程序或暂停服务。

（6）完成必需的训练，确保个人资质符合飞行安全及运行要求。

（7）按规章和公司政策合理安排休息，保证身体和心理健康情况符合飞行安全要求。

■ 知识关联

航空公司织密疫情防控安全网

受境外输入的德尔塔变异株影响，各大航空公司均严格落实民航局"外防输入、内防反弹、人物同防"要求，按照"空中防控力度升级，员工防控措施更严"的标准，织密从地面到空中的疫情防控安全网，重新调整旅客值机、机上服务、飞机清洁消毒、机组航后消杀、应急管理、客票销售等方面的工作程序，抓细抓实各项疫情防控措施，夯实安全底线，如图8-1所示。

图8-1 乘务员进行客舱消毒

"疫情给我们的工作带来了很多挑战,必须在保障航空安全的基础上落实好各项疫情防控要求。"说起空中防控措施,客舱乘务员深有感触。多家航空公司要求在飞航线机组按高风险航班进行机组人员防护保障,全程佩戴 N95 口罩、一次性橡胶手套、护目镜等防护用品,熟悉清洁消杀程序和应急处置流程,如图 8-2 所示。

图 8-2 航空器航后消杀程序

另外,所飞航线始发地为中、高风险地区时,机上盥洗室每 5 人次使用后,客舱乘务员必须进行一次清洁消毒,并在航后对盥洗室等重点区域进行预防性消毒。如果航班始发地所在省、市有本土病例,预留右后三排座位作为机上应急事件处理隔离区。此外,严格按照局方要求进行航后消毒,加强航空器防疫力度。

二、机上指挥权的接替

据国际民航组织统计,机组失能事件发生的频率为每年 1—4 起。若机组成员无法执行飞行任务,会给飞行安全带来很大威胁。一般情况下,客舱各区域乘务员按照规定和要求履行各自安全职责,但在某些特殊情况下,比如其他机组成员失能时,客舱乘务员也有可能替代机长发布撤离指令。

(一)机组成员失能的定义

机组成员失能指机组成员因为自身问题(主要是疾病或心理原因)不能继续执行飞行任务的情形。飞行人员能力丧失包括突然死亡、明显的局部失去意识或体能等。这些情况在所有年龄段的飞行员和飞机所有飞行阶段均可能发生。

(二)指挥权的接替原则

1 飞行机组的接替

按签发飞行任务书的排序,机长栏内第一位是该次航班的机长,后面一位为第二机长或副驾驶。在飞行期间,机长对飞机的运行拥有完全的控制权和管理权。当机长由于生病、生理或其他原因丧失管理和指挥能力时,按飞行任务书上的排列,接替指挥管理权的次序是:第二机长/副驾驶→飞行机械员→飞行通信员→主任乘务长/乘务长→区域乘务长→客舱乘务员。

2 乘务组的接替

乘务组接替指挥管理权的次序是:主任乘务长/乘务长→区域乘务长→头等舱/公务舱客舱乘务员→普通舱客舱乘务员→见习客舱乘务员。

任务二 航空安全员/空中警察安全职责

我国民航业发展突飞猛进,选乘飞机出行的旅客群体越来越大,旅客的类型也变得复杂多样,这对空中安保的"量"和"质"都提出了更高的要求。尤其是当前国际形势复杂,安全冲突频频出现,国际恐怖主义和宗教敌对势力蔓延,在一定程度上威胁着民用航空安全。因此,加强民用航空安保工作变得十分迫切。我国空中安保力量以航空安全员、空中警察为主,两者身份不同,职责有同有异。

一、航空安全员概述

航空安全员,又称空保、安全员。《航空安全员合格审定规则》和《公共航空旅客运输飞行中安全保卫工作规则》指出,航空安全员指为了保证航空器及其所载人员安全,在民用航空器上执行安全保卫任务,持有规定的有效执照及具有航空安全员资质的人员。

航空安全员由航空公司依据《航空安全员合格审定规则》所规定的条件进行招聘和送培,经岗前培训及带飞,考核通过后正式授予航空安全员职位。

二、空中警察概述

空中警察(简称空警)属国家公务员序列,隶属于公安部第十五局(民航公安局)下属空警总队,派驻各航空公司。

民航空中警察的选拔及录用主要有以下几种方式。

一是录用。在民航现有的空中安全员中择优录用。

二是选调。从各地公安民警中进行选调。

三是招考。2006年开始,空警被纳入国家公务员招考计划,岗位设置为"空中警察一线实战岗位"。符合条件要求的报考人员在每年下半年参加中华人民共和国人力资源和社会保障部命题的《行政职业能力测验》和《申论》考试。达到面试线的人员在上海民航医院参加民航IVB级体检,合格后进行体能技能测试、面试和政审,经过国家公务员局拟录用公示后输送到相关培训基地进行专业训练。

三、我国空中安保力量历史背景及发展

1973年国务院、中央军委决定在国际航班上派遣安全员,组建航空安全员队伍,执行安全保卫任务。

1981年,国务院批准组建民航公安机关,同年,国务院决定对国际国内航班实施安全检查。

1982年,国务院批准在国际和国内主要干线航班增配安全员。

1983年5月,卓某劫持中国一架民航飞机到韩国,制造了震惊全国的"5·5劫机事件"。同年,中央政府根据当时国内治安形势的发展变化和保证空防安全的需要,决定将机上安全员工作改为由武警承担,成立了空中特种警察部队,隶属武警编制。

1987年,国务院再次批准民航组建航空安全员队伍。中国空中安全员就此诞生,分为专职和兼职两种,兼职安全员同时拥有乘务员执照和安全员执照。

1994年,中国民航局决定扩大航空安全员队伍,要求每个航班上必须配备航空安全员。

1996年7月,国务院发布了《中华人民共和国民用航空安全保卫条例》(国务院令第201号),并于2011年1月8日根据《国务院关于废止和修改部分行政法规的决定》对其进行修订。

1997年12月,中国民航局制定《航空安全员管理规定》并公布实施。

2001年,美国"9·11"事件发生后,中国民航确立了"保障国家安全"的空防安全最高原则;国务院成立了"国家处置劫机事件领导小组"。

2003年,国务院和中国民航局决定成立空中警察队伍,中国最年轻的警种由此诞生。

2010年,《制止与国际民用航空有关的非法行为的公约》(又称《北京公约》)签订实施,这是民航历史上第一个以中国城市命名的国际公约,《北京公约》和《北京协议书》成为国际反恐公约的重要组成部分。

2017年3月,《公共航空旅客运输飞行中安全保卫工作规则》开始实施。

空中安保队伍自成立以来,不断健全完善应急预案、措施和程序,突出对重要航线、重点航班和重大活动期间航班的检查,成功处置的严重非法干扰事件不计其数,圆满完成了北京奥运会、G20杭州峰会、北京"一带一路"国际合作高峰论坛、海南博鳌亚洲论坛等重大活动的空中安保任务,积极投入汶川、玉树等地的抗震救灾,参与完成利比亚、埃及等撤侨任务,与美国、德国等国家空警机构签署了勤务派遣合作备忘录。

空中警察队伍的组建,为依法执行反劫机、反炸机等反恐任务提供了有力的组织保障,对加强我国民航空防安全具有重大意义。

四、航空安全员或空中警察安全职责

航空安全员或空中警察的安全职责是根据民航和公司空防安全政策法规,行使机上安全保卫职能,维护机上安全秩序,保证飞机和旅客安全。具体内容如下。

(1)根据民航安全保卫管理规定,在航班起飞前制定航班安全应急处置预案并进行准备工作。

(2)负责客货舱清舱及安全监察,在旅客登机前和离机后对客舱进行检查,防止无关人员、不明物品留在客舱内。

(3)协助机长做好航空安保工作,制止与执行航班任务无关的人员进入驾驶舱。

(4)在飞行中,对受到威胁的航空器进行搜查,妥善处置爆炸物、燃烧物和其他可疑物品。

(5)维护飞行中的民用航空器内的秩序,反盗窃、反空中暴力,处置劫机、炸机等机上非法干扰及扰乱事件。

(6)在飞行中,协助有关部门做好被押解人犯、被遣返人员的监管工作。

(7)协助警卫部门做好警卫对象和重要旅客乘坐民航班机、专机的安全保卫工作。

(8)执行上级交给的其他安全保卫任务。

五、航空安全员或空中警察权利

《中华人民共和国航空法》和《中华人民共和国民用航空安全保卫条例》(国务院令第201号)规定,为了保卫客舱安全,航空安全员在飞行期间被赋予人民警察的权利。权利主要包括以下几点。

(1)查验旅客的客票、登机牌、身份证件。

(2)劫机、炸机等紧急事件发生时,对不法行为人采取必要措施。

(3)对扰乱航空器秩序不听劝阻的人员采取管束措施,降落后移交民航公安机关处理。

(4)为制止危害航空安全的行为,必要时可请求旅客予以协助。

空中警察具有国家公务员和机组成员双重身份,兼具处理普通非法干扰行为和严重危害飞行安全行为的权利。除了享有客舱安全员的上述权利外,还可依法对犯罪嫌疑人进行当场处罚、使用警械和武器。

■ 知识链接

航空安全员机上安全广播词范例如表 8-1 所示。

表 8-1 航空安全员机上安全广播词

女士们/先生们:

大家好!我是本次航班的安保组组长。我和我的组员将与机组、乘务组共同努力把大家安全送达本次航班的目的地。

根据《中华人民共和国治安管理处罚法》和《中华人民共和国民用航空安保条例》的有关规定,损坏机上设施设备、吸烟、违规使用手机和其他电子设备、抢占座位和行李架、干扰乘务组正常工作等扰乱客舱秩序的行为将会被处以罚款、治安拘留等处罚,严重者会被追究刑事责任。

为了您与本次航班其他旅客的安全,请您配合我们的工作,谢谢。

Ladies and gentlemen:

Welcome aboard. I am the Security Team Leader in this flight. Our crew members will work together to take you to your destination in safety.

According to the *Law of People's Republic of China on Public Security Administration* and *Regulations on Civil Aviation Security of the People's Republic of China*. Anyone disturbing the order of the cabin such as damaging facilities and equipment in flight, smoking, illegal use of cell phone and other electronic devices, grabbing seat and compartment, disturbing flight attendants' normal work will be fined. Penalty such as public security detention will be investigated criminal responsibility.

For your and other passengers' safety, please cooperate with us. Thank you.

《航空安全员执勤日志》范例如表 8-2 所示。

表 8-2　航空安全员执勤日志

单位							
日期							
姓名							
飞机号							
航班号							
飞行航段							
起飞时间							
机长							
乘务长							
器械							
执勤情况						报告人签名：	
	备注						

注：执勤情况填写内容包括正常及特殊情况处置，填写时可另附纸张，字迹应清晰整齐。《航空安全员执勤日志》保存不得少于 3 个月。

《航空安全员预先准备阶段确认单》范例如表 8-3 所示。

表 8-3　航空安全员预先准备阶段确认单

日期		航班号		飞机号	
起飞时间			落地时间		
飞行组	机长姓名：		乘务组	乘务长姓名：	
航空安全员					
工作	内容				确认情况
信息确认	航班信息				
	所飞航线特点和等级				
	所飞区域空防形势				
	机组成员信息				
	要客信息、重点旅客及警卫携枪情况				
	押解犯罪嫌疑人、遣返旅客情况				
	其他相关业务通告				
执勤方案	确定空防重点目标，制定操作措施				
	确认勤务等级、执勤要求、个人岗位职责				
	分析航班风险，情势研判，明确应急处置预案				
	明确小组任务分工、通信方式，巡查掩护、战术协同				

续表

证件材料及物品	航空安全员执照、登机证、体检合格证、相关法律文书和手册	
	执行国际或地区航班任务所需的护照或港澳台通行证	
	国际免疫接种证明(特殊地区)及其他相关物品	
器械领取	依照任务等级,领取执勤器械、特种设备及执勤文件等物品	
	查验齐全完好,办理领取手续	
签字	航空安全员:	

注:检查项目完成在"确认情况"一栏打"√";异常情况在对应项内进行备注,详细情况记入《航空安全员执勤日志》。

《航空器客舱安保检查单》范例如表8-4所示。

表8-4 航空器客舱安保检查单

阶段	检查项目	检查情况					备注
		航班1	航班2	航班3	航班4	航班5	
直接准备阶段	座位底部及救生衣存放处						
	行李架、门区上方行李架						
	衣帽间						
	壁板下方储物抽屉						
	放置婴儿摇篮、卫生用品的储物柜						
	机组、乘务员休息区						
	生化隔离包存放处						
	座位、烟灰缸及椅背口袋						
	两舱电动座椅(展开检查)						
	书报架						
	吧台						
	紧急、救生物品存放处						
	乘务员座椅下方储物柜						
	洗手盆下方区域						
	镜子及镜后方储物柜						
	纸巾存放架、烟灰缸						
	婴儿板						
	垃圾箱						
	马桶周围、垫纸存放处						
	卫生用品存放处						
	其他位置						

续表

阶段		检查项目	检查情况					备注
			航班1	航班2	航班3	航班4	航班5	
飞行实施阶段	特殊旅客用品	要客	有 □ 无 □	有 □ 无 □	有 □ 无 □	有 □ 无 □	有 □ 无 □	
		押解犯人	有 □ 无 □	有 □ 无 □	有 □ 无 □	有 □ 无 □	有 □ 无 □	
		遣返人员	有 □ 无 □	有 □ 无 □	有 □ 无 □	有 □ 无 □	有 □ 无 □	
		限制性物品	有 □ 无 □	有 □ 无 □	有 □ 无 □	有 □ 无 □	有 □ 无 □	
		其他	有 □ 无 □	有 □ 无 □	有 □ 无 □	有 □ 无 □	有 □ 无 □	
	客舱巡视	关门后巡视	完成 □	完成 □	完成 □	完成 □	完成 □	
		起飞后巡视	完成 □	完成 □	完成 □	完成 □	完成 □	
		餐后巡视	完成 □	完成 □	完成 □	完成 □	完成 □	
		航程中巡视	完成 □	完成 □	完成 □	完成 □	完成 □	
		下降巡视	完成 □	完成 □	完成 □	完成 □	完成 □	
过站阶段	过站清舱	无遗留旅客、行李物品	完成 □	完成 □	完成 □	完成 □	完成 □	
	登机人员	身份确认、证件和物品检查	完成 □	完成 □	完成 □	完成 □	完成 □	

续表

阶段	检查项目		检查情况					备注
			航班1	航班2	航班3	航班4	航班5	
航后阶段	航后清舱	无遗留旅客、行李物品	完成 ☐					
	下机	带齐物品（器械、护照、爆探仪等）	完成 ☐					
	归还	归还物品（器械、护照、爆探仪等）	完成 ☐					
航空安全员（组长）签名：								

注：检查项目正常在对应项内打"√"；异常情况在备注栏内简单说明，详细情况记入《航空安全员执勤日志》。

■ 知识关联

防控疫情不松懈，航空安全员多措并举守护客舱安全

疫情暴发后，航空安全员不仅要守护机组、旅客和飞机的安全，处理机上非法干扰以及扰乱事件，还要做好疫情防控，抓紧、抓实、抓细各项防疫举措，落实客舱安全保卫工作。

疫情时期，从航前准备到迎接旅客登机，从飞行过程到旅客下机再到清舱安全检查，航空安全员用心完成每一次工作任务，决不懈怠、决不敷衍，全力以赴做好客舱防控、旅客安全保护工作。

航前准备上，全体成员逐一检查核对相关证件、单据（见图8-3）；确保对疫情防控和突发紧急事件的处置程序掌握到位；确认能准确佩戴口罩、手套、护目镜等防护用品，确保在做好个人防护的前提下指导旅客加强防护。旅客登机时，对所有旅客进行体温测量，确保登机的每位旅客体温正常，身体状态良好，如图8-4所示。

图8-3 安全员航前自查所需证件和单据

飞机平稳飞行后，安全员开始巡舱工作。疫情防控期间，他们缩短巡舱时间，增加巡舱次数，开启记录仪实时监控客舱情况，重点关注客舱动态与旅客的身体状况；如遇紧急情

图 8-4　登机前为旅客测量体温

况,第一时间采取措施,全力保证客舱安全;飞机落地,旅客全部下机后,对飞机进行全面细致的清舱检查,确保不留死角、不留隐患,如图 8-5 所示。

图 8-5　飞机落地后全面细致的清舱检查

为充分掌握疫情防控及相关法律法规,各航空公司纷纷组织开展《中华人民共和国民用航空法》《中华人民共和国治安管理处罚法》《公共航空旅客运输飞行中安全保卫工作规则》《中华人民共和国刑法》《中华人民共和国传染病防治法》《突发公共卫生事件应急条例》等法律法规的培训及学习,进行模拟演练和案例研讨,确保全体安全员在实际执行任务中能临危不乱、有序开展处置。

■ 知识关联

感受空中安保力量——"火凤凰"女子安全员队伍

在天津航空,有这样一支女子安全员队伍,于 2016 年组建,被称为"火凤凰",她们擅长擒拿格斗,具有过硬的军事素质。

在成为天津航空安全员之前,她们曾拥有特种部队军人、武警战士、拳击冠军、武术教练、电影武行、私人保镖等身份,后来经过层层选拔,终于成为"飞天女警",承担着为航班保驾护航的责任与使命。

2016年9月,天津航空首批女子安全员入队,该女子安全员队伍以"火凤凰"作为队标,寓意一往无前、所向披靡。训练场上,扎实的擒拿格斗本领将她们的英气展现得淋漓尽致。训练时,很多姑娘们身上都挂了彩,有的跑步时腿受伤了,有的手上磨出了泡,但她们咬着牙、坚持着。摔擒、搏击实战、警械搏击、犯罪心理……在一次次高强度、军事化的理论培训及体能强化训练中,她们不断突破身体及心理极限。

"加入天航安全员队伍后,每天6点起床,围着空港的湖跑圈,然后才去洗漱、吃饭、整理内务。紧接着是上午的格斗、擒拿训练,下午还要进行一些技巧、技能训练,全部训练结束后,还要跑2400米。训练强度很大,但是体能恢复也很快,能明显感受到自己的成长。努力扎实基本功,是因为在航班上有上百名旅客安全的重担在我们肩上,航空安全责任重大,不容闪失,不允许退缩。"火凤凰成员说。

女性航空安全员在保卫特殊航班、羁押遣返女犯人等特殊任务方面拥有得天独厚的优势。除了日常应急救生技能,她们还在不断强化突发事件处置能力,这样遇到歹徒时才能火力全开、一招制敌。

■ 行动指南

空中警察——万米高空的"隐形卫士"

在万米高空上,有一双双警惕的眼睛,暗中观察并守卫着机舱乘客的平安。他们罕为人知,或身着机组服装整齐端坐,或"隐身"于普通乘客中。他们练就了一身本领,却不轻易显露,绝大部分时间在持续敏锐地观察客舱内的一切。他们无法像地面警察一样与嫌疑人反复周旋,必须迅速出击"一招制敌"。他们是人民警察中最年轻的队伍——中国空中警察。

上海浦东机场,距离航班起飞还有2小时,当日执勤的空警彭飞(化名)步入警具室。领取完警具后,他进入协作准备室,参与乘务组召开的协作会。随后,登上专车前往运行指挥中心,通过酒精测试机签到、酒测,再参与飞行机组召开的协作会。空警在飞行前24小时不允许饮酒,否则将终身禁飞。

在乘客登机前,彭飞穿戴好警具,戴上手套,拿出手电筒,进入客舱。一双火眼金睛开始扫视客舱的每个角落,从乘客座椅到行李架,从天花板到地板。

乘客相继进入客舱后,他不动声色地坐在座位上,暗中观察着每一位乘客。乘客的性别、着装、表情、行李等外部特征,都一一进入他的视野。他的大脑飞速运转,在毫秒间判断出谁可能是危险的人、谁可能是需要帮助的人,并初步排出危险人物等级顺序,以便飞行时监察。

待乘客全部就座,彭飞把一个小型执勤记录仪挂上腰间,开始巡查客舱,在这一次巡查中将乘客的形象与座位号一一对应确认,再对"重点乘客"加深印象。每一次巡查,看似普通,却是一次头脑风暴。空防安全重在预防,空警必须具有敏锐的洞察力,通过"察言观色",提前预判并处置一切影响和扰乱飞行安全的空中事件,并尽最大可能让乘客感受不到任何异样。

飞机进入巡航阶段,彭飞坐回了座位。"我们坐在座位上,表面冷静,其实五官都在高速开动,随时准备听、看、闻出异常情况。客舱里稍有动静,(我们都)能马上察觉。"

彭飞曾遇到机上盗窃事件。航班上,一名年轻男子频繁穿梭于前后舱,从第七排行李架上取下一个黑色手提包,进了卫生间。男子的异常行为立刻引起彭飞的警惕。他随后对卫生间进行全面检查,并未发现可疑物品。就在飞机平稳降落机场时,一名乘客惊呼:"1万元不见了!"彭飞当机立断,通知不开舱门,对客舱进行排查,很快在嫌疑人所在的第九排上方行李架上发现了藏有1万元现金的包裹,成功抓获了犯罪嫌疑人。

项目训练

1. 请根据本项目的案例分析归纳机上疫情防控和突发紧急事件的处置程序。
2. 角色扮演:处理机上盗窃事件。飞机上有一名旅客钱包或手机遗失了,作为空中警察的你该如何处理?
3. 上网查找国内外客舱安全事件案例,谈谈该航班安全员及空警的处置情况,并分析其中值得学习和需要改进的地方。

项目九　客舱安全运行程序

项目目标

○ 知识目标

1. 熟知飞行前安全准备项目及登机前安全检查项目。
2. 熟知登机安全程序及舱门安全关闭程序。
3. 掌握各飞行阶段客舱安全管理规则。

○ 能力目标

1. 能根据飞行前安全准备项目进行自检及召开准备会。
2. 能根据舱门安全关闭程序完成舱门关闭操作。
3. 能根据飞行各阶段安全管理规则实施安全检查。

○ 素质目标

1. 根据所执飞航线、机型,做好客舱安全运行预案,培养民航安全无小事的责任感。
2. 根据飞行各阶段的安全运行要求,确保安全工作无遗漏,保障航班安全运营。
3. 保证安全第一,力求优质服务,确保飞行正常。

知识框架

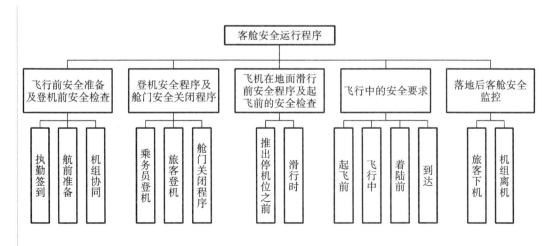

 **项目引入**

违规操作舱门事件

2021年4月9日,某航空公司某分部乘务组执行杭州至深圳航班。飞机落地后,4号乘务员未按程序解除R2舱门红色警示带,2号乘务员未实施交叉检查,乘务长离机前未确认到位。后续飞机乘务组上机发现舱门状态异常,立即上报。

2021年5月2日,某公司某分部乘务组执行无锡至广州航班。落地后,乘务长未按照程序解除L1舱门红色警示带,3号乘务员未实施交叉检查。乘务长离机前未确认到位。后续飞机乘务组上机后发现舱门红色警示带异常立刻上报。

2021年5月1日,某航B787飞机执行北京至广州航班,广州过站期间,由于乘务员误操作,R2舱门滑梯充气展开。

(资料来源:航空公司安全宣贯)

问题思考:

1. 上述案例中的舱门操作为何会出现失误?乘务员如何正确操作舱门?

2. 你从以上案例得到什么启示?如果你是当班乘务长,在飞行前你该如何避免此类事件发生?

 ## 任务一 飞行前安全准备及登机前安全检查

飞行前安全准备及登机前安全检查,在多数航空公司中也被称为飞行预先准备阶段。飞行的预先准备阶段是航班的开始,是乘务组执行航班任务的第一个步骤。客舱乘务员在接受航班任务后,需要及时查看航班相关信息,复习机型应急设备分布、航线知识、安全规章等相关内容;了解起飞、准备、机组乘车时间,做好预先准备工作。根据中国民航局相关规定,空勤人员可以在航班前48小时至12小时进行网上准备。网上准备并不能涵盖预先准备的全部内容,因此多数航空公司会要求执行航班的组员在航班起飞前2小时按照公司规定,携带好自己的证件和装具到达指定区域进行飞行前的准备。

航前准备会由客舱经理(乘务长)召集航班乘务员对航班生产的各项工作进行准备,时间一般为25分钟。内容主要包括客舱乘务员仪容仪表和需携带的物品检查确认、空防安全与预案、客舱安全及紧急情况的处理、职责分工、服务标准及程序、服务细节、航班航线特点、近期业务通告、特殊旅客情况等。客舱经理(乘务长)须通过提问的方式对乘务员的相关业务知识及业务技能等情况进行了解,初步掌握组员的业务素质和能力,以便在航班生产中对组员的工作进行有针对性的安排和监控,确保航班生产顺利开展。乘务组组员在预先准备任务的阶段进行相互沟通和了解,也可促进乘务组在航班生产中的相互配合。

一、执勤签到

航前签到时间为航前准备会时间、机组协同时间、准备会地点距机场车程时间、机上直接准备时间等的总和。

乘务员须在执勤前一天向带班客舱经理(乘务长)签到(短信、电话均可),如当日航班晚落地,须落地后第一时间向次日带班客舱经理(乘务长)签到,并注明晚签到原因。

乘务组签到和机组协同的时间根据各航空公司各运行基地的要求设定,外站机组车发车时间以当地场站代表或酒店通知为准,如发车时间有调整,客舱经理(乘务长)应调整签到时间,并及时通知组员,按规定召开准备会。

乘务组须在预计离港时间前留足时间到达机位,进行机上准备。如遇过站或飞机晚到,乘务组不晚于飞机预计到港时间到达机位即可,其他特殊情况则应以航空公司发布的发车时间为准。

客舱经理(乘务长)应做好整组签到时间的监控,如因监控不力,对服务质量、航班正点率等造成影响,客舱经理(乘务长)须承担相应责任。

二、航前准备

客舱经理(乘务长)按规定对乘务组进行检查(包括对飞行证件与装具、组员到场情况、仪容仪表等的检查),同时对组员是否服用禁用药品进行目测检查,并进行口头询问,对疑似服用禁用药品的乘务员,须要求其到航医室进行检测,若检测结果不符合飞行要求,客舱经理(乘务长)应通知乘务调度进行人员更换。

客舱经理(乘务长)对组员进行号位分工,强调并确保在飞机滑行、起飞、起飞后20分钟、着陆前30分钟内,不从事与安全无关的工作,只履行安全职责。

客舱经理(乘务长)抽查组员航线知识、旅客信息、业务通告等。

客舱经理(乘务长)讲解航班注意事项。

准备紧急撤离预案:抽查组员对所飞飞机的紧急设备的分布情况及正确使用方法的掌握情况;延伸跨水飞行时复习救生衣、救生船的相关知识;复习无准备、有准备两种情况紧急撤离预案。抽查紧急撤离方面的基本知识;复习特殊情况准备预案;复习空中安全防卫预案,客舱经理(乘务长)对安全员提出要求,讲解空中安全员反劫机、不明爆炸物、非法干扰的处置程序;机组协调联络方式并前后舱统一;进行过站监控;了解有无特殊旅客,如押解犯人等。

原则上所有航班都必须按规定签到并立即召开航前准备会,如图9-1所示。如外站没有固定场地召开航前准备会,客舱经理(乘务长)应组织乘务组在酒店房间等地召开。

航前酒精检测:

(1)在航前准备会后,机组协同前,由客舱经理(乘务长)带领乘务组到指定地点进行酒精检测,如图9-2所示。

(2)备份人员备份前一日在公司准备室签到完毕后,必须进行酒精测试,当日乘务值班员要对备份人员进行酒精测试的情况进行实时监控。如果次日备上航班了,进场时仍要与整组一起再次进行酒精测试。

图 9-1　航前准备会

图 9-2　航前酒精测试

（3）对于酒精检测不合格人员，客舱经理（乘务长）应立即通知乘务调度进行人员更换。

三、机组协同

机组协同的目的是促进机组成员间的沟通，提高机组成员间的团队精神，保证飞行安全。乘务组和飞行机组必须使用顺畅的语言（中文或英文）进行沟通。长航线轮休时，需确保值班乘务员与飞行机组能够顺畅沟通。在进入航前协同阶段时，须以航空公司列明的协同内容和顺序与机组进行协同，如图 9-3 所示。

图 9-3　机组协同

1　飞行任务确认

向机长通报乘务组成员的签到及对执行本次航班的准备情况；确认飞行任务和信息，确认机组成员证件。

2　组员介绍

通报机组成员姓名和岗位。

3　驾驶舱联络

强调空中驾驶舱门开启原则及进出驾驶舱的方法。

4 颠簸处置

通报航路上颠簸预报和强度(颠簸处置,见本教材项目一中的详解)。

5 滑行时间

确认是否可能有短距离滑行起飞情况。乘务组预先了解此情况有利于乘务组安排好飞机起飞前的各项客舱准备工作。

6 起飞前通报

协调起飞前和落地前客舱向驾驶舱报告客舱准备完毕的方法。

7 指挥权接替

明确出现机组成员失能后机组指挥权的接替顺序。

8 反劫机预案

协调明确反劫机预案,具体包括:通报所飞航线当前空防级别和应配备空警和安全员人数;目前空警和安全员的配备情况,以及警具配备的情况等;发生劫机时使用的暗号;驾驶舱收到暗号后向客舱反馈收到信息的方法。

9 其他事项

(1)乘务组在准备时需组织对应急设备和程序的学习,在与机组协同时,需再次与机组重温,以便机组能更好了解和掌握相关情况。

(2)乘务组在航前协同时,须针对机组服务用品提供时间、机组用餐时间等与机组进行沟通并达成一致意见,避免人员随意出入驾驶舱,确保驾驶舱安全。

(3)执行高原飞行航班时,客舱经理(乘务长)必须协调并确定飞行机组在飞机下降至10000英尺(约3000米)高度时所给出的信号。

(4)乘务组与飞行机组的协同时间:乘务组必须于准备会结束后立即与飞行机组进行协同,与飞行机组协同时间一般为10分钟(各航空公司略有区别)。未召开准备会的航班,乘务组应于进场之前完成与机组的协同的任务,如发生机组连飞等特殊情况,协同时间不得晚于航班起飞之时。

■ **知识链接**

> 无证飞行事件

2021年3月5日,某航班航前准备会上,乘务学员拿取训练合格证进行检查后,将证件遗落在准备桌未及时回收,乘务长带领整组离开前也未确认到该学员是否将证件妥善保管,导致该航班不正常运行。

2021年3月14日,某航班后舱乘务员在完成下降安检工作后,拿取放置于储物柜内的飞行小包(内含飞行所需证件)使用个人物品,整理完毕后飞机已进入下降关键阶段,为减少起身和不必要的走动,该乘务员将飞行小包放入就近的餐车内。航班落地后,过站期间餐车被撤下了飞机。下一航段起飞后只得实施减员飞行。

乘务员在进行证照检查环节时,须做到"证不离手",检查完毕后立即回收放入个人飞行小包或者飞行箱,乘务长要进行检查和监督。在航班运行过程中,不允许将个人飞行箱、飞行小包和航班运行所需资料用品等放置于餐车、无标识提醒的可移动备份箱内,因为容易造成被撤下的风险;在箱包使用的过程中,都应按照"原位存放"的原则妥善保管。

(资料来源:航司安全宣贯)

■ 行动指南

过度饮酒导致航前酒精测试超标

2021年1月10日,某航空公司上海基地乘务值班对某乘务员进行酒测抽查时显示超标,数值为22.3 mg/100 mL,随后该乘务员被取消当天航班。两次复测后,数值依然超标。该乘务员本人自述在1月8日20:00开始饮酒,1月9日早上4:09找代驾驱车离开饮酒地,在1月10日签到(5:55签到)前一小时喝过半杯带酒精的咖啡。

以上主要是因为乘务员思想麻痹,持续娱乐、饮酒将近8个小时,对于自身体质情况认知不足,最终造成酒测超标。

根据《大型飞机公共航空运输承运人运行合格审定规则》第121.579条饮用含酒精饮料后的值勤限制,机组成员、飞行签派员等担任安全敏感工作的人员,如果其呼出气体中所含酒精浓度达到或者超过0.04 g/210 L,或者在酒精作用状态下,不得上岗或者继续留在岗位上担任安全敏感工作。任何合格证持有人,在明知该员呼出气体中所含酒精浓度达到或者超过0.04 g/210 L,或者在酒精作用状态下,不得允许其担任或者继续担任安全敏感工作。有关人员在担任安全敏感工作过程中,不得饮用含酒精饮料。任何合格证持有人,在明知有关人员在担任安全敏感工作过程中饮用含酒精饮料时,不得允许该人员担任或者继续担任安全敏感工作。有关人员在饮用含酒精饮料后8小时之内,不得上岗值勤。任何合格证持有人在明知该人员在8小时之内饮用过含酒精饮料时,不得允许该人员担任或者继续担任上述工作。

此外,《大型飞机公共航空运输承运人运行合格审定规则》第121.575条规定了在机上饮用含酒精饮料的限制。除运行该飞机的合格证持有人供应的含酒精饮料外,任何人不得在飞机上饮用其他含酒精饮料。合格证持有人不得允许任何处于醉酒状态的人进入其飞机。合格证持有人不得向乘坐其飞机的下列人员供应任何含酒精饮料:表现为醉酒状态的人;按照适用的飞机保安要求,正在护送别人的人或者被护送的人;按照适用的飞机保安要求,在飞机上持有致命性或者危险性武器的人。当发生由于处于醉酒状态的人进入飞机引起的骚扰事件时,机长和机长授权人员应当场制止,合格证持有人应当在事发后5天内向局方报告。

(资料来源:航司安全宣贯)

任务二 登机安全程序及舱门安全关闭程序

登机安全程序及舱门安全关闭程序是直接准备阶段的一部分,该部分是直接准备阶段的核心内容。乘务组到达飞机后要对飞机进行详细的安全检查,客舱乘务员要基于空防安全的要求,检查核实所负责区域的应急设备与服务设备,确保均属待用状态,以在应对紧急情况时能够及时处理和保证旅客飞行安全。

一、客舱乘务员登机

(一)机上设备检查

1 应急设备检查

(1)急救箱、应急医疗箱、卫生防疫包在有效期内、铅封(封条)完好。
(2)灭火瓶铅封完整、压力正常(无压力指针的除外),保险盖处于关闭位或金属铅封完好。
(3)氧气瓶供氧开关在关闭位,面罩密封,系在氧气瓶上。
(4)洗手间烟雾探测器及自动灭火系统在工作状态。
(5)手电筒工作状态良好。
(6)执行延伸跨水飞行,水上救生设备齐全(延伸跨水飞行时救生衣必须配备)。
注:航前抽查旅客救生衣,如数量不足则视为不适航,必须告知机务及时进行补充。
(7)所有演示设备到位。
(8)安全须知说明配备齐全。
(9)各舱门及应急出口状况正常。
(10)发报机在指定位置。
(11)防烟面罩完好无损。
(12)应急灯适航。
(13)内话系统正常。
(14)按压麦克风按钮,能立即听到电流声。
(15)乘务员座椅检查:座椅弹力好能复位、头垫粘贴好、安全带的松紧度和安全扣能使用,加长安全带(婴儿安全带等)在位且数量准确。

各区域客舱乘务员检查核实后,报告客舱经理(乘务长),每次乘务组重新登机后须对应急设备进行检查,如图9-4所示。若航前发现应急设备不符合以上要求或有损坏情况,客舱经理(乘务长)需填写客舱故障记录本,并向机长汇报情况。

图 9-4　应急设备检查

2 客舱设备检查

客舱乘务员应查看客舱故障记录本里记录的客舱设备故障情况，若有故障，检查是否已做维护处理、是否有保留故障。

客舱乘务员需确认并抽查旅客座椅口袋中的安全须知卡，确认出口座位须知卡在位且与机型相符。

客舱乘务员检查餐车等所有服务车辆的刹车装置，以确保刹车装置有效。发现刹车失效等车辆故障状况，应贴上故障标签并报修。

客舱乘务员检查客舱电器（热水器、烤箱、咖啡机等）状况，检查断路器（跳开关）状态。

（二）飞行前清舱检查

为了保障飞机及乘客安全，最大限度地排除影响飞行安全的不利因素，旅客登机前，客舱乘务员要协助航空安全员对整个客舱进行清舱检查。要根据检查单规定的内容进行检查，检查的重点是机上洗手间、衣帽间、行李舱、厨房、机上应急设备等。检查的顺序是从上到下，从左到右。检查的方法是眼到手到，不留任何死角，不放过任何一件可疑物品和现象，要确认客舱里无任何可疑和外来物品。如果检查中发现任何可疑和外来物品，不要随意触动，应及时报告乘务长、机长，通知地面值班人员或机场公安上机处理。清舱工作完成后报告乘务长，乘务长报告机长，经机长同意后方可上客。

二、旅客登机

（一）旅客登机前乘务组准备工作

（1）完成与机组的协调。
（2）规定数量的客舱乘务员及随机工作人员已登机。
（3）客舱清舱和服务准备工作已落实。

(4)供旅客存放物品的行李架已全部打开,机组的行李和飞行箱已经在指定或者合适的位置存放好。

(5)准备工作完毕后,报告机长。

(二)旅客登机的许可

客舱经理(乘务长)接受旅客登机需要完成下列工作。
(1)已证明机上的设备和配备的人员满足安全运行要求。
(2)已征得责任机长(或代理人)允许旅客登机的许可。
(3)再次确认廊桥或客梯车对接良好。

如果已到了规定的登机时刻,而责任机长与其代理人均不在场,在没有其他影响旅客登机的因素存在的条件下,客舱经理(乘务长)可批准旅客登机。

如果飞机正处在维修过程中,应由责任机长与地面维修人员商讨之后,再决定是否延迟旅客登机。

(三)旅客登机期间

旅客登机时,客舱灯光须调至百分之百全亮。客舱乘务员应面带微笑、主动问候旅客,检查旅客登机牌,为旅客提供客舱布局、座位、手提行李及行李摆放方面的指导,引导旅客入座并协助安放行李,注意行李架的载重限制,已装满的行李架须关好并锁定。如果旅客手提物品超出规定,应通知客舱经理(乘务长)进行处理。注意观察登机旅客的情况,主动帮助需要照顾的特殊旅客,发现异常应及时报告客舱经理(乘务长)。

旅客登机期间,客舱乘务员须做好紧急出口座位控制,并进行安全监控。迎客期间,紧急出口座位处的旅客到达其座位后,负责紧急出口监控的客舱乘务员须第一时间告知旅客此座位为紧急出口座位,并向旅客强调,正常情况下不要触碰紧急出口手柄;评估该旅客是否适合在此座位就座;向旅客讲解此座位是紧急出口旁的座位,请旅客全程协助监控紧急出口区域;让该旅客仔细阅读应急出口安全须知卡及出口座位旅客须知卡,得到旅客的确认;原则上客舱乘务员在未完成所有紧急出口的旅客介绍及确认工作前,不允许离开紧急出口,如监控期间确需暂时离开,须请就座于此的旅客协助监控;监控期间,如有旅客提出服务需求,可委婉解释因监控紧急出口的原因,须稍后为旅客提供服务,或请其他客舱乘务员协助提供服务(如因履行安全职责旅客对服务提出不满,航后可向公司备案)。

三、舱门关闭程序

关门前,客舱经理(乘务长)确认以下事项。
(1)机组人员到齐。
(2)舱内所有行李已存放在规定的区域。
(3)特殊旅客不坐在紧急出口位置。
(4)所有文件已齐全,核实旅客人数与舱单、区域乘务长、地面人员所清点人数相符。
(5)执行地勤人员下机广播,机上无外来人员。

(6)旅客按照登机牌的号码对号入座,否则,客舱经理(乘务长)应报告责任机长,有必要时调整旅客座位。

(7)客舱中婴儿旅客座位上方有充足的氧气面罩分布。

客舱经理(乘务长)报告机长旅客人数、加机组人数、特殊旅客和VIP旅客情况,得到机长允许后方可关门,关门前确认门上的舱门警示带收好。

根据当地机场的要求,当廊桥或客梯车处于适合飞机关门的状态时(如客梯车已远离机体),乘务长可将机舱门关闭。

关闭登机门后,客舱经理(乘务长)广播所有舱门滑梯预位口令,客舱乘务员按照指令操作,交叉检查并报告客舱经理(乘务长)。

旅客登机结束舱门关闭后,非必要乘务员不得擅自重新打开舱门。如因紧急事件或特殊情况必须开启舱门,客舱经理(乘务长)应报告机长,获得机长许可后方可执行开舱门程序。客舱经理(乘务长)应下达滑梯解除预位口令并做交叉检查,由双人开启舱门。

■ **知识链接**

为救助生病旅客,乘务组重开舱门

2021年12月30日,在某航执飞的武汉至温州航班上,飞机上客结束舱门关闭,准备推出起飞时,一位旅客在去往洗手间的路上突然晕倒在地。正在前舱工作的区域乘务长李茜看到后,立刻冲上前去将旅客抱住扶起,并叫来两名同事将旅客扶到前排的空座上躺下。

为了保证旅客的生命安全,乘务组有条不紊地启动急救预案,开展机上急救:报告机长、广播找医生、准备氧气瓶、联系机场救护车……此时,旅客看起来非常虚弱,脸色苍白,毫无意识。乘务组将毛毯盖在旅客身上为其保暖,拿来氧气瓶备用。万幸的是,通过及时的救助,旅客逐渐清醒并恢复意识。经过简单的交谈,乘务组了解到,该旅客因前日饮食不当,今天乘坐飞机前就感觉身体有些不适,加上早晨进食不多有些低血糖,所以才突然晕倒。随后,地面医护人员也已赶到对其进行救治,考虑到旅客的身体状况,在得到机长同意后,乘务组重新打开舱门,将旅客送下飞机,让旅客能尽快前往医院治疗。

(资料来源:中国日报网)

任务三 飞机在地面滑行前安全程序及起飞前的安全检查

执行飞机在地面滑行前安全程序及起飞前的安全检查的阶段也可称为直接准备阶段,该阶段是飞机起飞前的必要阶段。乘务组在飞机关闭舱门后要对服务间设备、客舱旅客使用设备等进行详细的安全检查,客舱乘务员需基于安全要求,检查核实所负责区域的旅客使用设备、服务设备,确保它们符合起飞要求且属安全状态,最大限度地减少安全隐患,以应对紧急情况和保证旅客安全。

一、推出停机位之前

推出停机位之前,客舱乘务员须完成下列检查,且有权要求旅客遵守为保障安全而提出的下列要求。同时,若未完成以下安全检查工作,客舱乘务员应立即通知驾驶舱,飞机不可以起飞。

(1)安全广播完成,安全演示到位。
(2)确认每位旅客已入位就座,确认每位旅客系好安全带。
(3)强调禁止吸烟的告示。
(4)确认椅背已竖直,脚垫已收起,座椅扶手已平放。
(5)确认已扣好小桌板。
(6)确认所有帘子已拉开系紧。
(7)确认已拉开遮光板。
(8)确认衣帽间、储物柜等储藏空间已锁闭,行李架已扣紧。
(9)确保紧急出口、走廊过道及机门近旁无任何手提行李。
(10)确认出口座位旅客符合乘坐规定。
(11)确认儿童已被儿童安全带固定或由成人抱好。
(12)确认所有移动电话、便携式电脑等电子设备已关闭并存放好。
(13)确认旅客座椅处除散落的衣服类物品,没有航空公司提供的食品、饮料、餐具或者手提行李等在起飞、着陆期间不允许携带的物品。
(14)确认每位旅客的食品和饮料盘及每个椅背餐桌(小桌板)都已被收好并固定。
(15)确认洗手间无人占用并上锁。
(16)确认无人座椅上的安全带和肩带已扣好。
(17)确认厨房内每项设备、停用的服务车都已固定好,并使用手势语确定。
(18)调暗客舱灯光。
(19)确认每个电视屏幕已被收起。
(20)确认烤箱、热水器等非必须使用的电器电源已关闭。
(21)按航前协调要求向驾驶舱发出"客舱许可"。

二、滑行时

飞机开始滑出停机位,滑向滑行道,此时属于飞行关键阶段,客舱乘务员除有特殊情况外不得打扰机组。

(1)注意观察驾驶舱情况及客舱情况,如果发现有影响安全的异常情况,及时报告机长。
(2)除为了完成保障飞机和机上人员安全的工作外,客舱乘务员应当在规定座位上坐好并系好安全带和肩带。
(3)客舱乘务员就座后可以回顾应急准备措施:紧急设备的位置和使用方法;应急出口位置和开启方法;应急程序启动方法;寻找可以协助客舱乘务员实施应急程序的旅客的方法。

■ 知识关联

飞机起飞降落前为什么要打开遮光板、调直座椅靠背？

每当飞机即将起飞或降落时，旅客的耳边总会响起乘务员温柔的提醒："请打开遮光板，收起小桌板，调直座椅靠背。"这可不是什么仪式感，而是为了帮助旅客在关键时刻保命。

旅客可能会想，飞机不是应该在高空中更危险吗？为什么反而是在离地面近的阶段才有这些要求？然而航空公司的数据跟我们的直觉恰好相反，虽然起飞和降落只占了航程的一小部分，但却集中了60%左右的致命事故。

原因也恰恰是因为起飞或降落时，飞机离地面很近，一旦出现紧急情况，飞行员只有约90秒的反应时间。而在高空中，飞机处于平稳飞行状态，即使发动机故障罢工，也依然能借助惯性滑行8分钟左右，飞行员有相对充分的时间来判断安全降落地点。

在与死神的赛跑中，飞行员得争分夺秒地做出准确判断。提前打开遮光板，机上人员才能及时看清机舱外的情况，做好相应准备。飞机外的救援人员也需要透过舷窗获取机舱内的状况，以便采取对策。

如果机舱内的照明灯坏了，窗外的光线可以辅助照明，让旅客看清逃生路线，并在出舱时更好地适应外界光线变化。

收起小桌板、调直座椅靠背同样也是出于安全目的。为了缓冲撞击，旅客需要向前俯身采取防护姿势，但此时小桌板挡在前面，或者座椅过于倾斜，这个姿势就不好摆了。而且在逃生时，它们也会成为阻碍。

（资料来源：万物杂志）

■ 知识链接

据国航通报，7月12日，国航CA4107航班在起飞滑行阶段，有旅客因制止另一名旅客使用手机而与其产生纠纷。飞机降落后有旅客报警，随后3名旅客和4名机组人员前往机场公安局配合警方调查和调解处理。经核实，纠纷一方旅客为一名因身体原因休养的航空公司员工，此次是个人因私出行，并非航空公司监督员。

7月13日，微博认证为编剧的一位博主发文称，7月12日，乘坐国航CA4017次航班从成都飞往北京时，有一位自称是某航空公司监督员的女士在头等舱和同机旅客发生激烈的口角争执，指责其危害航空安全。后相关旅客由首都机场警方带走调查7小时。

在这起事件中，起因和双方争执的焦点之一，是旅客在客舱内的行为是否影响航空安全，以及发生类似情形是否有必要报警。

（资料来源：澎湃新闻）

任务四 飞行中的安全要求

落实飞行中的安全要求阶段也可称为空中实施阶段或飞行实施阶段,该阶段包含飞机起飞、爬升、巡航、下降、着陆阶段,其中飞机在3000米(约10000英尺)以下被称为飞行关键阶段。乘务组在飞机起飞后要对客舱、驾驶舱进行安全监控,客舱乘务员须遵循安全第一的原则,在确保安全的前提下开展各项工作,对旅客及自身的安全负责,减少飞行实施阶段可能存在的安全风险,保证正常飞行。

一、起飞前

客舱乘务员须时刻注意观察驾驶舱及客舱情况;完成客舱安全检查及服务间、客舱各种设备的固定;将客舱灯光调暗;客舱经理(乘务长)及时向驾驶舱发出事先约定的"客舱许可"的信号;当驾驶舱发出起飞信号后,客舱经理(乘务长)发布"乘务员就座"口令,并及时进行"起飞前再次确认"的广播。

二、飞行中

飞行中包含起飞爬升和空中巡航阶段。起飞爬升阶段是飞行员实施精密操作较为忙碌的阶段,非紧急情况不要与驾驶舱联络。此阶段,客舱乘务员在做好自身防护的情况下,监控客舱并提醒旅客必须系好安全带坐好。巡航阶段是飞机到达指定高度,正常情况下机组会熄灭"系好安全带"信号灯以示到达巡航高度。飞行中,为确保安全,客舱乘务员需执行以下工作。

(1)在每次起飞后,提示旅客,在飞行全程中,就座时要系好安全带。

(2)低于3000米(约10000英尺)时遵守"飞行关键阶段"原则。

(3)起飞后,客舱乘务员在收到驾驶舱通知或"系好安全带"信号灯熄灭后方可进行客舱服务,允许旅客使用洗手间。

(4)如起飞20分钟后"系好安全带"信号灯仍未熄灭,在未发生颠簸且无预计颠簸的情况下,客舱经理(乘务长)应通过内话机与驾驶舱核实飞机状态,请示是否可正常开展服务工作。

(5)保证并全程监控驾驶舱门区、机上各紧急出口及客舱洗手间的安全。

(6)当"系好安全带"信号灯亮起后,及时广播提示旅客系好安全带;客舱乘务员同时应注意自身安全。

(7)夜间长途飞行时,广播通知旅客系好安全带并进行检查。

(8)劝阻躺在客舱地板上睡觉的旅客。

(9)不使用的餐车或储物格,必须确保归位、锁定。

(10)在飞行全程中保持门区和出口区域畅通。

(11)要及时报告所发现的客舱故障。

(12)开始客舱服务工作以前,客舱乘务员需逐一检查以下内容是否符合安全规定,并向所在区域乘务长汇报,得到许可后方可进入客舱服务。检查内容包括:热饮温度(符合标准);餐车、折叠车刹车状况确认(刹车工作正常);年幼旅客防泼洒的吸管是否配备(已摆上餐车);服务间餐车及储物格是否全部锁闭(已归位并锁好)。

三、着陆前

飞机开始下降时,客舱乘务员应按照程序完成客舱安全检查。需要完成以下工作。

(1)下降前30分钟,机长接通安全信号灯后,客舱乘务员应进行下降广播,提示旅客即将进行安全检查。

(2)注意驾驶舱情况。

(3)确认每位旅客已系好安全带。

(4)强调禁止吸烟的告示。

(5)确认椅背已竖直,脚垫已收起,座椅扶手已平放。

(6)确认小桌板已扣好。

(7)确认所有帘子已拉开系紧。

(8)拉开客舱及服务间遮光板。

(9)确认行李架已扣紧。

(10)确保紧急出口、走廊过道及机门近旁无任何手提行李。

(11)确认儿童被用儿童安全带固定或由成人抱好。

(12)确认所有移动电话、便携式电脑等电子设备已关闭并存放好。

(13)确认旅客座椅处除散落的衣服类物品,没有航空公司提供的食品、饮料、餐具或者手提行李等在着陆期间不允许携带的物品,并且每个旅客的食品和饮料盘及每个椅背餐桌都被固定在其收藏位置。

(14)确认洗手间无人占用并锁闭。

(15)确认无人座椅上的安全带和肩带已扣好。

(16)调暗客舱灯光。

(17)确认每个电视屏幕已被收好。

(18)客舱乘务员回座位坐好,系好安全带和肩带。

(19)着陆前如有旅客未按照规定就座,客舱乘务员应责令其坐好。

(20)客舱经理(乘务长)发布"乘务员就座"口令;向驾驶舱发出事先约定的"客舱许可"的信号。

(21)飞机放起落架后,要即时进行"再次确认系好安全带"广播。

(22)确认烤箱、热水器等非必须使用的电器电源已关闭。

(23)当飞机下降到低于3000米(约10000英尺)时,遵守"飞行关键阶段"的原则。

四、到达

在飞机未到达预设的停机位滑行时,客舱乘务员应确认每一位旅客坐在座位上,系好安全带,不得使用电子设备,不得开启行李架以防行李滑落。

飞机完全停稳,系好安全带信号灯熄灭后,客舱经理(乘务长)使用广播器下达所有舱门解除滑梯预位的口令,相关客舱乘务员解除滑梯预位并进行交叉检查后,通过内话广播器报告客舱经理(乘务长)。

开舱门安全程序:

(1)当客梯车/廊桥靠近飞机时,做好开门准备。

(2)客梯车/廊桥到位后,得到地面工作人员发出的廊桥或者客梯车已经停好的信号,如敲门、手势等。

(3)确认滑梯预位已经解除。

(4)使用"开启舱门检查卡"。

(5)双人制开舱门,一人监控、一人操作,按标准打开舱门,如图9-5所示。

图9-5 双人制开舱门

■ 知识关联

飞行关键阶段面临的风险

飞行关键阶段是指滑行、起飞、着陆和除巡航飞行外在3000米(约10000英尺)以下的飞行阶段。虽然这个阶段在总飞行时间中只占约10%,但集中了大多数飞行安全风险。为什么要用"关键"这个词?笔者认为,这是基于风险的可能性、危险性两个维度来综合考虑的。这个阶段包含航空器极易发生重大事故的"黑色11分钟",即起飞爬升的3分钟和进近着陆的8分钟。

在飞行关键阶段面临的风险主要有以下这些。

1.滑行阶段

有的飞行员以为飞机只在道面上做简单的二维运动,不会出大的问题。然而,"大意失荆州"式的人为差错经常发生:一是滑错路线或者观察不周,导致飞机与障碍物相刮碰。据国际航空运输协会粗略统计,机坪发生包括刮碰在内的不安全事件导致的直接和间接经济损失每年约为50亿美元;二是对滑行道的宽窄评估不准,在转弯时使内侧主轮偏出跑道,陷入草地、泥土之中不能自拔;三是跑道侵入,导致与其他飞机相撞。尽管已层层设防和把关,这类相撞事故发生的概率不高,但其危险程度实在太高了。

2. 起飞阶段

这个阶段虽然时间很短,但最容易发生机械重大故障。起飞爬升,飞机要尽快获得高度、速度,迅速离开机场。发动机在起飞过程中处于大转速、大高温、大功率状态,发动机每个叶片除了接受高温、高压的考验之外,承受的力量相当于在上面挂了 10 多辆大卡车。当然,发动机再完美,也可能出现失效的情况。飞机在起飞时往往加注了很多燃油,尤其是远程航班,在起飞时都是大载重,滑跑距离长,爬升速度比较缓慢,飞机高度低、速度慢、全重大。而此时,机组要收起落架、收襟翼,要改变飞机的状态,对操纵准确性要求高,工作负荷较大。在起飞和初始爬升阶段,除了完成正常的起飞动作之外,机组还要时刻提防发动机突然失效或者失火,尤其是执行 RNP 单发返场程序的高原机场。另外,飞机还可能遭遇风切变、鸟击或无人机撞击,还可能需要绕飞避让雷暴。

3. 爬升阶段

一是机场繁忙的选错、飞错离港程序;二是误听或者错误执行管制指令;三是绕飞雷暴,误入或者不得不钻入飞行限制区、危险区甚至禁区。

4. 下降、进近阶段

此阶段容易面临主观的、输出型的"人的因素"风险,即违规违章。一是选错、飞错进港程序;二是忘调、错调高度基准,尤其是飞场压高度基准的军民合用机场;三是低于安全高度,导致可控飞行撞地。随着新技术的推广使用,程序适用的宽度明显变窄,就像悬崖边上的羊肠小道,一脚踏空,就会有风险。

5. 着陆阶段

这是见证飞行技术水平高低的重要时刻。若处理不好,容易出现以下问题:一是进近不稳定,导致飞机偏出、冲出跑道或者掉到跑道外;二是违规突破最低下降高度、决断高度,导致飞机发生可控飞行撞地事故;三是飞行技术水平不高,导致飞机发生重着陆或者擦尾、擦翼尖、擦发动机。

(资料来源:《中国民航报》4 版)

■ 知识关联

安全员,不安全

2019 年 3 月 30 日,某航空公司安全员 Z 某携带 1 瓶米酒(酒精度约 11%vol)执行大阪至上海的航班。航班从大阪起飞后 1 小时 20 分左右,Z 某到后面的服务间开始饮用携带的米酒。此时,后舱乘务员从客舱返回后面的服务间,发现服务台上被饮用过的 1 瓶米酒,询问了解是被 Z 某饮用的,随后她将此事报告给乘务长。

(资料来源:航空公司安全宣贯)

任务五　落地后客舱安全监控

飞机达到停机位、完全停稳、舱门解除预位并安全开启后,客舱乘务员需保障旅客下机安全,做好清舱工作。机组下机前须确保服务间电器设备电源关闭,确保航后安全。

一、旅客下机

(1)旅客下机前,客舱乘务员确认廊桥或客梯车与机体安全对接。
(2)安排头等舱/公务舱旅客先下飞机,并与地面交接特殊旅客。
(3)旅客下机使用客梯车时,为了避免旅客在停机坪上停留过长的时间,当没有旅客摆渡车等候时,应该暂停旅客下机。
(4)客舱乘务员检查机上有无旅客遗留物品,如图9-6所示。
(5)客舱经理(乘务长)与地面交接相关单据和文件。
(6)在航班结束前,客舱乘务员不得擅自离机。
(7)中途过站或飞机地面停留期间,如机上有旅客,飞行客舱经理(乘务长)应确保机上客舱乘务员人数符合实施应急撤离时的要求,并均匀分布于客舱,以便有效协助旅客撤离。

图9-6 航后清舱

二、机组离机

(1)确认所负责的舱门滑梯已解除预位。
(2)客舱清舱完毕,确认无旅客遗留物品。
(3)客舱经理(乘务长)确认所有有缺陷的客舱设备已登记在客舱故障记录本上。
(4)确认已与下一乘务组交接完毕。
(5)检查应急设备是完好的。
(6)关闭服务间电器设备电源。

■ 行动指南

航班中应急医学事件报告

根据CCAR-121-R5.705对飞行中紧急医学事件报告的规定,飞行中发生的紧急医学事件包括:造成飞机改航备降等不正常运行的人员伤病或死亡,飞机不正常运行导致人员伤病或死亡,以及突发公共卫生事件旅客使用机载医疗设备和药品。

若运行中发生紧急医学事件,客舱经理(乘务长)应填写紧急医学事件报告单,记录事件发生的时间、航班航段、事件具体情况、人员伤病或死亡情况、应急医疗设备的使用情况、机上救治情况、使用人以及飞机改航备降情况等。事发后5天内向局方报告,报告单留存24个月。

机上发生紧急医学事件,需使用机上急救箱、应急医疗箱(除体温计、血压计外)药品、物品时,按照使用说明填写知情同意书。同意书留存3个月。

飞行中重大事件报告

飞行中重大事件指在飞行的任何时间,发生的骚扰事件、劫机、特殊的异常声音、(强制)快报类安全事件等。(强制)快报类安全信息指发生于公司范围内的、要求相关个人或所属组织按照规定时限强制报告的全部安全非正常事件信息。该类信息包含事故、事故征候以及其他不安全事件。

重大事件的类型包括:有喝醉酒闹事的旅客、危险旅客、干扰客舱秩序的旅客,有旅客威胁劫机或炸机、劫机或炸机、违反吸烟规定、拒绝服从机组人员的指令,应急撤离、客舱内有烟、异味或火灾、释压、滑梯展开、机上急救等。

发生重大事件,客舱乘务员应立即向客舱经理(乘务长)报告,客舱经理(乘务长)应立即向机长报告并填写重大事件报告单。

■ 知识关联

多起落地后舱门安全事故

2016年1月23日,某航空公司一位乘务长在未确认左1门滑梯是否已解除待命的情况下开启舱门,造成滑梯意外放出,当时客梯车还没来得及撤。事发后,某航再次要求全体人员按章操作,操作机门时严禁越位、替代操作,开启机门前保持头脑清醒,不做任何与安全无关的事,必须使用"双人制开门确认口令卡",不得提前操作。

2016年1月23日晚,某航北方分公司执行三亚—南昌—沈阳航班。飞机在南昌落地后,乘务长没有执行双人制操作舱门,导致左1门滑梯掉包。事发后,某航特就操作舱门提出如下要求:如发生舱门不安全事件,将对相关责任人进行严格追责。操作舱门时,必须严格落实双人制操作要求,提高抗干扰能力,杜绝因受外部因素干扰而导致的舱门不安全事件发生。

2016年10月28日12:55,白云机场运行指挥中心接报,某航空公司停靠在221机位的飞机左3门应急滑梯被放出。经查证,当时飞机正在下客,坐在46A座位的一位现年36岁的李姓乘客,擅自打开了飞机左3门,导致飞机应急滑梯放出。飞机下完客后,公安机关随后将该名李姓乘客带走。事件直接导致后续广州飞重庆航班受到影响,航空公司立即改换飞机。根据《中华人民共和国治安管理处罚法》相关规定,李某被警方处以行政拘留13

日的处罚。由于该行为造成航空公司数万元经济损失,航空公司表示保留索赔权利。

2018年4月27日,一架航班从三亚飞抵绵阳后,在下客过程中,一名乘客打开了飞机左侧应急舱门,导致飞机滑梯弹出受损。该乘客被依法行政拘留15天。据了解,这名乘客是因为觉得飞机太闷热,所以就顺手打开了舱门。

2018年8月2日,一架从太原飞往重庆的航班因天气原因备降成都双流机场。备降后,飞机一直停在机场跑道上,未开舱门,乘客无法下机,并且飞机上还有不少老人和小孩。大约4小时后,一位年轻男子大概是着急了,打开了应急门。最终,该男子被警察带走。

(资料来源:民航资源网)

项目训练

1. 某航班将执飞合肥—乌鲁木齐航线,请模拟乘务组航前准备会,做好飞行安全预案。

2. 实训演练:舱门关闭/开启程序。

3. 收集近期民航执飞过程中违反客舱安全运行事件,分析发生该问题的原因,并谈谈如果你是乘务员,你将怎么做。

4. 案例分析:某微博网友发微博投诉了某航空阻止其登机一事。根据该网友描述,她与丈夫在一家订票网站购买了3月19日上海飞往香港的某航空HO1305航班机票,该航班计划于8时15分起飞。事发当天,该网友大约提前一个小时抵达浦东机场,在值机柜台和机场安检耗去了不少时间。当他们抵达HO1305航班停靠的一个机场较远登机口的时候,被该航空工作人员告知飞机舱门已经关闭。据这位网友称,当时大约是8点整,而飞机计划起飞时间虽然是8时15分,但最终的起飞时间其实是8时35分。该网友在登机口与航空公司交涉,航空公司地面工作人员表示,在舱门关闭前,航空公司已经多次广播找人未果,这才按时关闭了舱门。对于旅客要求全额退款的要求,该航空公司以未赶上航班属乘客自身原因而拒绝。事后,这位网友发微博对此声讨,要求该航空公司承担夫妻两人另行购买的东航MU501航班机票费用,并给予书面道歉。

(1)对于本案例中这位网友的声讨,你觉得是否合理?并谈谈理由。

(2)你从以上案例得到什么启示?谈谈你对起飞前15分钟关闭舱门的认识。

项目十　客舱旅客安全管理

项目目标

知识目标

1. 了解机上配载平衡及旅客座位要求、被拒绝运输的旅客管理。
2. 熟知旅客行李及装置安放要求、航空餐饮安全管理、含酒精饮料服务与监控等。
3. 掌握客舱乘务员安全职责、特殊旅客安全管理。

能力目标

1. 能根据飞机配载平衡要求安排并调换旅客座位。
2. 能根据客舱情况安放旅客行李,做好含酒精饮料服务与监控。
3. 能根据客舱乘务员安全职责,做好旅客尤其是特殊旅客的安全管理。

素质目标

1. 根据航班所飞始发地、目的地旅客的特点及偏好,做好旅客需求的预案,避免因旅客不满而产生安全隐患。
2. 课堂活动中抓住学生忽视操作规范的行为进行纠正,让学生明白遗漏任何一个环节都会造成事故,培养他们精益求精的工匠精神。
3. 任何时候都要关注每一位旅客,绝不粗心大意,绝不掉以轻心,一定要敬畏职责。

知识框架

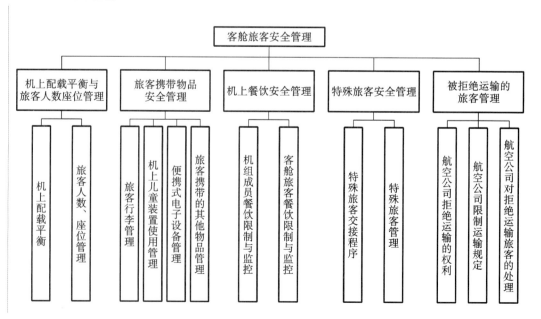

2019年1月9日,东海航空通过官方微博作出说明,就网上传播关于东海航空飞行员陈某于2018年7月28日执行DZ6286、DZ6206次航班时擅自允许其夫人进入驾驶舱的事件,东海航空已于2018年8月2日对该航班机组人员进行严肃处理并给予内部通报。并且,陈某同意未购买后两个航段机票的王某继续乘机,在机上人数与舱单人数不符的情况下,先后两次同意关闭舱门并执行了航班任务。机长陈某被暂停飞行6个月,取消教员资质,罚款12000元,同时按票价原价补回后续航段票款;副驾驶王某、赵某停飞15天,罚款6000元;鉴于当班乘务长刘某多次劝阻,主动报告,予以减轻处罚,罚款500元;当班安全员孙某罚款500元。

问题思考:

1. 本案例中明明是机长徇私舞弊,让其夫人无票乘机,为何副驾驶、当班乘务长和安全员也受到处罚?

2. 根据民航客舱乘务员、安全员职责,谈谈该航班客舱乘务员、安全员是否履行了客舱旅客安全管理职责。

任务一　机上配载平衡与旅客人数、座位管理

一、机上配载平衡

(一)什么是飞机配载平衡

现今手机自助值机的旅客越来越多,很多人在准备坐飞机前自助值机时,发现经常有不少座位被锁定了,无法选择,有些经常到了起飞前才被放出来,其实这是配载员暂时锁定了一些座位,主要是为了给起飞前的飞机配载平衡预留可调空间。客舱中,每一个座位都会对飞机重心产生影响。配载师会根据不同机型预先锁定一些位置,保证重心在安全范围之内,这些被锁定的座位在建航班时就会锁上,一般在航班起飞前24小时或当天根据实际情况放开调整。这些座位的放与留皆由飞机配载师来确认。飞机配载师为了让飞机保持较好的配载平衡状态,必须精准地计算出旅客、行李等载重,确保飞机的重量和重心都在安全范围之内。飞机配载师们作为旅客安全守护者,其工作被形容为像是在跳"冰尖芭蕾"。

飞机配载,首先要确保安全,必须不超载、不超限,其次是要有效益,尽量业载成行。而最难的地方,则是把飞机重心控制在一个狭小的"安全包线"范围内。

天气也会影响飞机载重,因为天气恶劣时,飞机为备降需要加更多的油,业载量就会减少。而在春运等节假日,旅客往往带有很多行李,这时配载员的工作难度也会加大。此外,

多航段、联程航班也更费周折,因为更需要考虑中途上下客导致的飞机重心变化,如南航新开通的广州—温哥华—墨西哥航线,由于有温哥华这个经停站,从广州始发的航班,在温哥华只下客,而返程航班在温哥华只上客,相当于来回飞一趟有4个不同的航段,一般的飞机航班只需制作往返各一份舱单,而这一条航线一次航程就要做4份舱单。

■ 行动指南

为何飞机上旅客不能自行调换座位?

有些旅客可能觉得奇怪,为什么飞机上有空位也不让旅客坐呢?也许有旅客还碰到过,在飞机上坐好了座位,但后来被要求调整位置的情况,这在小飞机上可能更容易碰到。据南航地面服务保障部配载中心副科长游浪洪介绍:在广州飞往迪拜的某航空公司航班上,当时因为执飞的空客330飞机重心太靠前,机长感觉驾驶起来没那么顺手,飞行时感觉要一直低着头,就提出意见调整飞机重心,当时飞机上的货物空间已经没得调了,最后只能调换旅客,把30多位旅客的位置往后调,幸亏得到了旅客们的配合和理解。据记载,国内最多的一次配载是调了50多位旅客的位置。这种调整主要还是为了保证飞行安全。

飞机配载最重要的是考虑飞行安全,必须按照经过飞机配载师精确计算后制成的舱单安排座位。在飞机上坐好后一般不能随意调换座位,因为飞机起飞前已经根据座位布局、客货装载进行了重心计算,如果随意调换座位,可能引起重心变化,从而影响飞行安全。在飞机起飞前旅客人数、行李的变化如超出正常范围,必须重新制作舱单,目的是要避免安全事故的发生。

■ 知识关联

飞机配载师主要负责哪些工作?

一是计算预计业务载重(包括旅客、行李、货物及邮件),发送给签派部门,计算油量。

二是开始实际配载,确认机组人数,获取流量数据,并制作装载通知单。实际装载必须要和装载通知单的数据保持绝对一致,假如旅客太晚办手续,行李没法放在货舱行李箱,临时放在散货仓,配载员就必须重新制作一份装载通知单。

三是监控航班的重量、重心,确保重量和重心都在安全范围之内。

四是在航班关闭后,配载员还要获取实际数据,制作最终舱单并复核上传、归档。一份配载舱单有100多项数据,飞机配载员必须保证所有的数据准确无误。

(二)根据配载平衡管理旅客座位

每个航班在关闭舱门前,机长都会收到由专门从事载重平衡工作的配载员制作的舱单。而每一份舱单都是根据不同的机型特点、舱位分布、旅客座位分布,以及行李货物等信息进行精确的计算,从而确定飞机重心位置,确保飞机处于安全平衡范围内。客舱乘务员也要根据舱单要求监控客舱,避免旅客违反舱单要求,随意调换座位。

重心是可以让飞机平衡的一个点,如果重心在飞行途中移动的话,飞机的操纵就会变得不稳定,甚至无法飞行。如果多名旅客从后排换到前排,或从前排换到后排,势必会破坏飞机原有的平衡,尤其是在飞机起降阶段,如果平衡参数发生变动,超出安全范围,可能会引起飞机失衡,从而危及飞行安全。

旅客登机后务必按照登机牌上的座位就座,不要随意调换座位。如果有特殊情况需要调换座位,一定要征得客舱乘务员的同意,经机组人员判定对重心无影响后才可以调换座位。

■ **行动指南**

> 飞机上擅自调座位最高可能罚款 1 万元

《民用航空飞行标准管理条例》除对航空从业者进行约束外,对旅客乘坐飞机时的一些行为也进行了明确规定。其中,引人关注的是旅客如不听从航空器机组成员的指挥,擅自调换座位,影响航空器载重平衡或妨碍应急出口功能,或者旅客在条件不适宜入座应急出口附近位置时,拒绝机组成员为其调换座位的行为,将会被处 500 元以上 1 万元以下的罚款。而构成违反治安管理行为的,由公安机关依法给予行政处罚,构成犯罪的,依法追究刑事责任。

同时,在航空器起飞、着陆、滑行以及飞行颠簸过程中,擅自离开座位或开启行李架的旅客,也将会被处 500 元以上 1 万元以下的罚款。此外,处以同样罚款的旅客不正当行为还包括违反国务院民用航空主管部门规定的,在航空器内吸烟;强行将不符合尺寸及重量要求的行李带入航空器客舱内,或者不听从机组成员的劝告强行在航空器客舱内放置行李,可能导致影响紧急情况下人员撤离的;在紧急情况下,不听从机组成员的指挥,造成秩序混乱或影响航空器的载重平衡的等 13 项行为。

二、旅客人数、座位管理

(一)旅客人数管理

1 旅客登机前核对旅客人数、名单、行李件数是否与舱单相符

如果某个航班舱单人数是 169 人,在旅客登机后,客舱乘务员数客只有 168 人,核对后依然少 1 人的话,要与地面核对。如果地面服务员检查的人数与乘务组数的人数一致,说明这个航班少了 1 位旅客,在这种情况下是不可以关门起飞的。此时应由地面工作人员尽快查出这位旅客的名字,查出其有无托运行李,如无托运行李,地面工作人员报告机长,并修改舱单,旅客人数由 169 改为 168,飞机才可以关门起飞。如果该旅客有托运行李,必须

查出其托运行李号码,并从行李舱内找出该旅客的行李,将行李取走,确认无误后报告机长。确保万无一失后飞机才可以关门起飞。

客舱乘务员在清理人数时如果发现任何无关人员滞留在客舱内,必须报告机长。任何上飞机的工作人员都必须佩戴机场公安局发放的特别通行证,无证人员禁止登机。

2 旅客中止旅行的处理

如果有联程旅客从武汉到三亚,乘坐的航班是从武汉经停深圳至三亚,这位旅客在深圳下飞机后不走了,在深圳,客舱乘务员数客发现少了一位过站旅客,由于这位旅客还没有到达目的地就突然终止行程,为了保障航班飞行安全和全体旅客的安全,由机场指挥人员协同机场公安部门、航空公司值班人员进行客舱内的清舱检查。所有旅客带着各自的行李下飞机,重新进行身体及行李的安全检查,将所有已经装上货舱的行李全部卸下,由每位旅客重新认领各自的托运行李,然后重新装入货舱。最后对客舱的所有部位进行全面的安全检查,完成以上程序,并确认无任何影响飞行安全的隐患,航班才能继续运行。

登机前已安检为何要清舱呢?在登机前,乘客就已经接受过安检,那为何有人临时下飞机还要清舱、重新安检?对飞机客舱进行清舱,检查是否有可疑物品遗留在飞机上,根本目的是确保航空器及旅客生命财产的安全。历史上的印度航空182航班事故,就是因为恐怖分子托运了装有爆炸物的行李包,自己本人并没有登上飞机,而引发了空难。全机共329名乘客及机组人员,包括82名儿童全部罹难。

通常情况下,航空公司不允许有旅客登机后突然提出终止旅行,除非极特殊情况,如突然发病、家庭或单位突发重要情况,此时需要核实该名旅客终止乘机的原因,机场现场指挥人员应协调机场警方和机场相关单位,在该旅客座位周围进行局部清舱,并对该旅客的身体、行李物品、座位附近区域进行安全检查。

■ 行动指南

> **飞机将起飞 乘客因家人病危下机 部分旅客不满重新安检**

2015年8月9日,MF8178北京—上海航班延误3小时后,终于得到上级指令,可以起飞了。此时,已接近晚上10点,旅客们略感疲惫,陆续登机后,飞机关闭舱门,缓慢滑行至指定位置,一切准备就绪。这时机上乘客小伟(化名)坚持要下飞机,客舱乘务员询问过后才得知,小伟刚刚获悉家人病危,要放弃行程。一边是疲惫不堪的旅客,一边是急于回家的小伟,这该如何是好?客舱乘务员立马把情况反映给机长。

"飞机还能再次起飞,若让乘客错过了与家人见面,那就遗憾终生了。"机长当即决定——马上回停机坪。

飞机回到停机坪后,基于安全考量,全飞机的人都要下飞机,对飞机重新检查后再次登机。"让小伟回家就好,为什么还需要再检查一次飞机?"虽然绝大多数乘客支持机长决定,然而,也有乘客表示不理解,和机组人员理论起来,还有的乘客把此事发布到了网上。"我也在这班飞机上,没人拿家人病重开玩笑,遇到这种事大家体谅一下。"旅客黄先生说,至于再次检查飞机,大家也要尊重专业和标准程序。"做返程的决定不容易,机长真正为乘客考虑了,急乘客之所急。"网友们纷纷给机长点赞,大部分网友认为飞机应该再次检查,耽误了时间是小,安全是大。对此,厦航方面表示,旅客已经登机且进入客舱,在无法确认真实原因的情况下,必须对飞机进行全面清舱,确保飞机上没有遗留可疑物品后,才能让飞机正常起飞。

(二)机上座位管理

1 机上座位安排的一般原则

(1)对号入座。
(2)机组预留座。
(3)在符合飞机载重平衡要求的前提下,尽量按旅客提出的要求安排座位。
(4)重要旅客安排在预留的最前排座位,或在允许的范围内尽量按照旅客意愿安排。
(5)需特殊照顾的旅客安排在靠近客舱乘务员的座位或者靠近舱口方便出入的座位就座,但不应该安排在紧急出口。
(6)身材高大的旅客应安排在宽敞处。
(7)同行旅客、家庭旅客应尽量安排在相邻的座位上。
(8)犯人旅客应安排在不靠紧急出口和不靠窗的座位上,押运员必须安排在犯人旅客旁边的座位上。

在航行中如有空余座位,可以帮旅客更换座位,但着陆前应要求旅客回到原座位。

2 紧急出口座位的安排原则

如果机舱坐满,尽量安排身体健全、具有良好语言沟通能力的、遇到紧急情况愿意帮助其他旅客的男性旅客就座紧急出口座位。

很多时候,机舱没有坐满,一般这种情况编排座位时都会特意将紧急出口座位预留出来,这样更能确保万一发生紧急情况,客舱乘务员能及时协助旅客逃生。

■ 行动指南

全体旅客,这份乘机选座指南请收好!

1. 带孩子旅客选后三排

带孩子的旅客尽量靠近洗手间和服务间,比如说后三排靠近过道的座位。靠近服务间,可以随时联系客舱乘务员提供帮助,方便给婴幼儿冲奶粉等;此外,婴幼儿可能需要频繁去洗手间,所以尽量选择靠近洗手间的后三排。

2. 紧急出口座位有特定要求

飞机一旦出现特殊情况,紧急出口是重要的逃生通道。因此,航空公司会对坐紧急出口座位的旅客有一定要求:有较强的责任心,能协助其他旅客进行撤离。年龄小于15岁,太年幼或者太年长的旅客都不建议坐紧急出口旁。如果位于紧急出口旁的旅客不符合航空公司的要求,客舱乘务员可能会对旅客座位进行相应调整。

3. 商务人士建议选前排座位

不少经常出差的商务人士喜欢在飞机上睡个好觉,以保持足够的精力和体力去开展工作。想在飞机上休息的旅客尽量不要选后排座位,后排座位靠近洗手间,噪声较大,容易影响睡眠。应尽量选前排座位,上下飞机比较方便。紧急出口旁的座位较为宽敞,第二排座位可调节后仰,也比较适合睡个好觉,商务人士可以选择这类座位。如果没有选到紧急出口旁的座位,客舱中部左侧的靠窗座位也比较适合休息。飞机在航行过程中向左边倾斜的概率更大,头部靠窗边入睡能有更好的承托力,座位远离过道还可以避免在睡梦中被其他旅客打扰。

4. 登机后勿随意调整座位

值得注意的是,选完座后,即便机舱中有更好的座位,也不能在不经客舱乘务员同意的情况下随意换座。

任务二　旅客携带物品安全管理

一、旅客行李管理

(一)迎客期间客舱乘务员协助旅客安放行李

飞机上,让客舱乘务员头疼的问题还包括飞机满客和行李太多。为了飞行安全,通常要求旅客随身携带上飞机的手提行李要放在行李架上或座位下方挡杆内。如果飞机行李架上和旅客座位下方挡杆内实在放不下,还要进行机上托运。为了解决这些让人头疼的问题,客舱乘务员会在迎客期间就主动协助旅客一起放置行李。尤其要特别关注老年旅客、孕妇旅客、手拿重物的女性旅客以及初次乘机的旅客。多摆一摆、挪一挪,尽可能整齐摆放,腾出更大的空间,方便更多的旅客有位置放置自己的行李。渗漏物品、易碎物品、过于滑腻物品、尖利物品等不能放在行李架上。行李架上的物品要摆放平稳牢固,防止因飞机颠簸掉下来砸伤旅客。旅客自身也要时常注意检查行李摆放得是否平稳牢固,提高自我保护意识。

紧急出口(包括机翼位置出口及客舱首行)一定要保持通道畅通,所以这两排旅客无论大小行李必须放在行李架上,不允许放在脚下占用通道位置,以确保行李不会阻碍紧急情况下的疏散。20寸的登机箱能竖着放进行李架就不要横着放,竖着放进去可以节省很多空间(见图10-1)。双肩书包或斜挎包也是要竖立着放,不要横着放,放之前要确认有没有易碎物品或贵重物品。尽量合理运用行李架,可以方便旅客把自己的行李放到离座位比较近的位置,方便监控自己的行李,也方便下机。

图 10-1 行李架上物品摆放

■ 行动指南

> 乘机小常识:避免携带违禁物品登机

很多人乘机前会准备许多行李,到了机场过安检的时候,被安检员查出违禁物品,不能携带的时候才后悔莫及,今天就告诉大家乘机的常见违禁物品有哪些。

1. 管制刀具、易燃易爆等危险物品

管制刀具、易燃易爆品、强放射性物质、毒物等危险物品是禁止携带和托运的。

2. 禁止随身携带液态物品

民航局规定旅客禁止随身携带随身液体。如果需要携带,只能办理托运。航空旅行途中必须服用的液态药品,经安全检查确认后可以随身携带。

3. 化妆品如何随身携带

很多旅客想随身携带化妆品,固体化妆品是可以携带上机的,液体化妆品 100 mL 以下且高度不超过 10 cm 的可随身携带,每种只允许携带一瓶,超过 100 mL 的不能随身携带,需要办理托运。

4. 不合格的充电宝

充电宝额定能量在 100 Wh 以内的可以带上飞机,即 20000 mAh 以内的充电宝均可随身携带上飞机。当充电宝额定能量大于 100 Wh 且小于或等于 160 Wh 时,必须上报航空公司,经批准后才能带上飞机,并且充电宝还需要有清晰且全面的安全标志,不满足以上要求的充电宝是不能携带上飞机的。

(二)起飞降落前检查行李安放情况

飞机客舱安全要求所有行李必须放置妥当后飞机才能起飞,这也是客舱乘务员安全检查的重要内容之一。起飞前客舱乘务员应当核实每件手提行李是否都已按规定存放好,如果发现不符合尺寸、重量要求的手提行李,应在关舱门之前通知地面有关人员将行李拿下飞机并办理托运。

在飞机滑行起飞和降落前,客舱乘务员要确认每件行李是否都妥善储藏好。检查行李安放情况时要注意以下几点:手提行李不能捆绑在座椅上,不能影响到紧急设备的使用;手提行李不能放置在卫生间;占座行李必须用安全带扣好,其高度不得超过机窗高度;手提行李和占座行李不能遮挡旅客看到安全标志和信号指示牌;衣帽间都标有地板承重标准及重量限制,在放置行李时要严格执行规定,如地板的承重限制是每平方米 30 kg 就不能放置超出 30 kg 重量的行李;不能封闭的衣帽间,仅能用来放置衣物,不能放置大件行李。

总之,飞机起飞前,客舱乘务员一定要检查确认所有行李架处于完全关闭位置,对旅客自行关闭的行李架,客舱乘务员要重新打开确认行李已经妥善安放。

(三)飞机落地滑行时提醒旅客不要打开行李架舱

旅客被行李砸伤的事故时有发生,尤其是在飞机落地滑行时,更容易出现意外。所以客舱乘务员一定要防患于未然,提前进行客舱广播,要求旅客系好安全带,不要起身,更不能打开行李架拿行李,直到客舱广播允许旅客起身。

2018 年 3 月 11 日,李女士乘坐国航 CA1303 次航班从北京飞往深圳,就在飞机降落后滑行过程中,有一名女性乘客起身取行李,行李箱很重,直接一拿就脱手了。结果行李箱直接砸在了李女士的腰椎部位上,李女士当即瘫坐在座位上。事后国航作为承运人送李女士去医院检查治疗,垫付了治疗费用,随后再根据责任的划分,向肇事女性乘客追偿。航空公司有法定责任和义务保障乘客的安危,所以航空公司应先行赔付受伤乘客。本案例中国航乘务员广播通知了旅客系好安全带,但是肇事旅客不听从指令,旅客自身也要承担责任。

我国民航局颁布的《民用航空飞行标准管理条例》规定,如果旅客在航空器起飞、着陆、滑行以及飞机颠簸过程中擅自离开座位或开启行李架,可能面临 500 元以上、1 万元以下的罚款。客舱乘务员一定要做好旅客管理,强化在飞机滑行时的注意提醒防范义务,一旦损害发生,要按照航空公司既定程序予以善后,做好旅客服务。

二、机上儿童装置使用管理

机上儿童装置主要指机上儿童限制装置、婴儿摇篮、儿童车、儿童床等用品。由于这些儿童用品需要一定的空间放置,为了确保安全,对其放置位置也有一定的限制。

(一)机上儿童限制装置的安装要求

机上儿童限制装置(Child Restraint System for Aviation)是设计用来在运输类飞机发生事故时保护儿童不受伤害或死亡的便携式系统。机上儿童限制装置适用于年龄在 36 个月以下的乘客。

2019 年出台了机上儿童限制装置的国家标准,该标准规定了机上儿童乘客约束系统的术语和定义、在民航飞机上的安装与固定要求,以及对约束系统总成及其组成部件的性能要求和试验方法;为机上的儿童限制装置和前向的运输飞机乘客座椅系统的尺寸兼容性提供了指导,以便机上的儿童限制装置可以通过乘客座椅上的腰部约束,牢固地安装在乘客座椅上。该标准旨在通过规定动态测试方法和机上的儿童限制装置性能的评价标准,实现飞机在紧急着陆的情况下对儿童乘客的保护。

机上儿童限制装置必须安排在面向机头的座位,不能安装在过道座位上,更不能安装在应急出口座位这一排的任何座椅上,也不能安装在应急出口座椅前一排或后一排的任何座椅上。

(二)允许用来放置机上儿童装置的位置要求

在飞机的中央或中间座位,但不得妨碍其他旅客,必须安排在面向机头的座位,一个成年人只能监护一名使用限制装置的儿童,每一个2周岁以上的儿童必须单独使用经批准的安全带。

(三)不允许用来放置机上儿童装置的位置要求

首先,儿童装置不能放置在任何过道座位上。比如波音737系列飞机及空客319、320系列飞机的客舱布局基本都是单通道,左右两侧均有3个座位,如果儿童装置放在靠过道的座位上,可能会妨碍其他旅客出入,应急情况下需要一定的时间松开装置,也会影响中间和靠窗座位不需要援助的旅客的撤离。

其次,儿童装置不能放置在应急出口座位及其前后排。因为应急出口处的旅客作为援助者,需要在应急情况下协助其他旅客迅速撤离。

如果没有空余座位供旅客使用,机上儿童装置或其使用的限制不符合飞机座位大小要求,则儿童必须由成人抱着,其儿童限制装置必须托运或交由客舱乘务员安全保管。

三、便携式电子设备管理

便携式电子设备(PED)泛指可随身携带的、以电力为能源并能够手持的电子设备,比如笔记本电脑、平板电脑、电子书、手机、视频播放器和电子游戏机等。此外,发射型便携式电子设备(能够主动发射无线电信号的PED)和非发射型便携式电子设备(不具备无线电发射功能的PED或具备无线电发射功能但功能已被关闭的PED)也包含在内。民航法律与法规严格限制在飞机上使用电子设备,以防止干扰机组通信,影响飞行安全。

随着无线通信技术的快速发展,社会公众对飞机上使用便携式电子设备特别是使用手机的需求越来越强烈,多个国家的研究机构和专业组织对机上PED使用进行了持续性研究。波音、空客等飞机制造商也在设计和制造环节考虑如何防止便携式电子设备干扰。航空无线电技术委员会先后发布行业标准,提出了航空器抗PED电磁干扰的技术规范,在这一背景下,中国正在逐步解除在飞机上使用便携式电子设备的禁令。

2016年第4次修订的《大型飞机公共航空运输承运人运行合格审定规则》(CCAR-121部),对便携式电子设备的禁用和限制主要包括3种:准备起飞至结束飞行期间全程不可使用移动电话、对讲机、遥控玩具和其他带遥控装置的电子设备、干扰飞机安全运行的其他无线电发射装置等;飞行关键阶段不可使用便携式计算机、收音机、CD播放器、电子游戏机、视频录放机等;可以使用不干扰导航的便携式录音机、助听器、心脏起搏器、电动剃须刀等。

2017年10月,《大型飞机公共航空运输承运人运行合格审定规则》第5次修订放宽了对于机上便携式电子设备的管理规定。这一放宽意味着:第一,航空公司可以根据评估的结果来决定在飞机上使用何种便携式电子设备。原来政府对此是禁止的,现在政府把评估的权力交给了航空公司。第二,中国民航局飞行标准司制定了相应的审核、评估的方法,来接受航空公司的申请。

四、旅客携带的其他物品管理

(一)残疾旅客使用的辅助设备放置要求

民航班机对乘坐飞机的残疾旅客使用的辅助设备也有明确的规定,比如行动不便旅客的轮椅以及手杖等。由于客舱空间有限,轮椅所需空间较大,而且必须固定,各航空公司对于轮椅的放置位置有不同的要求,一般情况下只允许有一辆轮椅带上客舱,并且放置在封闭的衣帽间,大部分需要轮椅的旅客在候机楼办理乘机手续时,就可以申请特殊服务,将自带的轮椅办理托运。机场专门备有轮椅,把需要服务的特殊旅客送上飞机或接下飞机。

(二)服务犬使用限制

服务犬是指为残疾人生活和工作提供协助的特种犬,包括辅助犬、导听犬、导盲犬等。中国民航局发布的《残疾人航空运输管理办法》明确规定了服务犬乘机要求。具备乘机条件的残疾人应向相关部门提供服务犬的身份证明和检疫证明。带进客舱的服务犬,应在登机前为其系上牵引绳索,并不得占用座位和让其任意跑动。残疾人应负责服务犬在客舱内的排泄,确认其不影响机上的卫生问题。承运人在征得服务犬机上活动范围内相关旅客同意的情况下,可不要求残疾人为服务犬戴上口套。

除阻塞紧急撤离的过道或区域外,服务犬应在残疾人的座位处陪伴。具备乘机条件的残疾人的座位处不能容纳服务犬的,客舱乘务员应向残疾人提供一个座位,该座位应可容纳其服务犬,且不影响其他旅客进出,不妨碍紧急撤离。

■ 知识链接

飞机上使用便携式电子设备细则出炉:应关闭蜂窝移动通信功能

2018年1月16日,中国民航局飞行标准司发布《机上便携式电子设备(PED)使用评估指南》(以下简称《指南》),对航空公司评估和验证在飞机上使用便携式电子设备提供具体要求和指导,也为局方进行事中事后监督检查提供依据。

《指南》对于航空公司在其运营的飞机上开放机上便携式电子设备使用前,应建立的使用规范做出规定。其中,航空公司需要做到五点:一是明确可用的便携式电子设备种类;二是明确可用/禁用的飞行阶段;三是明确便携式电子设备的存放、保管和应急处置要求;四是明确可用/禁用模式;五是明确通知旅客的方式以及内容。

《指南》明确指出,在空中应关闭便携式电子设备的蜂窝移动通信功能(语音和数据)。

《指南》明确指出,航空公司需要建立相应使用和管控操作程序,比如在便携式电子设备疑似干扰飞机系统的情况下终止其使用的操作程序;对于疑似干扰飞机系统的便携式电子设备案例上报当地民航监管机构的报告程序;驾驶舱和客舱的协同操作及旅客便携式电子设备监控程序;告知旅客便携式电子设备相关政策与机上操作的程序;便携式电子设备或其电池冒烟、起火等紧急情况下的应急处置程序,包括如何有效控制现场、避免旅客恐慌等。

需要注意的是,《指南》还对便携式电子设备在特殊情况下的使用限制情况做出了规定,称在这些特殊情况下应禁止使用便携式电子设备,其中包括低能见度飞行阶段(Ⅱ类与Ⅲ类进近和着陆及低能见度起飞)和飞机疑似受到便携式电子设备干扰的情况。

《指南》规定,在飞行期间,当机长发现存在电子干扰并怀疑该干扰来自机上乘客使用的便携式电子设备时,机长和机长授权人员应当要求其关闭这些便携式电子设备;情节严重的应当在飞机降落后将涉事者移交地面公安机关依法处置,并在事后向局方报告。

任务三 机上餐饮安全管理

坐过飞机的旅客都知道,除非飞行时间过短,一般航空公司在用餐时间都会提供餐品,但是航空餐食往往被旅客吐槽难吃,其实不光是餐食的问题,还有其他因素造成这种感觉。当人们坐在飞机客舱里,身处低压状态,嗅觉和味觉会发生改变,对甜味和咸味的感知度下降,而对辣味、苦味、酸味的感知度不变,这使得再好吃的飞机餐食也变得不是那么可口。有人说四川航空的飞机餐食很好吃,主要是因为四川航空提供了很多辣味美食,所以大家觉得好吃。对于航空公司而言,"好吃"是餐饮服务要求,而"卫生、健康"关乎飞行安全问题。

一、机组成员餐饮限制与监控

(一)机上餐饮供应要求

飞机上供应的餐饮(包括机组成员餐饮)是经过民航卫生部门检验合格的特定航空食品配餐公司加工制作的。为了保证机组成员餐饮的质量及安全,对航空卫生食品生产流程、食品卫生质量、清洗消毒设施设备、温度控制、有效时间控制、生产加工环境等有着极为严格的要求。如果由机上餐饮卫生质量引起食物中毒或身体严重不适,会影响飞行机组的工作能力,进而影响飞行安全。所以在执行航空食品安全规定的时候,任何航空公司及食品供应保障部门都必须做到一丝不苟。

■ 知识链接

走进天航　揭秘航空配餐安全

随着民用航空运输的发展,航空食品的需求越来越大。相比于其他食品业,航空食品因其特殊性,安全的重要性显得更为突出。天津航空围绕"最好的陪伴,是让您每一餐都吃得安全"理念,追随党和国家的号召,严格贯彻、执行《食品安全国家标准 航空食品卫生规范》,努力让每位旅客吃得安全、健康、放心。那么一份看似简单的航空餐,是如何制作出来的呢?下面为您揭晓"天津航空机上餐食诞生记"——四大环节、十道工序炼成一道飞机餐。

(1)员工进入生产车间前,需安检、消毒、全副武装,鞋套、白大褂、口罩、头套为着装标配。

(2)通过风淋门,用风淋除尘设备吹掉身上的灰尘、皮屑,才能进入车间。

(3)所有食材均在专业的洗菜机中进行清洗消毒,并且严格把控消毒浓度。

(4)加工过程生熟隔离,专业精细。

(5)每批次食品应采用探针温度计对食品中心温度进行测量,采用可靠的热加工工艺对食品进行熟化杀菌处理。

(6)速冷处理。冷却速率要求在6小时以内将餐食中心温度由57 ℃以上降低至5 ℃以下。

(7)食品分装在清洁的专间进行,且严格控制分装时间。操作间环境温度高于21 ℃时,食品出冷藏库到操作完毕入冷藏库的时间≤45分钟。

(8)食品出库依据国家相关食品安全标准,采用随机抽样方法对外购即食食品进行感官、微生物或其他指标的检验,不合格者不得配送装机。

(9)食品运输具备完善的储藏与运输保障,餐食配送时记录生产时间及表面温度,运输环境控制在10 ℃以内,防止食物变质。

(10)机上二次加热,将美味最终呈现给旅客。

天津航空以切实行动确保航空食品安全并创新民航餐食服务,让旅客吃得安全、健康、放心。

(二)机组成员餐饮限制与监控

1　正副机长的飞机餐不能相同,用餐时间也不能相同

机组人员也是要在飞机上用餐的,包括驾驶飞机的飞行员。尤其是一些长途飞行的机长,可能需要在航程中多次进食。一个航班会配备一个正机长和一个副机长,一旦其中一位发生紧急情况,另一个会就会顶替上。而且正副机长在用餐问题上有着不同的待遇,这是为什么呢?

1982年,在美国一架从波士顿飞往里斯本的航班上,因为当时的飞机餐中提供了一份

木薯布丁,然而这份木薯布丁没有做好卫生措施,使得执行这次航班的机长、副机长、飞行工程师等十几位机组人员,同时出现行动不便、食物中毒的情况。不幸中的大幸是,因为木薯布丁比较小,机组人员食用的量也比较少,当时的准备也相当充分,于是这趟航班有惊无险地顺利降落,完成任务。然而,这件事情是一个极大的教训,万一之后再次发生这样的情况,后果不堪设想。

我国航空公司规定,正机长和副机长的飞机餐不能相同(见图10-2),而且两位机长用餐时间也不可以相同。这也是为了避免他们吃到同种不安全的食物,规避无人驾驶的风险。正机长和副机长分开进食可以让他们的消化时间错开,即便真的出现了食物中毒的情况,也可以空出一定的挽回时间,保证飞行的正常进行。

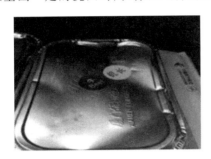

图 10-2　正副机长餐食

除正副机长不能吃同样的飞机餐以外,我国还明确规定,机长和副机长如果要食用同样的飞机餐,必须间隔一小时以上。这是为了保证随时都有至少一位驾驶员在观察飞机的仪表和飞行情况,时时刻刻保证飞机的顺利和乘客们的安全。

飞行员一般在地面过站期间或者巡航期间吃饭,巡航时用餐必须一人用餐,另一个人监控飞机状态,负责通信导航。

2　不能在机舱喝咖啡等饮料

飞行员通常不被允许在机舱里喝咖啡或几乎任何其他饮料,因为这些液体洒在脆弱的电子面板上可能会导致事故的发生。当然,在一些飞机上存在着液体自由区,飞行员如果想要喝一些水、茶或咖啡,可以去专门的地方享用。

3　机组成员不能食用二次加温的餐食

机上餐食经过熟食、冷却包装、放入冷藏室、出库装车、装上飞机、烤箱加温这些程序,如果加温后不饮用,冷却后再加温,就不能保证餐食质量和食用安全。

4　机组成员饮用含酒精饮料后的执行限制

如果机组成员呼出气体中所含酒精浓度达到或者超过 0.04 g/210 L,或者在酒精作用状态下,不得上岗或者继续留在岗位上工作;在执行飞行任务前10小时禁止饮酒;客舱乘务员在执勤过程中不得饮用含酒精的饮料。

5　禁止使用和携带毒品、麻醉药品和精神药品

机组成员包括客舱乘务员不得使用或者携带鸦片、海洛因、甲基苯丙胺(冰毒)、吗啡、大麻、可卡因以及国家规定管制的其他能够使人形成瘾癖的麻醉药品和精神药品。航空公司不得安排明知其使用或者携带了上述禁用毒品和药品的人员担任安全工作,该人员也不得为航空公司担负此种工作。

■ 知识关联

> 民航局紧急规定:飞行中驾驶舱内必须有两人以上

2015年3月24日上午,德国之翼航空公司一架载有150人的空客A320型客机在法国南部巴尔瑟洛内特坠毁,机上150人无人幸存。事后证实航班上的副驾驶有严重的抑郁症和自杀倾向,他趁机长上卫生间的时候锁上了驾驶舱的门,使得机长无法进入驾驶舱,然后操纵飞机坠毁。

新华社2015年3月27日消息,吸取德国之翼坠机事件的教训,中国民用航空局紧急要求各航空公司在飞行途中驾驶舱内必须保持两人或以上,以防患于未然。

对于只有两名飞行员配置的单通道飞机,民航局要求,如因工作需要或者生理需要其中一人必须离开驾驶舱时,舱内必须再同时增加另一名机组成员,包括乘务员或者安全员,以保持舱内互相监督,防止类似事件发生。

早在2014年马航370事故后,民航局就着手规定,要求驾驶舱内必须留有规范的最少飞行员的人数。与此同时,民航局还在积极研究驾驶舱从内部封闭时,可从外部强制打开的可行性。美国"9·11"事件之后,民航客机的驾驶舱通常从内部锁闭,外部人员通过电话和内部取得联系,在输入正确密码后,飞行员通过监视器在30秒内识别外部人员,然后打开驾驶舱门。如果过了30秒,则驾驶舱门无法打开。民航局正在研究飞机的适航性是否允许在遇到紧急情况时可以从外部打开。

二、客舱旅客餐饮限制与监控

除了客舱乘务员向旅客供应的含酒精饮料之外,任何人不得在飞机上饮用其他含酒精饮料。禁止任何处于醉酒状态的人进入飞机。

(一)在飞行中对下列旅客不能提供任何含酒精饮料

(1)表现为醉酒状态的人。
(2)正在护送别人或被别人护送的人。
(3)未成年人。
(4)护送机密文件的人。
(5)在飞机上持有致命性或危险性武器的人。
(6)动物管理者(指客货两用飞机专门押运动物的人员)。
(7)犯罪嫌疑人、偷渡者、被遣返旅客及其他特殊旅客。

（二）飞机在空中飞行发现醉酒旅客的处理

如有旅客在起飞后显示醉态或受麻醉品影响，应立即报告机长，并以礼貌而坚定的态度与该旅客打交道，要特别注意避免肢体冲突。机长指示乘务长要采取的任何进一步步骤，并将此事件报告给飞行管制部门。飞机落地后及时进行处理和报告，警察或其他负责人可上飞机来处理该旅客并询问目击者。乘务长填写"机上紧急事件报告单"并报请机长签字，向公司有关部门汇报，及时将"机上紧急事件报告单"交客舱管理部保存。

经常坐飞机的旅客或者会有以下疑问：既然酒水或者含酒精的饮料不能随身携带上飞机的，只能托运，但飞机上为何又在提供酒精饮料呢？醉酒乘客不能登机，为什么飞机上又提供酒呢？

提供酒水是航空公司的一种服务，是有限制要求的。而且很多航空公司并不是免费提供酒精类饮料的。乘客随身携带来路不明的酒水可能会造成麻烦，甚至危及飞机安全，所以采用托运的办法控制这种情况。但是作为一种消费类服务和满足乘客的正常需求，航空公司会提供适量的酒精类饮品，比如啤酒、红酒等，有些航空公司头等舱、公务舱的还备有高、中档酒类。但对未成年人、孕妇，以及部分有危险倾向的特殊旅客禁止提供酒精类饮品。

（三）特殊旅客餐饮限制与监控

飞行中客舱乘务员不得为犯罪嫌疑人、偷渡者、被遣返旅客、有抑郁或自杀倾向的旅客提供金属刀叉，以及陶瓷、玻璃、钢制餐具等，禁止提供酒类、沸水饮品、瓶装饮料；犯罪嫌疑人用餐则需事先征求其押送人的意见。

任务四　特殊旅客安全管理

一、特殊旅客交接程序

特殊旅客在购票时要向航空公司申请特殊服务，比如需要轮椅或担架、儿童无成人陪伴、行动不便的老人需要照顾等。航空公司同意接受承运，就表示有了承诺。旅客到达机场办理乘机手续时，就可以说明自己是什么性质的特殊旅客。从即刻开始一直到旅客到达旅行终点站，特殊旅客服务所有交接过程都必须责任到具体工作人员，包括旅客的随身物品及行李的交接过程等。乘务员的责任从与地面工作人员的交接开始，直至飞机落地，到达该特殊旅客的终点站，交代给到达站的地面工作人员为止。

地面工作人员在起飞前将特殊旅客交接单交给该航班的乘务长，乘务长在交接单上签字。在旅客登机前，乘务长必须记下该旅客的座位号，如果被安排的座位是出口座位，应更换旅客座位。落地前，乘务长应落实特殊旅客如何下机，是否需要轮椅等在旅客的终点站或转港站乘务长将交接单交给接飞机的地面工作人员,并由地面工作人员在交接单上签字。

总之,特殊旅客交接程序如下:地面工作人员(特殊旅客交接单)→乘务长签字→调整座位→安排落实→乘务员负责→如何下机→与地面工作人员交接并签字。

二、特殊旅客管理

(一)担架旅客管理

担架旅客必须至少由一名医生和护理人员陪同乘坐飞机,经医生证明病人在旅行途中不需要医护护理时,也可由其家属或监护人员陪同乘坐飞机。根据航空运行规则及客舱旅客安全管理要求,除不符合承运担架旅客的机型外,无论飞机大小只能安排一个担架旅客。担架旅客只能安排在普通舱的后部,以便在紧急情况下不影响其他旅客的安全。被运送的担架旅客及护送人员要在规定的合同上签字,保证在可能发生的紧急撤离的情况下,担架旅客和障碍性旅客不能先于其他旅客撤离。担架旅客的方向最好是头部朝向机头方向,在飞机起飞下降前,乘务员要检查其固定担架的装置安全,提醒护送人员坐好并系好安全带,飞机落地后等其余旅客下机后再安排担架旅客下飞机。

(二)轮椅旅客管理

轮椅旅客的自用轮椅应托运。WCHS(有成人陪伴同行的半自理能力轮椅旅客)和WCHC(无自理能力使用轮椅旅客)在每一航班的每一航段限载2名。轮椅旅客先于其他旅客登机,晚于其他旅客下机,不可被安排在机舱门口附近的座位。为了方便轮椅旅客上下飞机,机场地面工作人员可专门为行动不便的旅客准备轮椅,旅客到机场办理乘机手续时,可以申请特殊旅客服务,同时把自己的轮椅办理行李托运,地面特殊旅客工作人员用轮椅把旅客送上飞机,乘务员在飞机下降前报告机长,与地面联系为该旅客在到达站申请轮椅。飞机落地后再由到达站工作人员把轮椅旅客接下飞机。

(三)盲人、聋哑人旅客管理

盲人旅客携带导盲犬、聋哑人旅客携带助听犬应符合以下条件。

(1)必须具有"动物检疫证书",入境及过境国家所规定的其他证件及残疾者的文字证明。

(2)一个客舱内只允许有一只导盲犬或助听犬,盲人或聋哑人旅客只能购买经济舱的机票。

(3)盲人、聋哑人旅客不能坐在出口座位处,以免影响紧急情况下的撤离。

(4)导盲犬或助听犬被带入飞机机舱前必须戴好口罩并系好牵引绳索,在飞行途中不得占用座位或任意跑动,必须停留在主人脚边,面向过道的位置上。

(5)飞行中只能喂水,如长途飞行,应在航班中途站停留时在地面喂食。

(6)除了有免疫要求或禁止入境的国家地区之外,可以携带导盲犬搭乘国内外航班。

(四)需要医疗证明的旅客管理

1 需要医疗证明旅客的范围

根据各航空公司的运行规定,如果旅客具有下列情况之一,航空公司将要求其医生签署航空公司制作的有关表格,经公司同意后方可承运:需用早产婴儿保育箱者;要求在空中额外吸氧者;怀孕超过32周但不满35周的健康孕妇;要求医疗型护理者;担架旅客;有传染病但可以预防者。

■ 知识关联

女子患重病不适 欲乘飞机被劝下

2015年8月23日,一名身患重病的女子,准备从惠州机场坐飞机到昆明去看病,不料还没登上飞机,身体就出现了不适,需要吸氧。由于飞机上无紧急救助病人的设备,出于旅客安全考虑,机组拒绝了这名女子搭乘飞机的要求。

下午5时45分许,惠州机场3号值机柜台迎来3位前往昆明的旅客,一对夫妇及其儿子。当值机员为他们办完值机手续并做乘机前安全提示时,其中女子忽然提出要去机场医务室吸氧的请求。当看到该名女子脸色发黄、呼吸困难时,值机员立即联系医护人员,引导该旅客直奔医务室。

原来,该女子患有病危级肝胆结石疾病,计划当天前往昆明寻医救治,但在来机场的路上,病情有所反复,所以想在登机前吸点氧气,缓和精神。该女子的病情引起了值机员的关注。"如果旅客在飞行途中遇到气流或遇到大气高压,会有生命危险。"值机员向旅客解释了可能无法乘坐飞机的风险,并答应其向机组提出乘机申请,旅客接受了值机员的意见,在医务室安心吸氧,等待通知。

飞机着陆惠州机场后,值机员立即向机组反映了病人情况,并请示机组是否能接收该名旅客。但由于飞机上无紧急救助病人的设备,出于旅客安全考虑,机组没有答应相关请求。值机员立即将此情况向旅客进行了反映,并劝其尽早通过其他交通工具赶往昆明。同时,惠州机场公司积极协调航空公司,尽量争取退票费用,减少乘客损失,经过近1小时的努力,该女子的诉求得到圆满解决,并在机场工作人员及民警的陪同下,坐上最后一班机场大巴离开惠州机场。为此,惠州机场提醒,患有特殊疾病或者遇有其他特殊情况的旅客购票前需先与航空公司咨询了解是否适合乘机,以避免由于不适合乘机而被拒载的情况发生。

2 对医疗证明的要求

(1)医疗证明的有效时间。

医疗证明必须说明一切应遵守的措施,并在航班起飞前的24小时以内签注有效。

(2)医疗证明管理。

在旅客登机前,乘务长应收取一份旅客的医疗证明,航班结束后由乘务长交给有关部门保管。

(五)孕妇旅客管理

怀孕不足32周的孕妇除非医生诊断不适宜乘机,按一般旅客运输。怀孕超过32周但不满35周的孕妇乘机应办理乘机医疗许可,填写免责书。孕妇旅客如有以下情况不予承运:

(1)有流产、早产先兆者;
(2)预产期在4周(含4周)以内者;
(3)产后不足7天者。

■ 行动指南

> **怀孕35周旅客万米高空分娩 不是所有孕妇都可坐飞机**

2017年5月30日凌晨1时左右,在南航乘务组和机上医护旅客的帮助下,一名怀孕35周的旅客在飞机上顺利分娩。在孩子出生之前的40多分钟,飞机正在高空飞行,据该航班乘务长刘阳讲述:"开始发现有旅客在卫生间大叫腹痛,说怀孕35周,我觉得她快生了,确实有点蒙,很快想起应急处置流程,赶紧报告机长,广播找医生,医生到位,初步诊断宫缩早产,大家一起清出高端经济舱空位,准备待产物品,乘务组有条不紊地配合医生布置出一个简易的产房。我就来回跟机长沟通,跟医生沟通。"接到产妇待产的消息后,驾驶舱一边跟空管联系,申请航路优化,开通绿色通道,一边迅速考量:是返航还是继续飞往乌鲁木齐。最后机组决定继续飞往乌鲁木齐,同时通知空管、地面保障、急救车辆,做好应急准备。15分钟后,"孩子出生,母女平安。"当乘务组把好消息报送给各个单位时,电波中充满了喜悦,"这样地面按部就班来准备就好了,不用那么焦虑了。"

温馨提示:不是所有孕妇都可坐飞机。在高空飞行中,虽然有增压系统,但是空气中氧气成分相对减少、气压降低,容易诱发早产。除非万不得已,建议到了孕晚期的孕妇旅客尽量不乘坐飞机,如果必须乘坐飞机,必须符合限制条件。建议到了孕晚期的孕妇于安排行程前先征询主诊医生的意见,随身携带注明预产期的证明文件。这次航班飞机上正好有医生,而且正好是顺产,万一飞机上没有医生,或者遇到难产,便有可能危及自己和孩子的生命。

(六)婴儿旅客管理

婴儿旅客是指自乘机开始之日,乘机人年龄未满2周岁的人,其服务代码为INF。由于婴儿的抵抗力一般较差,呼吸功能还不完善,飞机升降时气压变化大,对身体刺激大,因此对婴儿乘坐飞机有一定的限制条件,一般航空公司不予承运出生不足14天的婴儿和出生不足 90 天的早产婴儿。应将携带婴儿的旅客安排在婴儿座位排（飞机上多提供一个氧气面罩的座位排），也可安排在安装有婴儿摇篮的座位，切忌安排在飞机的紧急出口位置。

持婴儿票的旅客，给予 10 kg 的免费行李额，同时允许免费运输一辆婴儿车。非折叠式婴儿车只能作为托运行李免费运输，折叠式婴儿车在客舱内指定的存储空间存放，尺寸不够时也只能作为托运行李免费运输；婴儿食品和用品可以随身携带，但登机时应向安全检查人员出示和说明。

（七）无成人陪伴儿童旅客管理

1 无成人陪伴儿童旅客的乘机要求及交接程序

无成人陪伴儿童（简称无陪儿童）是指因监护人没有时间陪同孩子乘机而独自乘机的年满 5 周岁但不满 12 周岁的儿童。旅客监护人从购票开始填写有关申请，航空公司或售票人员根据填写的无成人陪伴儿童运输申请书，为该儿童办理订座和售票，并建立记录文件，该文件航空公司留存一份、家长保存一份、工作人员使用一份。

航空公司不承运航班在中途需要换飞机的无成人陪伴儿童。监护人负责把无成人陪伴儿童送到机场交给机场地面工作人员办理登机手续，无成人陪伴儿童不可安排在应急出口处的座位，双方在交接单上签字并留下联系电话。为了使无成人陪伴儿童区别于其他儿童旅客，机场及航空公司会专门为无成人陪伴儿童制作样式新颖别致的小背心，或者是挂在脖子上的爱心小口袋，把儿童的有关信息如证件、机票、名字、监护人联系电话等放在小背心或小口袋里。在旅客登机前，地面工作人员先把无成人陪伴儿童送上飞机，并将交接单交给乘务长签收。乘务长保管交接单，直到落地后移交给地面工作人员。

2 客舱乘务员的交接责任

（1）飞机需要在中途站经停时，不允许无成人陪伴儿童离开飞机或由其他旅客带下飞机，除非有地面工作人员或客舱乘务员陪同。

（2）飞机在中途站经停，乘务组需要换组但无成人陪伴儿童未到达目的地时，下机的乘务长负责将此儿童和有关资料移交给下个乘务组或者交给地面工作人员。

（3）到达目的地后，客舱乘务员必须将无成人陪伴儿童交给地面工作人员，并让其在交接单上签字。

（4）客舱乘务员从接收此儿童起，在航程中对其负有全部安全责任，直到抵达目的地与地面工作人员交接为止，或者客舱乘务员将无成人陪伴儿童亲自送到监护人手中，并且双方签字。

（5）航班结束后，乘务长将该儿童交接单交给客舱部有关部门留存。

■ 知识链接

东航四川：客舱部做好机上无人陪伴儿童服务保障

2020 年 7 月 23 日，东航四川乘务组某航班上迎来了一位 6 岁的无成人陪伴儿童。

乘务组秉承公司"两微"服务原则，航前为无陪儿童预留了一次性毛毯，同时认真检查座椅、小桌板、阅读灯、呼唤铃，确保服务组件能正常使用。无陪儿童上机后，乘务组亲切询问其姓名、年龄，确认其信息无误。乘务员刘叶获取无陪儿童信息后默默记下，考虑到无陪儿童独自乘机，又是陌生的环境，为缓解其紧张的状态，刘叶给无陪儿童拿了魔方玩具，通过互动一下拉近与无陪儿童的距离。在刘叶的悉心照顾和耐心沟通下，无陪儿童展露笑颜。航班落地与地面工作人员交接时，无陪儿童开心地与刘叶挥手告别。

旅客纷纷为刘叶的细心服务点赞，刘叶说："每一位乘务员都会尽可能地满足旅客的需求，为旅客提供舒适、暖心的乘机体验，安全地将旅客送达目的地，这是乘务员的使命。"

（八）偷渡者管理

隐藏在飞机任何分隔舱内，如卫生间、衣帽间、机组休息室、行李箱内或其他储藏空间，从甲地到乙地的人均可被认为是偷渡者。如果用假护照、假证件企图乘机出境，也被认为是偷渡者。

对被认为是偷渡者的处理如下。

（1）不要试图收取他或她的费用。偷渡者的性质与旅客机票缺额补差完全不同，一般情况下偷渡者也很少携带现金。

（2）客舱乘务员一旦在客舱内发现偷渡者，应立即报告乘务长，并由乘务长报告机长，由机长将有关信息通知给飞行管制人员。飞行管制人员负责协助并收集有关信息，向机长转达相关的指示。

（3）如果乘务组在飞机离港前发现有偷渡者，应马上报告机长，通知机场公安人员将其带下飞机。

（九）无签证过境旅客管理

无签证过境是指从 A 国到 B 国中间经过 C 国，飞机需要在 C 国做技术或商务停留（如加油、上下客），但是没有经停站 C 国的护照签证，所以无签证过境只是路过一个他们无签证的国家，可以无人陪伴旅行，除非要换飞机，可以在所路过城市不下飞机。

航班离港前由承运人负责接收和转运无签证过境人员；地面代办人员应证实该旅客具有该国目的地的所有必要条件，装有该文件的信封在航班中应由客舱乘务员保管，客舱乘务员必须将无签证过境人员的文件袋交给接航班的地面工作人员。

（十）被遣返旅客管理

被遣返旅客管理是指对由于乘机出境旅客使用假护照、假签证，或私自毁掉个人所有证件，以致无法确认其真实身份，被边防检查发现后，将被遣返乘机出发地点；或者由于不了解出境目的地国家的法律而被该国遣返的旅客的管理。

对被遣返旅客的处理程序如下。

（1）地面工作人员把装有该被遣返旅客国籍及到达目的地的文件袋交给乘务长或航空

安全员保管。

(2)将被遣返人员的情况、被遣返原因、携带物品等传达给全体客舱乘务员。

(3)已经办理接收手续,但飞机未起飞前,如果该遣返人员有激烈自杀性行为和反抗行为,可能危及飞行安全的,经机长同意可以不予接收。

(4)对被遣返人员,在飞行中不得对其提供任何酒精饮料,供餐时不得提供具有伤害性的餐具。

(5)不能安排在靠近驾驶舱或紧急出口处的座位。

(6)飞机降落前,机长与到达地到达站地面联系,把被遣返人员信息通知给地面有关单位。

(7)有关被遣返人员的文件袋在飞机着陆后必须交给机场边防检查站工作人员,并将被遣返旅客交给地面有关人员。

(十一)犯罪嫌疑人管理

国家公务人员执行押送犯罪嫌疑人时,选择乘坐民航飞机,根据任务和需要,有时会通报民航系统,有时属于保密任务。

如果机组得到通报,将遵照以下规定执行。

(1)地面有关人员至少应于飞机起飞前30分钟将情况通知机长,机长将情况通知乘务长,做好准备工作。

(2)乘务长接到运送犯罪嫌疑人通知单后,应确认犯罪嫌疑人人数、陪同人数和座位安排情况等。

(3)飞行中客舱乘务员不得为犯罪嫌疑人提供金属刀叉,以及陶瓷、玻璃、钢制餐具等,禁止提供酒类、沸水饮品、瓶装饮料。

(4)用餐则需事先征求其押送人的意见。

(5)客舱乘务员要像对待一般旅客一样进行正常服务,协助押运者顺利到达目的地。

(6)被押送犯罪嫌疑人及押送人员需要提前登机和最后下机。

(十二)携带枪支旅客管理

1 国家公务人员携带枪支的准运范围

(1)执行国家保卫对象和重要外宾保卫任务的警卫人员佩戴枪支、子弹,由本人携带。为了保障飞机和旅客的安全,持枪人应采取枪、弹分开的办法随身携带。

(2)由机场安检部门核对、登记并通知机组。

(3)空警或航空安全员负责核实,无空警或航空安全员的航班,由乘务长负责核实。

2 起飞前发现旅客携带武器登机的处理

机舱门关闭前如发现旅客携带武器,应迅速报告乘务长和机长,机长通知有关部门,报告机场公安部门前往机上处理。在机场公安部门到达之前,旅客携带的武器应临时交由机上航空安全员保管。

3 飞行期间发现旅客携带武器的处理

如果飞行中发现旅客携带武器，应迅速报告乘务长和机长。航空安全员和客舱乘务员应做好突发事件处置和反劫机的准备。

（十三）情绪不稳定旅客管理

旅客情绪不稳定的情况有多种原因，其中一部分原因是旅客带着情绪上飞机，客舱乘务员要认真观察仔细分析并及时处置，否则有的旅客在情绪失控情况下，很有可能做出危及飞行及客舱安全的举动。

飞机上如果有旅客情绪激动或者不稳定，客舱乘务员要仔细观察，了解是由何种原因所致，有针对性地做好服务工作。

要耐心听取旅客抱怨，了解其抱怨的主要原因是什么，不要试图打断或解释；如有可能，应设法改变当时的状况，如善意的劝解、分散其注意力等；如果是对飞机上某个工作人员或者某件事件抱怨，可以先向其道歉，并告知将帮助转达给有关人员；为防止发生意外，乘务长可先安排工作人员与其沟通，观察情况的进展，然后将情况报告机长；航班结束后，乘务长应将该旅客的情况记录在乘务长日志中。

（十四）遗失物品旅客管理

如果有旅客已经登机，却突然向客舱乘务员提出丢失了物品，客舱乘务员要将物品丢失的时间、地点、名称、特征、价值了解清楚并尽力帮助寻找。客舱乘务员也可将情况告知地面工作人员，请他们帮助寻找。如未找到旅客的遗失物品，告诉旅客时要先道歉，表示如有进一步的消息会及时通知旅客，并留下旅客的联系方式，要始终以认真负责的态度体谅旅客的心情。

如果飞机在空中有旅客发现丢失了物品，客舱乘务员首先要了解丢失物品的特征、颜色、形状，以及有可能丢失的位置。客舱乘务员要积极主动地帮助寻找，也可询问周围旅客，如果没找到，客舱乘务员要记录该旅客的姓名、联系方式，告知其将继续帮助寻找，无论结果如何都要给旅客答复。

如果是在飞行中拾到旅客遗失物品，客舱乘务员应在有两人在场的情况下清点遗失物品，并报告乘务长。如有失主认领，乘务长应在确认是该旅客的物品后，将物品归还失主，必要时留下该旅客的姓名及有效证件的号码。

如果在旅客离机后或在旅客登机前，客舱乘务员在客舱捡到任何有价值的物品，必须马上报告乘务长进行查看，并且需要有两人在场，将疑似物品逐一记录。如果将物品交给地面工作人员，需要保留收据。

任务五　被拒绝运输的旅客管理

在确保安全的前提下,航空公司会要求每一位参与运行与管理的人员尽最大可能满足旅客的合适运输服务需求,维护旅客的合法权益。任何人不得以任何理由违背适用的中国民用航空运行管理和运输服务管理规章,以及以航空公司政策规定以外的理由拒绝运输旅客及其行李。

航空公司对无成人陪伴儿童、在紧急撤离时需要协助的病残旅客等特殊旅客有限制运输规定。此类旅客只有在符合航空公司及有关承运人规定的条件下,经航空公司及有关承运人预先同意,并在必要时做出安排后方给予载运。

一、航空公司拒绝运输的权利

一般来说,航空公司出于安全原因或根据合理的判断,认为有下列情形之一时,有权拒绝运输旅客及其行李。

(1)国家的有关法律、政策规定和命令禁止运输的。

(2)旅客不遵守国家有关法律、政府规章和命令,或不遵守航空公司规定。

(3)旅客拒绝接受政府、机场和航空公司的安全检查。

(4)旅客未能出示国家的法律政策规定、命令、要求或旅行条件所要求的有效身份证件。

(5)出示客票的人不能证明本人即是客票上旅客姓名栏内列名的人。

(6)不听从机组人员指挥。

(7)身体残疾,而适合该残障的唯一座位是出口座位。

(8)旅客拒绝遵守机组成员或经授权的航空公司工作人员发出的执行公司制定的出口座位限制的指令。

(9)旅客未支付适用的票价、费用和税款或未承兑其与航空公司或有关承运人之间的信用付款。

(10)旅客出示的客票是非法获得或不是在出票承运人或其销售代理人处购买的,或属挂失、被盗窃、伪造,或不是承运人或其销售代理人更改的乘机联或乘机联被涂改。

(11)属于因为天气或其他航空公司不能控制的原因,必须采取的行动。

(12)怀孕超过9个月(36周)的孕妇。

(13)未满14天的新生儿。

(14)旅客的行为、年龄、精神或身体状况不适合航空旅行,或使其他旅客不舒适或反感,或对其自身或其他人员和财产可能造成任何危险与危害。

(15)已知患严重传染性疾病,且无法出具其已采取必要的预防措施防止传染他人的医疗证明。

(16)属于数量受限制的残疾人,但该航班上承运的这类人员数量已经达到限制数量。

(17)心智不健全的旅客,其行为可能对自身机组成员或其他旅客造成威胁。

(18)有醉酒或吸毒迹象者。

(19)是或疑似中毒者。

(20)要求静脉注射者。

(21)有非因残疾或疾病发出的异味。

(22)穿着打扮可能令其他旅客感到不适。

(23)不符合旅客运输安全规定的担架旅客。

(24)旅客可能在过境国寻求入境或可能在飞行中销毁其证件,或者旅客不按公司要求将旅行证件或该证件的复印件交由机组保存。

(25)旅客可能做出危及飞机或机上旅客安全的任何行为。

■ 行动指南

民航业能不能拒载精神疾病患者

2018年4月15日,国航CA1350长沙—北京航班上一名男性旅客因突发精神疾病,挟持一位乘务人员。机组按处置程序紧急备降郑州新郑机场,公安人员最终将犯罪嫌疑人徐某成功抓获。

在飞机上曾多次发生疑似精神疾病旅客扰乱客舱秩序事件,在机组人员对其进行劝阻的时候,疑似患病旅客突然情绪失控,对机组人员拳打脚踢,造成机组人员不同程度受伤。虽说到航班落地后机组会将其移交机场公安,但警方似乎也拿他们无可奈何,只能送到医院,提醒家属加强监护。患有精神疾病的旅客在飞机上突然发病,甚至实施非法干扰或扰乱事件近年来似乎有愈演愈烈之势。

2017年3月18日,埃塞俄比亚航空公司从亚的斯亚贝巴飞往北京的ET604航班上,一名患有精神疾病的旅客突然发病,用身体猛烈撞击、用脚疯狂踢踹驾驶舱门,企图冲进驾驶舱,最终机组人员与旅客将其合力制服。

2018年3月3日,一名21岁患有精神疾病男子设法翻越荣市机场围界,成功登上越南航空公司VN1265航班,后来在乘务员核对人员时才发现异常情况,通知安全人员将其带走,此事造成了航班延误。

2019年5月20日,福州航空某航班一名旅客突然发病,精神失控,在飞机降落过程中企图打开舱门,被机组和旅客合力制服。

2021年3月12日,北京大兴国际机场一名患有精神疾病女性旅客将位于机场四层服务柜台附近的手用消毒剂置物架(钢管)拔出后,从四层抛至二层西侧行李提取厅出口附近,所幸未造成人员受伤。

2021年3月下旬,迪庆香格里拉机场一名旅客何某在接受安检过程中发病,拒不配合安检,并突然从包内掏出匕首指向安检人员,安检员与公安人员迅速将其制服。

2021年3月下旬,网友爆料某航班有旅客发病,企图跳机。

据世卫组织2020年统计,全球有近10亿人患有精神障碍,每40秒就有1人死于自杀,全球共有约3.5亿名抑郁症患者,精神分裂症影响着超过2000万人。而我国抑郁症患病率高达2.1%,焦虑障碍患病率达4.98%。这是一个令我们极为震惊的数字。这个群体是一个需要得到更多关爱的群体,民航系统当然不会歧视这些患者,同时会给予更多的关注和帮助,但安全大于天,所有的一切都要在能够保证人机安全的前提下。

飞机起降的重力变化、温度变化、气压变化等以及机上密闭空间、其他旅客影响等,都可能诱发某些精神类疾病。全球民航不安全事件中,一些突发劫机的、冲击驾驶舱的、威胁炸飞机的、擅自打开应急舱门的、打架闹事的、自残自杀的,以及许多严重扰乱客舱秩序行为,相当高的比例是由于行为人精神疾病突然发作,这也成为如今民航空防安全管控的一个痛点和难点。

民航系统能做到的,就是机上控制、机下处理,把隐患尽量留在地面,不得已的情况下就只能返航或备降。

那么对于民航系统来说,究竟可不可以对这类人员实施拒载?其实是可以的。《中国民用航空旅客、行李国内运输规则》第三十四条规定:"传染病患者、精神病患者或健康情况可能危及自身或影响其他旅客安全的旅客,承运人不予承运。根据国家有关规定不能乘机的旅客,承运人有权拒绝其乘机,已购客票按自愿退票处理。"

需要说明的是,航空公司拒载一名旅客,一定是出于对包括被拒载旅客在内所有旅客的安全负责。但另一个问题是,当旅客处于没发病期间并没有异常行为,机组无法判断他们的健康状况,也就没法直接宣布拒绝承运。

同时,对于如何处置精神疾病旅客导致的扰乱事件及非法干扰事件,不少航空公司的应急处置预案还不够完善,机组人员出面处置的时候往往心态复杂,一边是出于对患者病情的同情不忍心对其严厉制服,一边是维护航班空防安全的使命感催促着自己做好处置,避免事态扩大。但从当前的形势来看,日益频繁的旅客突然发病确实给空防安全带来了严重威胁,民航系统是时候制定针对性的处置预案流程了。

二、航空公司限制运输规定

航空公司对于特殊的旅客一般会按照国家的相关法律、法规和条例的规定,采取限制运输的方法来办理。诸如无成人陪伴儿童、病残旅客、孕妇及犯罪嫌疑人等特殊旅客,只有在符合航空公司及有关承运人规定的条件下,经航空公司及有关承运人预先同意,并在必要时做出安排后方予载运。

三、航空公司对拒绝运输旅客的处理

一般来讲,航空公司会对被拒绝运输的旅客做出妥善的安排。对于被拒绝运输的旅客,航空公司会按照规定办理相关手续。符合上述国家相关的法律规定禁止运输的,已购客票按非自愿退票的规定办理手续。符合上述"航空公司拒绝运输的权利"中第3、4、5款情形的旅客,已购客票按自愿退票的规定办理手续;符合第9款情形的旅客,由旅客补付不足的票款、费用和税款,或按非自愿退票的规定办理手续;符合第10款情形的旅客,航空公司会保留扣留其客票的权利,必要时呈报有关主管部门处理。

■ 知识链接

> 航空公司有权拒绝(抑郁症)旅客登机吗?

2020年10月14日,有网友微博发文称,他与女友在山东威海大水泊机场准备乘坐春秋航空9C8743航班前往南京就医,但其女朋友患有抑郁症,因服用药物副作用导致手抖,被拒绝登机。

随后,春秋航空也发布了情况说明,表示:"鉴于工作人员多次安抚旅客,旅客情绪仍无法平复,基于安全因素,春秋航空劝退旅客,办理了机票全退手续。在旅客情绪比较激动、病情不明、没有专业医疗意见的情况下,出于对旅客本人健康和其他所有旅客飞行安全的考虑,谨慎地做出这一遗憾的决定。"

《中国民用航空旅客、行李国内运输规则》规定,传染病患者、精神病患者或健康情况可能危及自身或影响其他旅客安全的旅客,承运人不予承运。

项目训练

1. 某航班将执飞重庆—拉萨飞行任务,请模拟乘务组航前准备会,做好旅客安全管理预案。

2. 角色扮演:编写并表演旅客登机时的安全管理情景剧,必须有数客、指引安排座位、协助放置行李等情节。

3. 上网查找近期与民航客舱旅客安全管理相关的案例,撰写一篇案例分析报告。

4. 2020年5月,日本航空废止旧着装规定,女性空乘人员可不穿高跟鞋、裙子。有媒体认为,这是全球航空业服装标准从过时的时尚转向实用的标志。请你从客舱安全的角度谈谈对此事的看法。

项目十一　机组资源管理

项目目标

知识目标

1. 了解机组资源管理的概念、机组资源管理的重要性。
2. 熟知机组资源管理的内容,掌握机组团队协作知识。
3. 掌握机组沟通技巧。

能力目标

1. 能根据机组资源管理的要求进行机组成员之间的沟通交流。
2. 能根据各种情况判断什么事情该报告乘务长,什么事情必须报告机长。
3. 能按照机组资源管理训练的要求处置飞行中的各种突发状况。

素质目标

1. 根据机组资源管理的要求做好航前机组协作与交流,做好飞机安全预案,养成防患于未然的职业习惯。
2. 一旦发生与安全有关的事件,严格遵循机组团队协作原则,按照平时训练流程进行处置。对学生忽视交流沟通的行为进行纠正,培养其团队合作精神。
3. 任何时候都要分工合作,"心往一处想,大局为重,安全至上",一定要"敬畏职责"。

知识框架

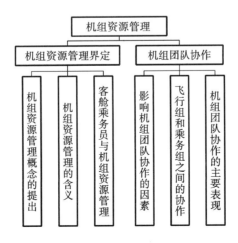

 项目引入

> 左发故障还是右发故障

在一个严冬的夜晚,一架双发喷气客机进入巡航阶段不久,突然,飞行组感觉到因发动机振动而引起的飞机抖动并嗅到一种烟味。由于驾驶舱空气由右边发动机(以下简称右发)提供以及右发曾发生过故障,飞行组的机长和副驾驶便断然判定右发发生严重故障,继而将右发关断并广播通知乘客。然而,乘务组和乘客们通过小窗户看到的却分明是左边发动机(以下简称左发)在冒烟、着火并有碎物喷出。

飞行组判断:右发故障。

乘务组和乘客们所见:左发冒烟、着火并有碎物喷出。

根据飞行组判断实施行动的后果:关断正常的右发,使用起火的左发单发着陆,结果飞机坠毁,约50人丧生。

分析:飞行组与乘务组没有及时沟通,没有一个乘务员或乘客把看到的情况及时报告给驾驶舱。如果飞行组与乘务组及时沟通,飞行组会发觉错误,重新启动右发,关断真正发生故障的左发,然后通过单发安全着陆。

(资料来源:《世界航空安全与事故分析》第三集)

问题思考:

1. 本案例事故发生的原因是什么?如果你是本案例的乘务员,应该如何正确处置?
2. 你认为机组沟通合作重要吗?从以上案例中,你可以得到什么启示?

任务一　机组资源管理界定

一、机组资源管理概念的提出

机组资源管理(Crew Resource Management,CRM)于20世纪70年代末在国际上兴起。1979年,美国国家航空航天局(NASA)飞行机组资源管理行业专题研讨会上提出了机组资源管理的概念。20世纪80年代初,NASA给出了关于如何运用集体最优协同作用的实践指导,强调机组之间的通信、任务分配、相互监督,并强化协同分工和集体决策的重要性,即作为一个团队工作时,1+1的结果大于2,被称为机组资源管理的全新原理。同时,机组资源管理在几家大的航空公司(如泛美航空公司、美国联合航空公司、荷兰皇家航空公司、澳大利亚航空公司等)中得到了开发与进一步完善和发展。人们认识到通过CRM训练能改善飞行机组成员之间的良好配合,使之协调合作,强调机组在安全飞行中的重要性。这些CRM训练代表了机组资源管理的出现和兴起。

经过 30 多年的研究和实践，CRM 的概念及由此产生的训练方法的改变大致可划分为 5 个时代：驾驶舱资源管理、机组资源管理、公司资源管理、错误管理、威胁与错误管理。

20 世纪 90 年代初，CRM 训练开始沿着复合化的道路发展。作为综合的 CRM 的一部分，一些航空公司开始将一些与某一特殊行为表现相关的概念程序化，并且将它们引入检查单中，有助于提高机组的训练质量和飞行机组的素质。

通用的 CRM 训练能够被不同文化背景下的飞行员所接受。CRM 是避免人的错误的手段，即 CRM 就是对错误的管理。因为人的错误是普遍存在和不可避免的，CRM 可以看成是一个对抗人的错误的工具。这个 CRM 对策适用于任何一种情形，其中的差别只是时机的不同，例如，一架新的飞机，由于飞行管理计算机中输入了一个不恰当的航路点，导致一架可控飞行撞地。在这一情景中，仔细简述进近程序，注意发现在通话时以及输入飞行管理计算机时各种可能出现的错误，也许就能避免错误；在执行任务和调整位置之前对输入信息进行交互检查就可能矫正或控制错误的输入；对位置不断进行查询和调整也许可以减少事故的发生。总而言之，CRM 的主要目标是着手于错误的标准化和发展控制错误的策略，有效避免飞行中错误的发生。

目前，CRM 研究已逐步走向成熟，我们应借鉴国内外先进经验，加强我国民航 CRM 训练，推动 CRM 在航空公司的应用，让先进的科学技术为我国的民航运输事业服务。

■ **知识链接**

机组资源管理训练：乘务组与外籍飞行机组进行联合演练

民航资源网 2010 年 11 月 16 日消息：春秋航空有限公司（Spring Airlines Company Limited，简称"春秋航空"）截至 2010 年 11 月 11 日共有 21 架飞机执飞公司由上海和沈阳始发各条国内国际以及地区航线。根据公司发展需求，通过飞行员引进，公司现有 17 名外籍飞行人员进行航班任务飞行。客舱部为配合公司运行标准部要求，为加强乘务组与外籍机长之间的沟通能力和学习 AC-121-FS-2009-35（《关于制定空中颠簸管理程序防止人员伤害的要求》）中提出的更改要求，特组织于 11 月 12 日与飞行部部分机组进行联合演练。

联合演练包含乘务组航前与外籍飞行员进行航前机组协同会议，直接准备阶段沟通以及空中正常驾驶舱服务和航程中颠簸、失火、释压、紧急迫降等各类紧急情况的模拟。

本次演练，客舱部共安排 3 组乘务组分别在预先准备阶段用英文直接与当班外籍机长就空防要求和服务要求以及航班天气情况进行沟通协作，沟通情况十分顺利。直接准备阶段，就客舱各项应急设备的检查与外籍机长进行沟通确认，同时就客舱正常准备、正常驾驶舱服务进行真实性模拟。同时，为学习 AC-121-FS-2009-35 进行了各类颠簸时的处理程序；模拟了航班出现失火的处置程序，客舱释压、心脏病患者旅客的抢救以及陆地紧急迫降等一系列紧急情况的处置程序，为还原演练的真实度，公司调整机号为 B-6349 飞机停场进行真实演练。公司各运行职能部门领导以及客舱部相关人员参与此次演练的观摩。

演练结束后，外籍机长对参与演练乘务组给出高度评价，同时乘务组以及客舱部领导就演练中出现的问题进行了指出和纠正。演练结束，公司领导就当天演练提出意见，并要求将演练录像整理后发到公司内网，进行全员学习。通过本次演练，乘务组总结出加强外语口语交际能力不仅仅对平时的航班服务有所帮助，同时对于外籍机组紧急情况下的处置沟通也是至关重要的。

二、机组资源管理的含义

机组资源管理是指充分、有效、合理地利用一切可以利用的资源来达到安全有效飞行运行的目的,核心内容是权威、参与、决断、尊重,通过有效提高机组人员的沟通技巧、提倡团队合作精神、合理分派任务、正确做出决策来体现效用。

(一)机组的含义

机组资源管理概念中的"机组"是一个引申含义,不仅包括机组成员(飞行组、乘务组),还可扩展到与驾驶舱内飞行人员有联系的各种人员,如空中交通管制员、地面机务维修人员、签派人员及其他有关人员。

■ **行动指南**

民航机组人员如何配置协作

1. 飞行期间一切听从机长指挥

飞行期间,空勤人员会被编成机组,由机长领导。在执行飞行任务期间,机长对飞行安全、航班正常、服务质量和完成飞行任务负责。机组成员不论职务高低,必须服从机长领导,听从机长指挥。

2. 机长是航空器上的最高行政长官

机长的公权力在国际法和国内法中都有详细的规定,其对机上发生的一切危及飞行和空防安全的事件具有至高无上的处置和决定的权力。机长可以决定起飞、降落、返航,甚至可以"拒载"乘客。

3. 民用航空器机组由机长和其他空勤人员组成

机组人员的数额,通常按照机型、飞行任务以及航程的远近来确定。不同机型机组人员数量不一样。比如国际航班三叉戟(近程喷气式民航客机的一种)机组不超过12人,波音737机组不超过11人(含安全员、乘务员);国内航班(含香港航班)三叉戟机组不超过11人,波音737机组不超过10人。

4. 根据航程调整机组人员数量

机组人员数量主要由航程距离及飞机承载量决定。在机组人员配置上,数量的变化也多体现在机组人员数量上。一般配置规律是飞行时间在8小时以内配一名机长及1—2名副驾驶,比如MH370航班正常飞行时间8小时以下,配置正副驾驶各一名及其他10名空勤人员。航程8—10小时加配一名机长,航程10小时以上一般在飞机上配备机组休息室,飞行员3名以上,经济舱每50人加配一名乘务员,比如韩亚航空214航班载有291名乘客,飞行时长超过10小时,配置16名机组人员,包括4名飞行员,正副机长各2名。

5. 机组人员需按资历合理搭配

航空公司制订飞行计划的关键是合理搭配机组力量,选好责任机长,注意机组人员新与老、技术强与弱的合理调配。飞行期间,不会把2名技术相对较差、反应相对较慢的人员安排在一个机组内。

6.配置两套机组人员分工协作

在长航线上一般安排两班机组,飞行员可以在巡航时轮休,以保证飞行精力。执飞机组在巡航阶段(不负责飞行期间)需要不时查看飞行参数和飞机状态。当飞机开启自动飞行模式时,并不意味着飞行员可以离开驾驶舱,而是要时刻监控飞行路径,并与每个地面管制部门建立通信联系。

(二)机组资源的含义

机组资源是指在飞行任务的特定环境里的人机系统中的一切硬件、软件和人员,例如:个人专业技能,机组集体表现,飞机各系统、程序、文件资料,规章,飞行时间,飞行人员,乘客,其他有关人员……概括起来,机组资源应包括人力资源、设备资源、信息资源、易耗资源和其他资源。

(三)机组资源管理的主要内容

管理指为达到某一目的,而综合有效地利用一切可利用资源的过程。机组资源管理的核心是调动人的主观能动性,加强机组的协调配合,创造良好的沟通和平等友好的环境,有效地整合飞行员可用的所有资源,以最大限度地保持安全和效率。在机组资源管理中,高水平的个人技术能力是安全运行的基础,机组协作是在此基础上纠正个人失误、提高安全水平的有力保障。为了提高运行环节中飞行机组和其他成员之间的工作效率,机组资源管理的训练应扩大到驾驶舱外,应包括航空器签派员、客舱乘务员、维修人员及其他相应的公司小组成员。

机组资源管理的手段主要包括交流和简令、质询和反馈、机组力量调整、工作负荷控制和机组决策等。机组资源管理的表现决定整个机组情境意识水平的高低,也在某种程度上反映了一个机长交流和决策能力的强弱。情境意识指飞行机组在特定的时段里和特定的情境中对影响飞机和机组的各种因素、各种条件的准确知觉,也就是说飞行员要知道自己周围已经发生、正在发生和将要发生什么事情。情境意识中的情境包括飞行人员、飞机、环境、操作构成的一组情境,所以情境意识是每一位机组人员和整个机组的感觉、知觉的整合。机组成员的情境意识和飞行安全有直接的关系,情境意识越强,飞行就越安全。

信息交流技能是提高机组资源管理技能的核心内容。交流指在信息传递者和接收者之间的交换过程。机组信息交流能有效地利用驾驶舱内外信息资源,是提高机组处境水平的关键。信息交流包括人与机之间的信息交流和人与人之间的信息沟通。

决策是人们从多种可能性中做出选择的过程。飞行员的决策是指在判断的基础上从众多的可选方案中选择唯一方案实施行动的过程,决策是机组资源管理的一项主要内容。飞行员大量信息的获取是靠视觉、听觉及触觉等来感知的,通过对信息的分析、加工和处理而做出判断和决策。

可见,机组资源管理贯穿于整个飞行过程,程序、检查单等设计在很大程度上也是为了便于加强机组资源管理。所以，每每发生事故，其背后都能够看到机组资源管理不善的影子，很多事故的发生就是因为缺乏情境意识，沟通和配合不够，由此引发的严重不安全事件更是不胜枚举。

例如，1979年11月28日，新西兰航空901号班机在南极坠毁，造成257人遇难。据了解，当时新西兰推出了南极飞行观光之旅，当时的机长是第一次驾驶飞机飞越南极洲，由于当时南极洲天气不好，地面人员建议改航，可机长想见识一下南极风光，于是降低飞行高度。此时南极洲出现了乳白天空，大地和天空都是白色，根本分不清方向和高度，最终飞机撞上了雪山，机上人员全部遇难。如果机长能听从地面人员的建议，这个事故就不会发生。

在2013年11月17日晚上，从莫斯科飞往喀山的波音737客机在降落时发生意外，不幸坠毁，机上50人无一生还。事发后，俄罗斯政府成立调查组调查原因，6年之后公布了空难报告。该报告显示机长驾驶飞机出现问题，副机长没有及时更正，导致飞机进入了紧急状况。在此情况下，机长又因想要挽救飞机进行了违规操作，但是奇迹没有发生，飞机坠毁在跑道上。因机长错误操作导致成员无一幸免，此事给航空公司敲响了警钟，一定要加强飞行员管理，尤其是机组资源管理。本案例中，如果副机长及时更正机长的错误，也许事故便不会发生。

三、客舱乘务员与机组资源管理

客舱乘务员学习机组资源管理不仅可以加强团队合作，还可以了解飞行员工作的特点，特别是需要双方协同解决的问题，如航班延误、客舱中个人电子设备的使用及应急撤离、水上迫降、颠簸及其他天气的程序、管理旅客的程序、飞行中的医疗问题、禁烟和灭火程序、手提行李、机长的授权等，培养良好的沟通和处理问题的能力。

机组资源管理离不开客舱乘务员的协同与沟通。某年春节，为了适应市场的需要，航空公司增加了航次，某机组执行广州—郑州—新加坡包机任务。当飞行机组和乘务组完成各自的直接准备工作后进行协同时，机长所介绍的航线为广州—郑州—曼谷。乘务组听后，即刻向机长提出了疑问：为什么目的地是曼谷而不是新加坡？机长在协同会后即与有关部门联系，最后及时发现了错误，进行了修改。本案例中，乘务组通过机组资源管理发现并纠正了错误。

■ 知识关联

东航举办机组和乘务组陆地迫降协同演练竞赛

2006年9月4日，根据东航安全文化建设指导思想要求和客舱服务部安全工作既定计划，结合年初A330补充运行合格审定需要，为了确保客舱安全、提升应急处置能力，东航飞行部、客舱部、培训中心三方合作，在东航培训中心内组织了"2006年机组乘务组陆地迫降协同演练竞赛"。

本次大赛特邀民航局领导、东航股份领导、主管单位领导等嘉宾莅临指导。参赛选手共有四组，每组由各乘务部安全主管领导一名、飞行员一名、客舱经理一名、头等舱乘务员一名、普通舱乘务员两名组成。评审团由东航培训中心资深教员和飞行部、客舱服务部业务骨干组成。比赛内容分为机上和机下应急处置两大部分,包括客舱准备、应急撤离、急救(心肺复苏、各项包扎)、返舱等各环节。

赛前,吴副总经理进行了动员,各参赛队围绕着"安全第一、国泰民安"的主题喊出了群情激扬的口号。经过紧张激烈的角逐,最后由机长任远及客舱经理周海英所带领的参赛队脱颖而出,获得了本次竞赛的冠军。赛后,佟副总经理进行了总结,对各参赛选手的努力表示了亲切的慰问,并提出了"安全重在培训、教育,贵在遵章、落实"的工作方针。

任务二　机组团队协作

航空飞行是一种在机长领导下的机组成员的集体行为,机组各成员之间能否协调配合,特别是在特殊情况下整个机组是否有分工协作、有条不紊地处理各种瞬息万变的情况的能力,是保证飞行安全的关键。随着科技的发展,人为因素的内涵也随之改变,现在的飞行是在人的监控下进行的,人为因素控制不好,就有可能发生严重事故,人为因素对安全起着至关重要的作用。机组资源管理训练的每一个参与者,应该把自己看作是这个链条中的一环,从而与其他人紧密联系。每个参与者都要依靠其他人协助来完成一次保证安全的飞行运行任务。这个链条的强度取决于它最薄弱环节的强度。团结起来作为一个团队来工作,才能最大限度地保证所有工作结果的安全和有效。

一、影响机组团队协作的因素

(一)人员结构安排

根据《中华人民共和国民用航空法》对空勤人员的定义中规定:空勤人员包括驾驶舱飞行机组、客舱乘务组。根据《大型飞机公共航空运输承运人运行合格审定规则》规定,空勤机组人员应对旅客从登机开始至下机阶段的安全、舒适负责。可见,维护飞行安全是驾驶舱飞行机组和客舱乘务组的共同使命。本任务中,机组团队合作指的是驾驶舱飞行机组和客舱乘务组之间的团队合作。

团队协作的前提条件是每一个成员必须且能够胜任各自的工作,一个机组就是一个团队,不合格的成员将永远无法组成合格的机组,各成员之间的协作将直接影响团队的表现。

在我国大多数航空公司中,乘务组人员和飞行机组人员分别归属于不同的部门。一般飞行机组归飞行部,客舱机组归客舱部。他们之间相互独立排班,具有不同的职责、遵守不同的规章制度,由不同的行政管理部门。这种人员编制人为地增加了机上机组之间交流、沟通的距离。根据世界上成功的现代航空公司的经验,机组最好同属一个部门管理,这样有利于尽快、有效地解决飞行中出现的问题。

另外，由于治安形势原因，为确保飞行安全，航空公司制定了严格的驾驶舱及安全规定。在飞机上，驾驶舱门将两个不同区域截然分开，机组人员之间具有各自不同特点。

（二）人员之间的交流

交流的障碍会影响机组团队合作。

❶ 机组成员不愿交流的态度

由于个性的不同，个人可能会有不愿意交流的态度。个人自身的生活经历也会阻碍沟通活动。这是因为人们的态度的形成、强化或消解，在很大程度上是沟通经验积累和总结的结果。心理障碍是沟通中常见的阻碍因素，这种因素之所以能够对沟通起到阻碍作用，关键在于心理，不同的心理将会影响沟通的态度、行为和采用的方式方法。

❷ 机长、副机长、乘务长、安全员、乘务员之间的等级观念

等级观念也是交流的障碍。成员自身所处的职位、时机的限制，使得沟通变得比较艰难。比如与熟悉的飞行员交流的方式，可能与领导交流的方式不一样。再比如，机长、副机长和其他机组成员之间的等级关系，有时候也会阻碍飞行时的沟通与交流。

❸ 肢体语言与文字表述的冲突

交流也包括手势和肢体语言，肢体语言是一种无声的沟通，心理学家认为在重视言语传播作用的同时，还应强调非语言传播的作用及人们运用表情、姿态、手势、目光、服饰、人际距离、环境等传达的信息。人的交流至少有 2/3 是非言语性交流，即身体语言，这是一种更准确、更真实的表达方式，也是传递信息最有力的方法。当肢体语言表露出与言辞不一致的意思时，交流的效果就会降低。

❹ 由于工作负担过重而产生的负面情绪

机组成员在压力之下就会有减少交流的趋势，压力的大小会影响交流质量的高低。

❺ 不同的文化背景

不同的文化语境、不同地域的地貌差异，使人们的生活习惯和方式产生不同。通常来说，文化差异较大的双方进行交流可能存在较大的困难，因为任何交往都是建立在一定的背景平台的基础之上的。理解的能力不足的话，都将对沟通起到消极的作用。

❻ 不利的环境

不利的环境，比如噪音、温度、天气等原因，也会造成人们之间交流的障碍。例如，面对噪音大时人们会烦躁，温度高时人们会急躁，天气闷热时人们会憋气，等等。

以上这些都会构成交流的障碍，影响驾驶舱飞行机组、客舱乘务组以及二者之间的团队协作，影响飞行安全。

■ 知识关联

> **大韩航空缺乏团队协作造成差错的飞行事故**

1991年6月13日,一架波音727客机从济州岛飞往大邱市。飞行员未能正确执行降落步骤检查清单,导致起落架未能正确放出。机长鲁莽地命令副机长切断机舱警报系统来关闭令人烦躁的警报声。结果飞机在没有放下起落架的情况进行机腹着陆。幸好没有酿成伤亡。

1993年,大韩航空一架飞机在日本着陆过程中,由于气象原因在穿云后未能对准跑道,机组因意见不一致而发生冲突,机长认为可以落地,副驾驶却认为不能,要求复飞,冲突未能得到及时有效的解决,机长带着情绪继续操纵飞机落地,导致飞机在未进入跑道前触地发生了事故。

1997年8月6日,大韩航空801号班机(波音747-300,机身编号HL7468)从汉城(现首尔)飞往关岛阿加尼亚市。夜间飞机试图降落过程中,机组人员错误地将飞机下降至较预定高度440米低243米的高度,导致飞机在198米的高度撞上海拔216米的尼米兹山,17名机组人员和237名乘客中,只有3名机组人员和23名乘客生还。事后调查显示,机长未能正确执行非精确着陆程序,以及副机长和各机师未能互相监督机长的操作行为,是导致事故发生的主要原因。

1999年4月15日,大韩货运航空6316号航班(麦道MD-11,机身编号HL7375)从上海飞往汉城。在塔台纠正了机组人员多次报错的飞行计划后准许飞机起飞。在飞机爬升至4500英尺(约1.37千米)后,副机长听错塔台指示的高度。为尽快使飞机下降3000英尺(约0.91千米),机长鲁莽地推动操纵杆,导致飞机失速坠毁在上海虹桥机场西南10千米处的一工业开发区内,造成3名机组成员和4名地面人员死亡。

二、飞行组和乘务组之间的协作

(一)驾驶舱飞行机组和客舱乘务组之间交流合作的重要性

机组交流的目的是交换信息、建立共享的目标、指导飞行行为、建立一个友好专业的飞行环境。

在交流过程中,同一句话的意思会因不同的听众而不同,这与个人的文化水平、家庭背景、风俗习惯、工作环境等有关,同一条信息可能有差别很大的意思。例如,在我们国家点头表示同意,但在有些国家则正好相反,即"点头不算摇头算"。必要时,肢体语言(姿态、态度甚至是沉默不语)也可以传递重要信息。

客舱乘务组与驾驶舱飞行机组交流重要的手段之一是聆听,"我们被赐予了两只耳朵而只有一张嘴,因此我们应该听得多一些而说得少一些。"当然,客舱乘务组与驾驶舱飞行机组之间的交流绝不仅限于聆听,及时汇报情况也显得尤为重要。

■ 知识关联

> 机翼是洁净还是已结冰？

当天天气寒冷，而且还下着大雪，一架双发喷气客机正停留在保障条件十分有限的机场上。此时，该机飞行组看到了堆积在机翼上的雪，但是其中有些人认为这些雪在飞机起飞时可能会被吹掉。最后，飞行组就在机翼上积满冻雪的状态下操纵飞机起飞了……

飞行组判断：飞机起飞是安全的。

乘务组所见：

起飞前，乘务组通过客舱小窗户已清楚地看到机翼上积有冻雪，还担心能否安全起飞。但是乘务组只是跟客舱中没直接参与驾驶飞机的飞行员表达了这种关切心情，没有任何人到前面驾驶舱去问一下。

按照飞行组判断处置的后果：该机起飞后不久坠毁，并有20人丧生。

如果乘务组和飞行组能及时交流沟通，引起飞行组对机翼积冰冻雪的重视，飞行组绝不会在已知机翼上严重积冰雪的情况下还要起飞，而是在起飞前及时除冰，消除事故隐患。

（二）改善驾驶舱飞行机组和客舱乘务组之间沟通交流的方法

只有驾驶舱飞行机组与客舱乘务组之间保持良好交流，才能为飞行安全提供很好的保障。乘务组怎样才能够做到和飞行组一起推进飞行安全？乘务组如何协助飞行组做好飞行安全工作？

1 机组协同

机组协同的目的是促进机组成员间的沟通，提高机组成员间的团队精神，保证飞行安全。乘务组和飞行机组必须使用沟通顺畅的语言（中文或英文）进行沟通。长航线轮休时，需确保值班乘务员与飞行机组能够顺畅沟通。在进入航前协同阶段时，须以航空公司列明的协同内容和顺序与机组进行协同。乘务组必须于准备会结束后立即与飞行机组进行协同，与飞行机组协同时间一般为10分钟。

航前协同时机组人员之间应进行自我介绍，通报机组成员姓名和岗位。在人与人的交往过程中，第一次见面是至关重要的，它往往能影响到人们在今后交往过程中的态度。

2 沟通交流注意事项

机组沟通时应注意运用专业友好的语言。既然在同一个团队中工作，就要有团队协作精神，这应该建立在专业、友好的氛围基础上，不应带有个人的感情色彩，应充分体现出公平、公正、对事不对人的原则。

驾驶舱飞行机组在和客舱乘务组之间交流时应表示尊敬，注重双向反馈，只有相互尊重、理解、支持对方的工作，才能重视对方给予的各项信息，不至于因忽视重要信息而产生安全事故。

机组成员、乘务长应向机长报告一切危及安全的情况,哪怕是仅仅感觉有怀疑的事情都要及时报告,让机长做出最终判断并采取行动。

航空公司一般会建立相互协作配合的规范,以标准、统一的规章来指导和规范飞行组与乘务组之间的交流。

■ 知识关联

机长和乘务长互殴,团队协作亟待加强

2021年3月6日,社交媒体上传出一则消息,称某航空公司的航班上,机长与乘务长发生争执,在飞行过程中相互殴打,机长将乘务长手打骨折,乘务长把机长门牙敲掉半颗,打斗时间发生在落地前50分钟。

3月7日下午,该航空官方微博发布声明称,针对公司近期机组人员涉及机上纠纷事件,公司高度重视,立即严格进行内部核查,为确保安全运行,涉及人员已第一时间停止工作,公司对由此而产生的不良影响表示诚挚歉意。

3月15日,民航局召开新闻发布会。据新华视点消息,民航局航空安全办公室副主任在例行新闻发布会上表示,针对近期某航空机组空中纠纷事件,民航局高度重视,民航中南地区管理局第一时间成立专项调查组,开展调查工作。同时,民航局成立了安全整顿督导组,进驻该航空全面开展安全督导整顿工作。目前,民航相关调查工作已基本完成,依据相关规章,处罚意见如下。

(1)对该航空采取暂停受理新增航线、航班、加班和包机申请以及限制运行总量的处罚措施。

(2)对涉事机长撤销航线运输驾驶员执照权利及商用驾驶员执照权利。

(3)对涉事乘务员采取相应行政处罚。

(4)要求该航空按照公司管理制度对当事人及相关管理人员进行严厉追责。

(5)民航局和中南地区管理局将依据持续督导检查的情况对相关单位和责任人员进一步严肃问责。

对事件当事人涉嫌的违法行为,民航局公安局已指导该省公安厅机场公安局依法开展调查。

民航局强调,安全是民航业的生命线,全行业必须始终把保证人民生命安全作为头等大事来抓,按照我国民航的规章标准和国际民航组织的有关规定,进一步完善法律法规,对包括飞行员、乘务员在内的各类安全从业人员严格要求、规范管理。

值得注意的是,这是民航监管部门第二次对此事发声。民航局对该事件强调要坚持"四个最"(最严格的监管、最严明的责任、最严厉的处罚、最严肃的问责)、一个"零容忍"(对安全隐患零容忍)。对于该事件反映出来的问题,民航局表示会认真分析产生原因,确保民航行业持续安全平稳运行,满足人民群众对安全优质民航服务的需求。

(三)驾驶舱飞行机组与客舱乘务组配合规范

驾驶舱飞行机组与客舱乘务组配合规范为保证飞行安全、规范飞行组与乘务组的协作配合、完善民航飞行运行手册的相关内容和飞行组与乘务组的联合训练提供了正确的指导。

(1) 执行航班任务的责任机长(被指派为当班飞行航班任务的责任机长)对飞行安全负全责。全体机组成员必须在机长领导下密切配合，共同完成飞行任务，保证飞行安全。

(2) 责任机长对飞行安全和紧急情况下的处置具有最高指挥权。

(3) 责任机长因特殊原因无法履行其职责时，副驾驶替代机长行使指挥权，对飞机和乘客安全负责，行使指挥权。

(4) 乘务组对乘客在客舱的安全和舒适负责。

(5) 飞行组和乘务组必须密切配合，采取可行有效的措施保障飞行安全。

三、机组团队协作的主要表现

(一)正常情况下的机组联络协作

1 驾驶舱和客舱沟通协作

(1) 协作准备。

执行远程航班、专机和其他的特殊航班，飞行组和乘务组应按要求在飞行前进行协作准备。协作准备会由机长主持。

(2) 登机后协作。

由机长召集全体机组成员进行协作。协作的内容包括航班及天气通告、空防预案、紧急情况处置预案、服务及其他须通告的事项。

(3) 关机门前向机长报告。

所有旅客登机完毕，客舱乘务员向机长报告，确认没有延误关门的其他事项，关闭舱门。所有客舱门关好，滑梯预位，客舱各项安全检查落实，安全示范完成，乘务长通过内话系统向驾驶舱报告"客舱准备完毕"。

(4) 起飞前机组信息。

当起飞前机组执行检查单时，将"系好安全带"灯连续亮两次。乘务长再次向乘客广播："女士们、先生们，我们的飞机很快就要起飞，请您再次确认您的安全带已经系好。谢谢!"

(5) 起飞后。

机长关闭"系好安全带"灯，并发出相关指示后，机上人员才可以解开安全带离座。

(6) 巡行中遇颠簸。

机长应及时启亮"系好安全带"灯；乘务长应向乘客广播；远程航线在夜间飞行时，"系好安全带"灯始终保持在明亮状态。

(7) 下降前广播。

乘务长应向乘客广播，乘务组开始进行下降前的安全检查。设有吸烟区的航线，机长应启亮"禁止吸烟"灯，乘务长要及时广播关闭吸烟区的通告。

(8) 着陆前向机长报告。

客舱各项安全检查落实后，乘务长通过内话系统向机长报告"客舱准备完毕"。

(9)着陆前机组信息。

当着陆前机组执行检查单时,将"系好安全带"灯连续闪亮两次。乘务长再次向乘客广播:"女士们、先生们,我们的飞机很快就要着陆了,请您再次确认您的安全带已经系好。谢谢!"

(10)落地后滑行到机位停稳。

驾驶舱机组熄灭"系好安全带"灯;乘务长通过 PA 系统发出滑梯解除预位的指令;客舱乘务员将滑梯解除预位后,逐一向乘务长报告。确认可以开舱门后,打开舱门,证实廊桥或客梯车靠好后,让乘客下机。

(11)必要时,机长可召集全体机组成员进行飞行后讲评。

2 驾驶舱和客舱沟通协作的规定与要求

(1)在航空器所有舱门已全部关好时,乘务组应向驾驶舱机组发出"客舱准备好"通知,驾驶舱机组请求允许推出飞机。

(2)起飞前和着陆前驾驶员按程序要求扳动"系好安全带"信号牌开关两次,发出准备起飞和准备降落的通知。客舱接到通知后,应给驾驶舱信号以通知驾驶舱机组"客舱准备好"。

(3)客舱乘务员要进入驾驶舱,都要用内话机提前进行联络。

(4)在发动机起飞、着陆等关键飞行阶段,客舱乘务员不得进入驾驶舱报告并不重要的事宜,有事通过乘务长进行报告。

(5)着陆到达时间信息由乘务长一人与机组联系获得,其他客舱乘务员不得不分时间进入驾驶舱或打电话,干扰驾驶舱内人员操作。

(6)乘务长向机组报告。

下列情况必须向机长报告:起飞前报告客舱乘务员到齐,报告有关准备情况;直接准备工作就绪,清洁完毕,乘客可以登机;乘客登机中遇到的不正常情况;乘客登机完毕,落实机组成员全部登机,乘客舱单、业务袋、申报单到齐后关机门;客舱门关闭,舱门分离器操作完毕;航空器起飞、降落前各项安全检查落实后,传达乘客要求和不正常情况。

(7)客舱乘务员在驾驶舱的规定。

客舱乘务员不得在驾驶舱逗留,与机长闲谈;不得使用无线电通信设备和扳动驾驶舱设备;起飞、着陆、飞行关键阶段不得进入驾驶舱。

客舱乘务员给机长送餐、收餐盘时必须避开中央操纵台上空间,不得在中央操纵台上方传递,防止餐盘水杯翻扣在中央操纵台上,液体溢出污染设备,导致电器开关短路,造成设备失效。给观察员送餐时,不得同时传递两餐盒以上叠摞的餐盘,加水和送餐要远离中央操纵台,飞机处于颠簸、不稳定状态时,不能送餐。

(二)应急情况处置时的机组联络协作

1 应急撤离时沟通协作(以有计划准备的撤离为例)

(1)应急撤离准备。

①机组与乘务长沟通。

由于飞行中可能出现的各种不利因素,导致飞机必须进行陆上或水上的迫降和撤离时，必须由机长做出决定。当机长做出迫降的决定后，机组按应急处置的分工进行处置操作，并在条件允许的情况下通知乘务长，报告情况和请求救助："紧急情况！乘务长速到驾驶舱。"乘务长："明白，马上到！"乘务长到驾驶舱后，机组应告诉乘务长迫降的原因、迫降的环境、迫降的时间，要求其组织客舱乘务员按应急处置方案进行撤离的准备。

②乘务组协作。

乘务长向乘务员传达机长的决定；乘务长要求客舱乘务员按广播的程序进行准备工作；客舱乘务员完成每一项准备工作后向乘务长报告；协作工作完成后向机长报告。

(2)协作撤离处置。

机长或机长委托的机组成员向乘客广播迫降的决定，要求乘客听从客舱乘务员的指挥，做好迫降前的准备工作。乘务组做好迫降准备后乘务长向机长报告："客舱准备完毕！"机长："明白，乘务员各就各位！"乘务长通过乘客广播系统发出指令："乘务员各就各位！"客舱乘务员听到指令后，要迅速坐在指定的位置上，系好安全带。飞机着陆（或着水）前一分钟，驾驶舱向客舱发出警告指令："一分钟后着陆（着水）。"飞机着陆（或着水）前20秒，驾驶舱向客舱发出最后指令："全体人员注意！抱紧防撞！"或"系好安全带"灯连续闪亮两次。听到指令，客舱乘务员大声命令乘客："抱紧防撞！"并迅速做好自己的防冲撞姿势。飞机停稳后，乘务组按照应急撤离程序指挥旅客撤离。

驾驶舱机组成员按照快速撤离项目进行；撤离前机长要关闭发动机和切断电源；机长组织驾驶舱人员撤离；机长最后离开飞机。撤离后全体机组成员进行旅客安置并组织救护。

整个撤离过程驾驶舱机组和客舱乘务组之间各司其职，分工明确。在完成自身任务的同时保持沟通交流，按照机组资源管理训练要求完成有计划撤离任务。

(3)有计划撤离的指挥替代原则。

在准备撤离时由机长明确替代顺序（机长、第二机长、副驾驶），在驾驶舱机组未能发出撤离指令的下列情况，由乘务组发出指令，并对后果负责。

出现机长未能发出撤离指令的如下特殊情况：飞机出现火灾、有异常的烟雾、燃油严重漏出、机体明显破损、飞机已进水和发出异常的声响，乘务长可以向客舱人员下达撤离指令。

■ 知识链接

京监局对首航机组和乘务组联合训练开展检查工作

中国民用航空网讯：为落实中国民航局《关于开展飞行机组和客舱乘务员联合训练检查的通知》要求，我局于2015年10月24日至26日，由主任运行监察员杜世民和客舱主管监察员宋伍满组成检查组，开展了对北京首都航空有限公司（简称首都航空）驾驶舱飞行机组和客舱乘务员联合训练的评估检查。检查评估情况如下：

(1)观摩了3场次驾驶舱飞行机组和客舱乘务员复训理论教学与联合训练操作课程；

(2)由局方监察员对参训人员进行了颠簸、释压、客舱着火、飞机组失能、水上迫降、无准备陆上应急撤离等科目检查评估；

(3)检查了实施联合训练的教员的资质和联合训练记录。

经检查,检查组认为该公司干租川航培训中心模拟设备能够满足首都航空机组联合训练的要求,同时首都航空应进一步完善培训教员的储备力量和应急课件的内容,加强驾驶舱飞行机组与客舱乘务员在应急联合训练上的协同配合,提高机上应急处置能力。

(资料来源:http://www.ccaonline.cn/news/item/14661.html)

❷ 飞机释压时的沟通协作

飞机释压,驾驶舱飞行机组迅速戴好氧气面罩,建立机组通信,按照快速检查单的记忆项目进行处置。机长向客舱广播:"各位旅客,现在飞机客舱释压,飞机在急速下降,请系好安全带,戴好氧气面罩,在得到机长的通知前不要取下。严禁吸烟。"

客舱乘务员马上停止服务工作,尽可能迅速回到原位。固定好物品,系好安全带,戴上氧气面罩。同时大声命令:"拉下面罩,吸氧,不要吸烟,系好安全带!"并且观察周围情况,帮助指导乘客使用氧气面罩,等待机长指令。

如果观察到飞机结构受损(舱门、窗户以及因爆炸或其他原因引起的机体受损),应通过内话系统立即向机长报告。

到达安全高度,机长向客舱广播:"各位乘客,我们的飞机已经到达安全高度,您可以解除氧气面罩进行正常呼吸,严禁吸烟。"客舱乘务员完成客舱检查,对受伤乘客实施救助,乘务长将客舱情况向机长报告,并听取机长进一步的指示和要求。

❸ 机上发生火灾时的沟通协作

机舱出现火情,客舱乘务员应迅速做出判断,确认火情的起因、位置和烟雾情况,通过紧急呼叫报告机长,同时采取相应的灭火措施。乘务长要向乘客广播,安抚乘客,维持客舱秩序。乘务组完成灭火工作后,应向机长报告和广播通知乘客。

机长应了解火灾的位置、采取的措施并关闭受影响区域的电源。如客舱有烟雾,必要时进行除烟程序,同时与地面联系,根据火灾的性质做出正确的决定。当机上火情无法控制或影响正常的安全飞行时,机长应决定紧急迫降,并将此决定和着陆(着水)后是否需要撤离通知乘务长。要根据迫降时间的允许性,执行有计划准备的迫降撤离程序或是无计划准备的迫降撤离程序。

■ 行动指南

机组与乘务组特殊情况处置协作原则

1.违反吸烟规定的乘客

违反吸烟规定的乘客,乘务员要立即制止其行为,态度要严肃但有礼貌,将相关的法规告诉乘客,并检查可能受影响的区域,并向乘务长和机长报告。对不听劝告,或造成不良后果,以及危害飞行安全的乘客,机长应事先通知地面公安机关,到达第一个降落站时,将其交地面公安机关处理。

2.违反使用电子设备规定的乘客

违反使用电子设备规定的乘客,乘务员要立即制止其行为,将相关的法规告诉乘客,并询问乘客是否有特别情况需要帮助。如果乘客对乘务员的劝告置若罔闻，恣意违反，乘务员应向乘务长和机长报告，采取必要的措施，到达第一个降落站时，将其交地面公安机关处理。

3. 扰乱客舱秩序和其他机上违法行为的旅客（酗酒、斗殴等）

扰乱客舱秩序和其他机上违法行为的旅客（酗酒、斗殴等），乘务员要立即进行劝阻和制止，必要时由安全员依法进行处理，必须及时有效制止，防止事态扩大，并报告乘务长和机长。到达第一个降落站时，将其交地面公安机关处理。

4. 机上发现危险物品（易燃、易爆、腐蚀、毒害、放射性物品，武器，凶器等）

如机上发现危险物品（易燃、易爆、腐蚀、毒害、放射性物品，武器，凶器等），乘务员要立即报告机长、安全员和乘务长，安全员应迅速控制处理危险物品，机长应根据情况采取下降、释压、备降等措施，并通知有关部门。

5. 机上遇有患重病乘客

如机上遇有患重病乘客，乘务长应马上报告机长，与地面有关部门联系，根据情况及时采取相应的救护理措施。乘务员应向患病乘客的随行人员了解有关情况，寻找医务工作者进行救助，在飞行过程中要做好病人的情况记录、手提物品的保管。了解病人的通信家庭住址等有关情况。最好寻找随同者，注意周围旅客的证人作用和证词。

6. 机上遇到劫机

如机上遇到劫机，乘务员应设法了解劫机犯的人数、武器等情况，迅速报告机长、安全员和乘务长。乘务组要密切配合，安抚乘客，要求乘客系好安全带，设法阻止劫机犯进入驾驶舱，并听从机长指挥，配合安全员做好反劫机的各项工作。机长应迅速将遇劫信息报告各有关部门，根据乘务员和安全员提供的信息做出处置的决定和措施。同时，根据协作指定的防劫预案，进行机动飞行和传递信息。

7. 延误、等待、返航、备降、加降等特殊情况

由于天气、机械故障、交通管制、商务等原因造成航班延误、等待、返航、备降、加降等特殊情况，机长应及时将信息通知乘务长，以便乘务组采取相应的措施。必要时，机长应通过广播系统向乘客广播，做出解释和取得谅解。

项目训练

1. 请模拟乘务组航前准备会结束后与飞行组进行协同的过程，时间不少于10分钟，做好飞行安全预案。

2. 情景模拟：模拟机组资源管理训练。

3. 上网查找因机组资源管理不善而造成过错导致的空难，并分析其发生过程及应对举措。

敬畏规章篇：民航安全管理体系与法律规章

本篇提示："敬畏生命,敬畏规章,敬畏职责"体现了当代民航人应有的职业操守和作为当代民航人的奋斗目标,其中"敬畏规章"是对客舱乘务员的基本要求。

《中国民用航空规章》(CCAR－China Civil Aviation Regulations),是指由中国民用航空主管部门——中国民航局依据《中华人民共和国民用航空法》和《国际民用航空公约》制定和发布的关于民用航空活动各个方面的专业性、具有法律效力的行政管理法规。在中国境内从事民用航空活动的任何个人或单位都必须遵守其各项规定。为了和国际上的民航有关规定协调,《中国民用航空规章》按国际通行的编号分为许多部。

规章所规范的内容,相关法律、法规已有规定的,只能对其相关条款进行细化,或根据相关条款对具体操作办法和实施细则进行规定,不得与相关法律、法规相抵触;没有相关法律、法规规定的,可以根据中国民航局的职责范围,对涉及的内容进行规定。

"敬畏规章"体现了民航业的运行规律,是安全理论与实践经验的高度统一,要通过深化作风建设,努力把规章外在的强制要求转化为员工内在的自我约束,真正做到按章操作、按手册运行,真正做到规章执行令行禁止。只有遵守规章才能帮我们守住安全的底线,才能给我们带来平安幸福。每一条规章的制定与修改的背后都可能是惨痛的代价换来的。因此,我们更要敬畏规章。

本篇在前两篇实践和岗位职责的微观基础上进行理论提升,从宏观角度概述了民航安全管理体系、民航法律与规章两部分内容,主要包括安全系统建立、安全监察、事故调查、安全管理体系概述、国际民航安全管理体系、中国民航安全管理体系、国际航空安全保卫法律与规章、我国航空安全保卫法律与规章。通过学习,使应急处置和乘务员安全管理职责有法可依、有规章可循。

面对规章制度,要用积极的心态,学习它编写的目的和背后的逻辑,把规章制度转化为内在的行为指导去约束自身行为,如此便能举一反三,即使面对突发情况,也能沉着应对。

项目十二　民航安全管理概述及体系

项目目标

- **知识目标**
  1. 了解民航安全的重要性,国际民航组织对安全的要求。
  2. 熟知国际民航安全管理体系的定义及内容。
  3. 掌握中国民航建立安全管理体系的要求和民航安全管理体系的内容。
- **能力目标**
  1. 能根据中国民航安全管理体系的宏观要求,完成客舱安全管理微观工作。
  2. 能在实际应急处置和安全处置的工作中进行理性思考,从民航安全管理体系的角度分析当前的工作,做好安全工作预案。
- **素质目标**
  1. 根据航班所飞地区的国内外地理环境和人文环境实际情况判断与安全有关的各种可能性,做好飞行安全预案,养成防患于未然的职业习惯。
  2. 一旦发生安全事件,严格遵循安全管理体系的要求,按照民航规章和乘务员工作手册处置。随时纠正学生的错误认识与做法,让他们明白遗漏任何一个环节都会造成事故,培养他们精益求精的工匠精神。
  3. 任何时候都要关注每一位旅客,及时发现所有事故隐患,绝不粗心大意,绝不掉以轻心,一定要"敬畏规章"。

知识框架

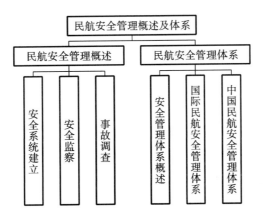

 **项目引入**

伊春空难应急救援

2010年8月24日21：38：08，河南航空有限公司机型为ERP-190、注册编号为B-3130的飞机执行哈尔滨至伊春的VD 8387航班任务，在黑龙江省伊春市林都机场30号跑道进近时，在距离跑道690米处坠毁，部分乘客在坠毁时被甩出机舱，机上有乘客91人，其中儿童5人。事故造成44人遇难，52人受伤，直接经济损失30891万元。该事件应急救援分为以下几个层面。

1. 积极搜救

2010年8月24日09：39，伊春市公安消防支队迅速调集7个消防大队160名指战员、32台消防车赶赴现场，伊春军分区派出50余名应急分队队员奔赴现场，同时民兵应急分队集结待命，按照伊春市救援指挥部的命令立即在飞机坠毁处方圆500米范围内进行搜救，采取拉网式地毯式搜救方式，组织开展遇险人员搜救工作。23：34，飞机明火被全部扑灭。伊春市公安机关各警种紧急出动，相继投入780余名警力，全力扑救飞机大火和救援事故中的遇险乘客。

2. 伤员救治

事故发生后，伊春市迅速启动《伊春林都机场医疗救援应急预案》，开通绿色通道，伊春市中心区4家医院300名医护人员投入抢救，市中心血站和各家医院紧急调配血浆和药品救治伤者。伊春市政府在伊春林业中心医院成立了医疗救援领导小组，伊春市共投入救护车20余台，全市4家医院共收治伤者54名。8月25日00：50，黑龙江省卫生厅调派的哈尔滨、佳木斯、鹤岗等医疗救援队60余位专家、20台救护车已陆续赶赴伊春市，并立即到指定医院展开救治工作。

3. 事故调查

事故引起中共中央、国务院和公安部等领导的高度重视。2010年10月28日，国务院黑龙江伊春8·24特别重大飞机坠毁事故调查组正式成立，国家安监总局（现应急管理部）副局长任事故调查组组长，安监、监察、工会、民航等部门都参与其中。调查组下设综合、技术、管理、专家4个小组，安监总局监管二司司长明确了调查组肩负的职责。黑龙江省委书记，省委常委、常务副省长，省委常委、政法委书记，副省长等第一时间打电话，指挥伊春市抢险救援，并连夜赶到伊春。伊春市委书记、市人大常委会主任、市长等第一时间来到事发现场，同时启动突发事件应急预案，迅速成立了抢救组、灭火组、宣传组、医疗组和后勤保障组。

4. 事故结论

该事故属可控飞行撞地，事故原因为飞行员失误。河南航空有限公司于2010年8月30日公布了飞机坠毁事故遇难旅客赔偿标准，每位遇难旅客赔偿总额为96万元，2013年11月28日，黑龙江省伊春市伊春区人民法院正式开庭审理8·24黑龙江伊春坠机事故，伊春空难机长受审，被认定为涉重大飞行事故罪。

问题思考:
1.从安全管理系统角度分析伊春空难及其紧急救援。
2.上网搜集本案例资料,分析该案例中乘务员的表现,如果你是飞机上的乘务员,应该怎么做?
3.你从以上案例得到什么启示?

任务一　民航安全管理概述

保证生产安全、保证民用航空运输业的安全运行是一个国家民用航空运输业得以健康发展的首要条件。因此,航空运输业中的所有利益相关方,包括民航当局、航空公司、机场、导航服务和旅客都应竭尽全力,为实现这个安全目标而共同协作。从更大的范围来说,建立一个安全的航空运输系统不仅是各个国家自己的目标,也是国际民航组织(ICAO)所有成员国的目标。因此,在制定减少事故的措施时,要把与航空运输相关的所有组织和所有流程都考虑进去,并通过系统化的方法实现目标。

民用航空运输业的安全运行分为三个环节:一是安全系统建立(包括安全法规制定);二是安全监察;三是事故调查。

一、安全系统建立

(一) 民航安全界定

安全是一种确保人员和财产不受损害的状态,安全可以定义为没有风险。安全是一种状态,即通过持续的隐患识别和风险管理,将人员伤害或财产损失的风险降低,并保持在可接受水平或以下的状态。

绝对的安全是不存在的,安全工作就是通过采用风险预测、风险评估、风险防范、风险控制等一系列办法,将风险降到尽可能低的、安全管理层能够接受的程度。

随着生产力的发展,人类对安全的认识也在不断提高,国际民航组织列举了很多民航安全的含义,具体如下。

(1)零事故或严重事故征候。
(2)员工对待不安全行为或状况的态度,反映企业的安全文化。
(3)航空业对风险的可接受程度。
(4)事故损失(人员伤亡、财产损失以及对环境的损害)的控制。

安全系统包括保证系统安全规则的建立、安全规则的落实、安全规则落实程度的监察、出现安全事故的调查和对安全规则和安全系统的重新修订。安全规则,有时也称为"技术规则",就是用来起尽可能消除风险的作用。安全规则的落实程度也需要监察,航空运输系统的安全监察就是监督航空运行活动,保证其按照安全规则进行。

(二)安全管理系统与系统安全

安全管理系统是整个系统安全中的一个核心部分,安全应该贯穿在每项工作中。当然,安全管理系统的建立有助于全面降低风险,提高安全水平。因为安全管理系统除了有安全规定和安全规则来控制系统安全外,还会要求有一个积极的、清晰的安全管理方法、思路和程序来保持或提高航空安全水平。系统安全的一个基本概念是即使在有人为因素出现的情况下,组织因素也是事故的根本原因。为了消除这些因素,我们必须用建立安全战略的方式来设计航空活动和系统。换句话说,我们不仅要检查而且要设计安全。

上述这种对安全进行管理的思路我们称为"安全管理系统"(Safety Management System,简称 SMS)。安全管理系统的定义是管理安全风险的一个系统化的、清晰的和完全的流程。

按照 ICAO SARPs 附件 14 的规定,从 2005 年 11 月 24 日开始,ICAO 对所有机场获得取证的一个基本要求就是建立安全管理系统。但由于 SMS 可以带来潜在的好处,许多国家的民航当局也开始要求航空公司和航空导航服务实施这项计划。FAA 就已经对美国前十大航空公司提出实施这项计划的要求,加拿大民航当局也要求加拿大导航在私营化过程中必须建立安全管理。在未来,当 ICAO 对 SARPs 的附件进行修改时很可能会把对航空公司和航空导航服务建立安全管理作为强制要求写入附件内。

二、安全监察

安全规则的落实及系统安全的建立与运行需要监察。航空运输系统的安全监察就是监督航空运行活动,保证其按照安全规则进行。

(一)建立安全监察系统

由于航空运行中的安全属于公共安全的一部分,所以政府一般是保证航空运输系统安全运行的主要责任人,即安全监察是国家的一项基本责任。航空运输系统安全责任包括航空运输系统中的安全和其他公众的安全。为了保持高水平的安全,国家必须建立安全监察系统,安全监察系统包括以下要素。

(1)进行航空立法,因为立法是保障安全的基石。立法要求必须和《国际民用航空公约》这样的国际责任相一致,立法是民航当局开展其工作所需的法定权力的来源。

(2)建立操作性规则,以定义操作者应该遵循的程序。一般而言,一个要求的程序也就定义出了一种可接受的安全水平。

(3)作为航空立法工作的执行者,民航当局负责更新规则,监控航空运输系统以保证其符合性。

(4)航空立法中应该包括合格的技术人员,即具备其工作领域的专业知识的人员要求。

(5)为了方便操作者保持与立法要求的一致性,文件和指导性材料应提供如何应用规则的详细方法。

(6)立法还采用颁照和发证的形式,保证只有那些能够满足规则要求的人员和操作者能够获得操作许可。

(7)民航当局的监督人员采用检查、审计等持续监控工作手段,保证规则的符合性、持续性。

(8)关于安全工作改进的决定是从各个运营者身上出现的飞行事故、事故调查和事故报告中分析得来的,这些分析结果的唯一作用是采取纠正措施。

(二)普遍安全监督审计项目

1 普遍安全监督审计项目简介

为了保证各国民航当局对安全进行足够的监察和监督,使民航运输系统符合安全标准,ICAO 实施了普遍安全监督审计项目,即 USOAP。这个项目是针对民航当局的。2003年,蒙特利尔航行会议提出扩大普遍安全监督审计项目的要求,把对民航当局的审计工作扩展到附件 11 和附件 14 的范围,即增加对空中导航服务和对机场的审计。

ICAO 发现,安全监察最少的国家是事故率最高的国家。

USOAP 包含由国际民航组织在其缔约国内展开的、定期的、强制性的、系统的和协调一致的安全监督审计,以便评估对国际民航组织标准和建议措施(SARPs)的执行水平,查明安全缺陷,并提供解决建议。该项目自 1999 年 1 月开始启动直至 2004 年底,共审计了181 个缔约国,163 个缔约国接受了根据国家纠正缺陷行动计划所开展的后续审计。在 USOAP 审计过的国家中,已经发现下列问题。

(1)没有有效的法律、政策、程序和指南。

(2)没有清晰建立的安全要求。

(3)没有应用 SARPs。

(4)没有取证、检查和监管行业的计划。

(5)没有训练政策和训练项目。

(6)组织缺少自我调节的能力。

(7)没有识别出安全问题。

(8)没有安全问题的决议。

为了实现全球航空运输运行的安全,ICAO 强调每个国家负有对本国航空安全监督的责任,这是《国际民用航空公约》的基本原则之一。2006 年,在全球航空安全战略的民航局长会议上提出的进一步增进全世界航空安全的建议中,提出了要通过进一步改进 USOAP 的工作方法,加强安全监督。改进点包括改进 USOAP 审计方法、缩短审计间隔等。ICAO 同时呼吁加强协作,优化资源利用,鼓励有技术资源的缔约国帮助那些在安全监督责任落实上能力不足的国家。

2 国际航协运行安全审计计划

除了加强对民航当局的审计外,国际民航组织也要求加强对航空公司的安全审计。国际航协运行安全审计计划(IOSA)就是航空公司安全管理的第一个全球标准。自从 2003年该计划实施以来,占 70%的国际定期航班交通量的 150 多家航空公司都接受了 IOSA 的审计,目前登记册上共有近 100 家航空公司。IOSA 登记册载于国际航协网站,向公众开放。该登记册补充了国际民航组织的普遍安全监督审计计划,并得到许多国家政府的认可。到 2007 年底,加入 IOSA 登记册是成为国际航协会员的一项条件。

三、事故调查

事故调查是系统地进行安全管理的一项要求,因为安全的提高总是通过不断改进获得的。而通过对安全事故、事件的调查,了解不安全事件产生的真正原因并采取相应措施避免再次发生是消除这些不安全因素、降低风险的重要方法。

根据各国民航当局职责的不同,事故调查的责任可能被设置在不同的组织机构中。根据事故调查发现,很多事故的原因也包括民航当局未能及时制定相关技术法规或者监管不力。因此,如果由民航当局负责事故调查,它可能会回避自己在安全事故上的责任,因此很多国家都会将事故调查工作授权给另一个独立的部门来执行。比如,美国的事故调查是由交通部所属的一个调查委员会来执行的,而中国则是由应急管理部牵头执行的。

事故调查的目的是防止类似事件和事故的再次发生,而不是追究责任和指责某人或某单位。事故调查完成后会公布调查报告,报告不仅给出事故的原因分析,还包括深层次的原因分析、结论以及建议采取的安全措施等。

为了做好事故调查工作,找到事故的真正原因,事故发生后,一般会要求事故发生国保护好相关证据、保持受影响的飞机的状态,一直到事故调查不再需要时为止。

不论何时发生事故,事故发生国必须通知下述国家和组织。

(1)登记国:飞机被登记的国家。

(2)运营国:航空公司作为基地的国家。

(3)设计国:设计飞机的国家。

(4)制造国:与设计国不同,比如飞机可以通过设计国的许可在另一国制造。

(5)ICAO:当出事飞机的质量超过 2250 千克时。

所有上述国家和组织必须提供完成事故调查工作需要的信息,这些国家和组织可以指定一名代表参加事故调查。

另外,如果事故发生在非会员国内,事故调查工作将由登记国负责。

事故调查当局可以没有任何限制地对事故进行调查。这个要求必须写在国家的法律框架内。这也是为什么大多数国家已经通过立法建立了独立于民航当局以外的一个事故调查组织的原因。事故报告通常也是公开的,这样便于大家学习和总结经验,人们不仅知道发生了什么,而且还可以知道如何去防止事故发生。

按照《国际民用航空公约》相关条款的要求,每个国家(委托给本国民航当局)应该负责该国航空运输系统的安全,但是 ICAO 发现很多国家未能很好地实施这项监管责任。1999年,ICAO 通过决议开始实施普遍安全监督审计项目(USOAP)。通过审计,找出该国民航当局在安全监管上的问题,并要求该民航当局制订行动计划和执行改正措施,执行情况将及时反馈 ICAO,以便于 ICAO 进行跟踪审计。为了实现整个系统的安全要求,从 2005 年11 月起,所有机场必须建立自己的安全管理系统,而且该要求还将逐步扩展到航空公司和航空导航服务。因为建立安全管理体系可以减少航空业的事故率。进一步加强航空公司的安全管理工作也是 ICAO 的一项要求,因此国际航协运行安全审计计划也正在执行中。

任务二 民航安全管理体系

一、安全管理体系概述

安全管理体系,就是通过对危险进行有效的管理来保证航空营运人的健康运行的主动措施。简单来说,安全管理体系的本质由三个部分构成:安全、管理、系统。

安全管理体系是国际民航组织倡导的管理安全的系统化方法,它要求组织建立安全政策和安全目标,通过对组织内部组织结构、责任制度、程序等一系列要素进行系统管理,形成以风险管理为核心的体系,并实现既定的安全政策和安全目标。

(一)安全

安全管理体系建立的核心和目标就是安全。什么是安全呢?举个例子:一架飞机的机组氧气面罩失效,这架飞机能不能起飞或者是不是安全呢?有人可能会说:"没事,氧气面罩是在应急时候使用的,正常情况下飞机是安全的。"也有人会说:"飞机一旦出事,氧气面罩又不能使用,飞机就是不安全的。"针对飞机是不是安全这个问题,我们不能主观臆断,要用风险评价的方法对其评价,得出的风险值超过了设定的安全值时,就是不安全的。

这样的安全定义可能完全颠覆了传统思维中人们对安全的理解,感觉可能更抽象化了。但是只有这样才能更客观、理智、科学地评价安全这个概念。

(二)管理

要想实现安全这个目标,就要运用管理的手段。什么是管理呢?传统的管理可能被理解为管理人、物或事件,甚至被理解为简单粗暴的处置。而这里的管理可以定义为使用质量管理技术进行安全保证,是为了达到安全目的,对安全相关的运行和支持过程持续进行的质量管理。在管理之前,要对潜在的危险源进行风险评价,若超出了可控的允许范围,就需要对此采取风险控制措施。举个例子:飞机某一块盖板上少了一个螺钉,根据风险评价后得出此风险的量化数值超过了可允许范围内的数值,管理者随后要求维修人员对其进行修复,并且以后也会一直关注。这就是一种质量管理行为,目的是使飞机能更安全运行,而且管理者每天会持续地对飞机的安全运行进行监管,它是一个动态的管理过程。

(三)系统

安全管理体系是在一定的系统内部建立的,是有范围的。什么是管理呢?系统就是一组相互作用的、相互关联的或相互依赖的要素组成一个统一的整体。对航空公司而言,整个航空公司的有关安全运营的各项相关内容构成了一个系统,它们相互作用、相互影响,最终是为了实现共同的目的——用飞机安全、正点地把旅客送往目的地。

对航空营运人来说,此系统就是航空公司,它的任务是把旅客或货物安全、正点地从一地运送到另一地。在这个运输的过程中,目标是否能实现取决于飞行、客舱、机务、签派等相关职能部门的正常运行与否。因此,部门之间相互配合、相互协调成为完成生产任务的关键。

在已确定的系统内,首先运用风险评价的方法对可能发生的危险进行评估,其次利用量化的结果对可能发生的危险进行定性,最后提出风险控制方法,把危险消灭在萌芽状态。通过这样的管理方法持续地对各个部门进行安全管理,从而保证航空公司的安全正常运行。

安全管理体系的建立是现代安全管理学在民航行业中的实际应用,它的出现给民航带来了安全概念的新革命,体现了中国民航人对安全孜孜不倦的追求,促进了中国民航安全向更高的目标进一步迈进。

二、国际民航安全管理体系

1　国际民航组织(ICAO)对安全管理体系的定义

安全管理体系是有组织的管理安全的方法,包括必要的组织结构、问责办法、政策和程序。

2　安全管理体系的目标

安全管理体系的目标包括:提高对安全的主客观认识;促进安全基础设施的标准化建设;提高风险分析和评估能力;加强事故防范和补救行动;维护或增加安全有效性;持续对内部进行事故征候监控;通过审计对所有不符合标准的方面进行纠正;对由审计形成的报告实施共享。

3　安全管理体系的理论基础

安全管理体系最基本的理论是Reason理论,前提是人是会犯错误的,事故是由多种因素组合产生的,人只是导致事故发生的最后一个环节;通过风险控制的方法可以阻止事故链的形成,从而避免事故的发生;风险的控制是安全生产的全程控制,包括事前的主动控制、事中的持续监督控制和事后的被动控制。

4　安全管理体系的特点

(1)安全成为核心价值。

(2)面向全公司,包括供应商、代理人及商业合伙人,特别强调必须有管理人员参与;面向全员,特别强调员工是安全管理体系的关键。

(3)被动式(事后)管理与主动式(事前)管理兼备,采用安全评估和风险管理等手段积极预防事故。

(4)能与现有的工作流程及其他业务活动计划兼容。

5 安全管理体系的组成框架

(1)安全管理计划。
(2)文件记录体系。
(3)安全监督机制。
(4)培训系统。
(5)质量保证系统。
(6)应急预案。

■ 知识链接

2014年12月30日,一架菲律宾亚航飞龙航空公司A320-200型客机执行从菲律宾马尼拉飞往卡利博的航班,机上载有153名乘客和6名机组人员。当地时间大约17:42,在卡利博国际机场23号跑道着陆时,飞机冲出跑道,停止时所有机轮都在软地面上。机上人员通过滑梯进行疏散,事件中没有人员伤亡。

2015年9月,菲律宾民用航空局(CAAP)发布了此次事件的最终调查报告摘要,飞机事故调查和询问委员会断定这起事件发生的可能原因如下。

客观因素:飞机在卡利博23号跑道进近时风向30°,风速16节,塔台对顺风和湿跑道发出了警告。机长断开了自动驾驶,进行手动着陆。在跑道终点前飞机仍在滑跑,并有些轻微地向右侧偏,直到冲出跑道尽头,最终在距离跑道端66米的跑道端安全区的草坪上停下。L2和R2应急滑梯放下,乘客下机过程没有任何伤亡。

人为因素:在这样恶劣的天气条件下应复飞,飞行员没有终止进近。飞行员明显无视运行手册中规定的正常和基本的运行程序,这是缺乏判断力的典型表现,飞行员违背了飞行的基本规则,明显威胁到了飞行安全。

其他因素:
(1)超过10节的不利的顺风条件。
(2)由于05号跑道没有仪表着陆系统,卡利博国际机场在夜间只有一种着陆方式。

三、中国民航安全管理体系

(一)中国民航推行安全管理体系历程

2005年3月,加拿大民航局局长到中国民航局访问,期间介绍了加拿大安全管理体系的建设情况和相关理念。时任中国民航局局长杨元元在会见时提出,希望加拿大民航局帮助中国民航建立安全管理体系,由此正式拉开了中国民航开展安全管理体系研究的序幕。

2006年3月,国际民航组织理事会通过了对附件6《航空器运行》的第30次修订。该次修订增加了国家要求航空运营人实施安全管理体系的要求,并规定从2009年1月1日起,各缔约国应要求其航空运营人实施被局方接受的安全管理体系。

2006年,中国民航局将安全管理体系建设确立为民航安全"十一五"规划的工作重点之一,成立了以民航局局长为组长、有关司局领导为成员的领导小组,同时设立 6 个专业组,其中航空公司组由中国民航局飞标司负责,总局航安办负责总体协调。局方整合各方力量,深入研究国际民航组织有关安全管理体系的内涵和要求,向全民航宣传安全管理体系的理念;编写安全管理体系差异指南材料和指导手册,开展相关培训;选择海航、深航作为安全管理体系试点建设单位。

2007 年 3 月,中国民航局颁发了《关于中国民航实施安全管理体系(SMS)建设的通知》,在全行业进行安全管理体系总体框架、系统要素和实施指南等相关知识的培训。同时,于 10 月正式印发了《中国民航安全管理体系建设总体实施方案》。

2007 年 11 月,中国民航局飞标司根据安全管理体系要求提出对 CCAR-121 部作相应修订,增加要求航空运营人建立安全管理体系、设立安全总监等条款;同时,下发了相应的咨询通告——"关于航空运营人安全管理体系的要求",并就 CCAR-121 部修订内容和咨询通告征求各航空公司意见。

2008 年,民航工作会上进一步明确:2008 年是安全管理体系"全面实施年",要求航空公司要重点抓好安全质量管理系统、主动报告机制、飞行数据译码分析系统和风险评估系统的建设。

中国民用航空局在 2010 年确定的工作目标中明确提到要全面推进安全管理系统建设,各大航空公司也分别把此体系的建设和推进写进了 2010 年的目标工作当中。安全管理体系的建设和运行顺应了当代中国民航安全发展的要求,体现了中国民航人对安全的持续追求,这也是中国民航继续向前发展的必经之路。

按照国际民航组织的要求,结合中国民航航空安全工作实际,中国民航自 2006 年起在全行业大力推进安全管理体系,当前已经完成了对所有航空公司的安全管理体系补充审计,机场、空管、维修、空防安全等系统的安全管理体系正在加快推进中。在此基础上,结合国际民航组织新推出的持续监测做法(CMA)及国家航空安全纲要(SSP)的要求,相继在民航企事业单位开展安全管理体系审核的试点工作,将更加注重安全管理体系审核的实际效能,注重安全管理体系建设和运行的有效性。

(二)中国民航安全管理体系界定

❶ 中国民航安全管理体系的含义

中国民航局将安全管理体系概括如下:安全管理体系是一个系统的、清晰的和全面的安全风险管理方法,它综合了运行、技术系统、财力和人力资源管理,融入航空公司的整个组织结构和管理活动中,包括目标设定、计划和绩效评估等,最终实现安全运行和符合局方的规章要求。

❷ 中国民航安全管理体系的作用

安全管理体系极力主张组织内的全体员工用安全管理的思维行事。尤其是在帮助提高对机场安全问题的认识方面起到了重要作用,包括飞机失事、火灾和救援行动、机场野生动物的危害等,并对促进全球关注航空事故中飞机维修的重要性起到了关键作用。

3 安全管理

现代安全管理在继续注重事件管理的基础上,更为注重事态管理,即通过持续的风险管理,降低人员伤害或财产损失的风险并保持在可接受的水平或其以下的过程。

安全管理体系是指在规定环境下完成任务或目标的人员和其他资源组成的综合的网络。安全管理体系是管理安全的一种系统方法,包括必要的安全政策、组织机构、责任、程序及措施等。如果希望安全管理体系有效,其必须包括以下内容。

(1)完成必要活动的职责及权利。
(2)员工需遵守的程序。
(3)对组织管理活动和监督活动的控制。
(4)对过程及其结果的考核。
(5)明确运营人内部每个人与其所在部门的关系,以及运营人与外包方、供应方、客户及其他有业务来往的单位间重要的相互关系或联系。

4 安全文化

安全文化是企业文化的一种自然产物。安全文化由共同的信念、态度和做法构成。运营人对于安全的态度影响其员工对安全的共同做法。只有全体人员共同发挥作用,才能实现运营人的安全目标,提高安全运行水平。

5 安全管理的四大支柱

安全管理的四大支柱为政策、风险管理、安全保证和安全促进。这四大支柱是安全管理体系的基础。

(1)政策。

所有的管理体系都必须明确政策、程序、组织结构,以实现安全目标。

(2)风险管理。

风险管理是将风险控制在可接受水平或其以下,安全管理体系的风险管理是以系统安全过程模式为基础的。

(3)安全保证。

风险控制措施被确定后,运营人可利用安全保证功能,确保风险控制措施持续被执行并在不断变化的环境下持续有效。

(4)安全促进。

运营人必须用支持良好安全文化的活动把安全作为核心价值加以促进。

6 生产运行与安全监督管理的关系

(1)安全管理体系更强调运行过程(运行过程是指飞行运行、维修、客舱安全、地面服务、货运、训练等过程)的管理人员在安全管理中的角色,而并不意味着安全管理只是安全部门或安全总监的责任;安全管理体系为运营人的安全管理提供了一个正式的管理模式来履行其职责和义务,实现安全生产,保护客户及员工的利益。

(2)局方传统的监督注重符合技术标准,通常包括审定、持续监督、调查、规章的强制实施等。在继续保持传统监督方法的同时,局方将通过监督运营人的安全管理体系,逐步运用系统安全方法监督运营人整体安全状态,并强调运营人通过自我约束、自我管理、自我改进实现安全管理的闭环,不断提高安全水平。中国民航安全管理理念和方法总结如图12-1所示。

民航局安全管理理念和方法总结

三三三四四四五五六六(2021年)

三条底线
- 飞行安全
- 真情服务
- 廉政安全

三基建设
- 抓基层
- 打基础
- 苦练基本功

三个敬畏
- 敬畏生命
- 敬畏规章
- 敬畏职责

四个关系
- 安全与发展
- 安全与效益
- 安全与正常
- 安全与服务

四个最严
- 最严明的标准
- 最严格的监管
- 最严厉的处罚
- 最严肃的问责

四个责任
- 主体责任
- 领导责任
- 岗位责任
- 监管责任

五个到班组
- 安全教育到班组
- 手册执行到班组
- 风险防控到班组
- 技能培训到班组
- 作风建设到班组

五个严的要求
- 严在组织领导
- 严在规章标准
- 严在监督检查
- 严在教育培训
- 严在系统完善

六个一以贯之
- 抓责任落实一以贯之
- 抓规章标准一以贯之
- 抓安全诚信一以贯之
- 抓资质能力一以贯之
- 抓系统管理一以贯之
- 抓技术创新一以贯之

六个起来
- 脑要紧起来
- 心要细起来
- 眼要亮起来
- 脚要勤起来
- 脸要红起来
- 手要硬起来

图 12-1 中国民航安全管理理念和方法总结

项目训练

1. 从安全管理体系角度分析21世纪以来国内空难及其紧急救援。
2. 收集近期国内外民航安全事故,从安全管理体系角度分析事故发生的原因,谈谈如何避免发生此类事故。

项目十三　民航安全法律与规章

项目目标

- **知识目标**
  1. 了解有关飞行安全的国际公约。
  2. 熟知国际公约中有关民航安全的内容。
  3. 掌握中国民航法律和法规中与安全有关的条款。

- **能力目标**
  1. 能辨别与民航安全有关的各种行为(如犯罪、违法、扰乱秩序)。
  2. 能根据正确判断进行安全管理。

- **素质目标**
  1. 根据航班所飞地区的人文因素判断可能发生的安全问题,做好安全防控预案,养成防患于未然的职业习惯。
  2. 一旦发生安全事件,严格按照民航法律与法规处置。培养学生"有法必依、执法必严"的法律精神。
  3. 任何时候都要关注每一位旅客,绝不粗心大意,绝不掉以轻心,一定要有敬畏之心。

知识框架

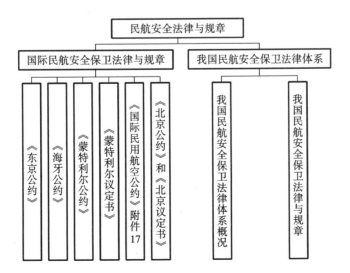

项目引入

1971年11月24日,一位名叫库珀的劫机犯,劫持了由俄勒冈州波特兰飞往华盛顿西雅图的西北航空公司305号航班,并成功勒索20万美金,然后逃之夭夭。直到现在仍然没有任何决定性的证据可以证明他的身份与降落的地点,而且赎款也从未被发现。美国联邦调查局相信他并没有安全降落地面。库珀案也是美国史上著名的悬案之一。FBI调查了近1000名犯罪嫌疑人,但无一被确认。直到现在,库珀的身份与下落仍旧是个谜。

1977年10月13日,德国汉莎航空公司波音737第LH181次航班在从地中海巴雷阿里克岛的帕尔玛飞往德国的途中被一名叫作"穆罕默德机长"的男子劫持了,机上有86名乘客和7名机组人员(驾驶员2名和5名空姐)。这名叫作"穆罕默德"的男子实际上就是恐怖分子索哈伊尔·约瑟夫·阿卡契。被劫航班飞往罗马,在罗马的费米奇诺机场着陆后,劫机犯要求补给燃料,得到了意大利方面的许可。被劫持的飞机继续飞往塞浦路斯岛。被劫飞机最初要求在贝鲁特降落但被拒绝,接着他们又试图飞往巴林,但又被拒绝。当他们到达迪拜附近时,燃料再次用完。因此,尽管遭到拒绝,但他们不得不在迪拜机场强行着陆。16日,加油后的飞机开始在跑道上滑行。也许是劫机犯们认为迪拜离欧洲太近了,所以飞机随后飞离了迪拜。被劫持的飞机漫无目的地继续飞行着。10月17日,被劫持的飞机降落在索马里的摩加迪沙。西德政府与索马里政府进行了交涉,同意GSG—9部队在摩加迪沙着陆并采取行动。此时,机场已经完全置于索马里部队的包围之下。18日凌晨2点左右,当确认至少有1名劫机犯在驾驶室后,索马里部队马上从距离驾驶室100米远处发射了照明弹,耀眼的光照亮了整个天空,在驾驶室的劫机犯慌忙喊来主犯穆罕默德。两个人被照明弹的光芒弄懵了,乱作一团。4名劫机犯中有2名在驾驶室,另有2名在客舱。这是一个绝好的机会!英国空军特种部队的队员攀上机翼,爆破了飞机舷窗后把闪光手榴弹投入机舱内。说时迟,那时快,早已蹲在橡胶梯子上,守候在机舱出入口的GSG—9队员们一下子冲进机舱,另一小组也炸开安全出口进入了机舱。数秒之内便结束了战斗,劫机犯中的3名被击毙,1名负重伤。

1977年12月4日,马来西亚航空653号班机(为一架波音737客机)正前往吉隆坡梳邦机场,在飞至煤炭山时,被一名说日语的男子胁持,最后飞机不明原因坠毁,全机100人无人生还。

1982年7月30日,应邀前来我国访问的非洲某国陆军总司令M少将率领的高级军事代表团,乘"子爵号"专机赶赴北京参加中国人民解放军八一建军节的纪念活动。遭到同机随团国家某机关保卫干部劫持。机上军人经过与歹徒的英勇搏斗,成功制服歹徒,外国代表团没有受到一丝一毫的惊吓。

2001年9月11日,恐怖分子挟持美国联合航空93号班机、175号班机及美国航空11号班机、77号班机对世界贸易中心、五角大厦进行恐怖袭击,其中,11号及175号班机先后撞上世贸大楼;77号班机撞上五角大厦;93号班机因机上乘客及机组员的奋勇抵抗而在宾夕法尼亚州郊区坠毁。据称,机上恐怖分子的目标是美国国会山庄或白宫。事后统计,"9·11"事件总共造成3201人死亡,6291人受伤。

问题思考:

1. 这些劫机者是否构成劫持航空器罪?
2. 根据国际公约,劫持航空器罪是否属于"或引渡,或起诉"的法律体系?

任务一　国际民航安全保卫法律与规章

在国际民航安全保卫法律体系方面,国际社会签订了一系列国际公约,国家间签订了双边、多边协议等。国际民航安全保卫公约有《东京公约》《海牙公约》《蒙特利尔公约》《蒙特利尔议定书》。以上4部公约与《国际民用航空公约》附件17一起构成了一整套民航安全保卫法律框架。这5部条约已经获得世界各国的广泛承认,并成为16部关于制止恐怖主义的世界性多边条约体系的重要组成部分。我国已于1978年加入了《东京公约》,1980年加入《海牙公约》和《蒙特利尔公约》,1988年加入了《蒙特利尔议定书》,但对公约中的仲裁等条件作出保留声明。

2010年,由国际民航组织主办,在北京举行的民航保安外交会议通过了《北京公约》和《北京议定书》。《北京公约》和《北京议定书》弥补了之前民航安全保卫工作存在的空白与不足,成为国际反恐公约中的重要组成部分,并显著加强了现有国际反恐怖主义法律框架,便于起诉和引渡恐怖行为罪犯。这是世界民航史上首次以中国城市命名的国际多边条约,也是近现代史上首次以中国首都同时冠名的两部全球性法律文书。

一、《东京公约》

（一）《东京公约》的主要内容

《东京公约》是国际法上第一个建立航空器登记国对发生在飞行中的航空器上的犯罪行为拥有司法管辖权的公约。它于1963年签订,1969年生效。

该公约解决的是在国际民用航空器上犯罪的刑事管辖权、机长的责任、各缔约国相互协助的责任等问题,能避免产生刑事管辖权的漏洞或空白。该公约赋予了机长拘禁、驱逐下机和移交犯罪者的权限,特别是对于非法劫持航空器的行为,该公约规定登陆国有责任恢复合法机长对航空器的控制,以便继续该航空器及机上旅客的旅程。

该公约弥补了国际法上关于劫机事件的司法管辖权机长责任以及行为后果上的空白。该公约对劫持航空器的问题也作了一些规定,如第11条第1款规定:如航空器内某人非法地用暴力或暴力威胁对飞行中的航空器进行了干扰、劫持或非法控制,或行将犯此类行为时,缔约国应采取一切适当措施维护或恢复合法机长对航空器的控制。《东京公约》为制止劫持航空器的犯罪奠定了基础,使劫持航空器的概念第一次出现在国际条约中。

（二）《东京公约》的不足与修订

《东京公约》没有对犯罪行为进行定义,没有迫使登记国切实地履行其司法管辖权,而只是为引渡罪犯提供了一个微弱的法律基础。最初的《东京公约》并不是专门规定劫机犯罪行为的,因为在当时劫机事件还只是在个别区域内发生,因而未能引起国际社会的重视。

之后在美国代表和委内瑞拉代表的强烈要求下,《东京公约》在第四章对非法劫持航空器做了规定。

该公约中所规定的所谓犯罪和行为概念是相当笼统的,并没有给公约的适用或针对犯罪下一个规范性的定义,没有指明非法劫持航空器及构成犯罪,更没有制定具体的惩罚规则。实际上,《东京公约》实施以后,劫机犯罪仍然逐年增加。特别是20世纪60年代末劫机事件蔓延到全世界,劫机犯罪达到了高潮,仅1968年一年中就发生了30起左右,1969年竟发生了90余起劫机事件。世界各国都感到《东京公约》的明显不足,《东京公约》在应用范围上的局限可以被各国依照国际民航组织大会提出的法律模型制定的针对"不轨"或"有破坏性"的旅客的国内立法补充。

2014年,国际民航组织在蒙特利尔举行国际航空法会议,审议和修订1963年《东京公约》,形成了《关于修订关于〈在航空器内的犯罪及其他某些行为的公约〉的议定书》,新的议定书针对管辖权、机上保安员、公约适用的犯罪及其他行为和索赔权等进行了规定。

二、《海牙公约》

(一)《海牙公约》的主要内容

由于《东京公约》的不足,1969年,在国际民航组织的指定下,起草新的法律文件的专门小组成立了。1970年3月,在蒙特利尔召开的法律委员会第17次会议上,专门小组拟定了新公约《关于制止非法劫持航空器的公约》的草案。同年12月,在联合国的敦促下,国际民航组织在海牙召开了有77个国家代表参加的外交会议,对草案进行了修改,并于12月16日签订了《海牙公约》,即专门针对劫持航空器的犯罪行为制定的国际公约。

公约第1条具体规定了劫机犯罪的行为方式,公约第2条要求各缔约国承诺要用严厉的刑罚惩治这类犯罪。该公约定义非法劫持航空器的行为为犯罪,并指出其在各缔约国将作为一种严重性的犯罪而受到严厉的处罚,而不是一种可以得到庇护的政治性犯罪。各缔约国享有普遍管辖权,推翻了仅限于航空器登记国享有管辖权和租借航空器的使用国享有管辖权等局限性规定。任何发现罪犯的国家都有权拘留罪犯,并将其引渡到航空器登记国或将案件移交航空器登记国。《海牙公约》的重要成果是使罪犯没有可以躲避的场所,在世界的任何一个角落都将被起诉或被引渡。

(二)《海牙公约》的不足与修订

《海牙公约》惩治的犯罪主要针对非法劫持或控制正在飞行中的航空器,但是在没有飞行的航空器内的犯罪行为等一些危害国际民用航空的严重犯罪行为尚未被规定进去,处理此类犯罪行为没有国际刑法的依据。世界各地还经常发生直接破坏航空器的犯罪行为,甚至发生破坏机场地面上正在使用的航空器及其航行设施等犯罪行为。

基于犯罪行为的多样性,《海牙公约》也不足以维护国际民用航空运输的安全。1970年2月,正当国际民航组织法律委员会举行第17次会议,讨论草拟《海牙公约》时,在2月21日的同一天连续发生了两起犯罪分子在飞机上秘密放置炸弹进而引起空中爆炸的事件,震撼了整个国际社会,使得国际社会进一步意识到《海牙公约》还不足以有效地惩治各种危害民用航空安全的犯罪行为,还需要制定一个内容更广的非法干扰国际民用航空的公约。

三、《蒙特利尔公约》

(一)《蒙特利尔公约》的主要内容

1970年,国际民航组织法律委员会第18次会议在伦敦召开,拟出了非法干扰国际民用航空的公约草案。1971年,在蒙特利尔外交会议上产生了《蒙特利尔公约》,该公约的主要目的是通过国际合作,共同打击破坏航空运输安全的犯罪行为。

《蒙特利尔公约》首次提出"非法干扰行为"的概念,并在公约第1条详细规定了非法干扰行为的各种表现形式,弥补了《东京公约》和《海牙公约》的不足。该公约规定了应受严厉惩罚的犯罪行为,包括对飞行中航空器上的人实施的暴力行为、破坏或损坏航空器、在使用中的航空器上放置可以破坏该航空器或损坏航空设备的装置或物质,或是传送假消息而危害飞行中的航空器安全的行为。《蒙特利尔公约》首次规定了直接破坏飞行中航空器的犯罪以及破坏机场地面上使用中的航空器及其航行设施等犯罪行为,保证了公约内容的广泛性和实用性,成为《海牙公约》的姊妹篇。

(二)《蒙特利尔公约》的不足与补充

《蒙特利尔公约》虽然较《海牙公约》扩大了罪行规定范围,使其既包括在飞行中的航空器内所犯罪行,也包括在使用中的航空器内所犯罪行;既包括直接针对航空器本身的罪行,也包括针对航空设备的罪行。但是,该公约没有规定对机场内服务人员和设备的犯罪以及破坏机场上未使用的航空器的犯罪及危害机场安全的犯罪,然而这种犯罪也常有发生。比如1973年,在希腊雅典机场,正当旅客排队安检时,两名恐怖分子投掷手榴弹,当场炸死5人炸伤55人。这个缺陷在1988年由《蒙特利尔议定书》予以补充。

四、《蒙特利尔议定书》

(一)《蒙特利尔议定书》的主要内容

为了防止、制止和惩处危害机场安全的犯罪,1988年,国际社会又在蒙特利尔签订了《蒙特利尔议定书》。该议定书第2条规定了危害机场安全犯罪的行为方式,意在保护国际民用航空机场内的服务人员、设备及其未使用的航空器的安全,将危害国际民用航空机场安全的暴力行为规定为一种国际犯罪。

该议定书进一步扩展了《蒙特利尔公约》对犯罪行为的规定,将发生在国际民用航空机场上的犯罪以及针对机场上未使用的航空器的攻击包含进来。该议定书是为了应对发生在罗马、维也纳、雅典等地机场的暴力袭击导致伤亡的事件而被采用的。该议定书承认发现罪犯的任何一个国家都享有普遍管辖权,这是对规范航空安全法律体系的一个重要贡献。

(二)《蒙特利尔议定书》的争议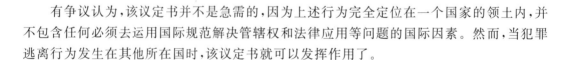

有争议认为,该议定书并不是急需的,因为上述行为完全定位在一个国家的领土内,并不包含任何必须去运用国际规范解决管辖权和法律应用等问题的国际因素。然而,当犯罪逃离行为发生在其他所在国时,该议定书就可以发挥作用了。

五、《国际民用航空公约》附件17

(一)《国际民用航空公约》附件17的主要内容

二十世纪六七十年代,暴力犯罪急剧增加,严重影响到民用航空的安全,继航行委员会、航空运输委员以及非法干扰委员会的工作之后,国际民航组织理事会决定附载规范以特别处理非法干扰民用航空的问题。1974年,有关安全保卫的标准和建议措施出台了,并被指定为《国际民用航空公约》附件17——《保安——保护国际民用航空免遭非法干扰行为》(简称"附件17")。

附件17规定,保卫旅客、机组、地面人员和一般公众安全是每个缔约国防止对国际民用航空非法干扰行为的首要目的。该附件以维护国际民用航空免遭非法干扰行为为目的,规定了民用航空安全保卫各个环节的国际标准和建议措施,各缔约国必须履行此项义务。

该附件为国际民航组织保安方案以及为寻求防止对民用航空及设施进行非法干扰行为奠定了基础。国际民航组织在世界范围为防止和打击对民用航空的非法干扰行为所采取的措施,对维护民用航空安全以及国际社会的和谐稳定都是至关重要的。

(二)《国际民用航空公约》附件17的修订

自1974年附件17颁布之后到2014年,国际民航组织已根据全球航空体系的发展趋势、时刻变化的条件和正在出现的威胁,对其进行了14次修订,以确保国际上的民用航空安全保卫最低标准是最新和有效的。

1988年,国际民航组织对附件17进行了附加修改,纳入了进一步与破坏行为做斗争的规定。"9·11"事件后,国际民航组织在2006年对附件17进行了第8次修订,该次修订是为了解决2001年9月11日发生的事件给民用航空带来的挑战,并于2006年7月起适用。该次修订纳入了下列各方面的各种定义和新规定:本附件对国内运行的适用性;有关威胁信息的国际合作;国家质量控制;出入境控制;与旅客及其客舱和手提行李有关的措施;飞行中的保安人员以及对驾驶舱的保护;代码共享或合作安排;人的因素以及对非法干扰行为的反应处理。

2014年2月,附件17的第14次修订在国际民航组织理事会第201届会议审议通过,并于 2014 年 11 月开始适用。修订的内容包括对行李的综合荧光屏检查，对货物、快件和邮件的安全保卫控制，与保安计划有关的程序变化，国际航空器的航前检查，以及将保安方面的考虑纳入了机场设计的有关措施。该修订要求各国加快国内立法进程，保持与附件 17 的标准和建议措施一致；相互认可根据附件 17 标准和建议措施制定的安全保卫措施，避免在安保措施、检查和审计方面的不必要重复；鼓励相互交流信息、最佳做法和专门技能，完善附件 17 规定的标准和建议措施，在全球有效保护民用航空免遭非法干扰；力争取得保卫安全措施和简化手续措施之间的最优化平衡。

六、《北京公约》和《北京议定书》

"9·11"事件发生以后，国际民航组织认为现有的航空安全公约应在多处予以修订和完善，以便更有效地应对正在或将要出现的威胁。国际民航组织理事会于 2007 年建立了一个特别小组委员会，准备一份或多份文书草案，应对民用航空领域内新的和正在出现的威胁。从 2007 年至 2008 年，特别小组委员会在许多方面取得了广泛的共识，并特别强调了对导致伤亡或严重损害的犯罪行为予以严惩的必要性，其中包括将民用航空器转化为攻击性武器，通过航空器或针对航空器，使用生物化学和核武器进行攻击等行为。

2009 年 9 月，国际民航组织法律委员会修改并通过了特别小组委员会提交的两份条约草案，认为这两份草案已趋成熟，可以提交给理事会及随后的外交会议审议通过。2009 年 10 月，国际民航组织理事会同意召开外交会议审议并通过这两份草案。该外交会议应中国政府的邀请于 2010 年 8 月 30 日至 9 月 10 日在中国北京举行，来自 76 个国家的持有全权证书的代表以及 4 个国际组织的代表出席了本次外交会议。会上，18 个国家签署了《北京公约》，19 个国家签署了《北京议定书》。

（一）《北京公约》

制定《北京公约》的目的是要在《蒙特利尔公约》和《蒙特利尔议定书》这两部多边公约的基础上进一步补充和完善其法律规定，以适应现实和未来维护航空安全的需要。《北京公约》的主要内容是将几种威胁航空安全的行为界定为国际犯罪，如使用民用航空器作为武器，使用生物、化学和核武器及类似危险物质攻击民用航空器，使用此类物质从民用航空器攻击其他目标，非法利用民用航空运输生物、化学和核武器及相关材料，网络攻击航空导航设施等。这些行为根据有关国家的国内刑法极有可能受到刑事处罚，但在国际层面上定罪，可以将其纳入"或引渡，或起诉"的法律体系，有助于加强国际社会对此类行为的打击。

（1）利用使用中的航空器旨在造成死亡、严重身体伤害，或对财产或环境的严重破坏。

《北京公约》在第 1 条第 1 款第(6)项规定，利用使用中的航空器旨在造成死亡、严重身体伤害或对财产或环境的严重破坏，即构成犯罪。单列这一罪名，是国际社会对类似"9·11"事件等大规模恐怖犯罪行为在法律上的回应，表现出国际社会不容忍此种恐怖行为的决心。条款中"旨在"二字表述了两层含义：一是犯罪主体必须以制造死亡、严重人身伤害或对财产或环境的严重破坏为目的，该条款不适用于因机组人员违章使用航空器在不经意间导致伤亡和破坏的行为；二是该条款并不要求死亡、严重身体伤害或对财产或环境的严重破坏实际发生，只要犯罪主体表现出利用航空器导致死亡、伤害或破坏的意图，便具备了犯罪条件,不论是否造成后果都可定罪。

(2)使用危险物质攻击航空器或其他目标。

《北京公约》第1条第1款第(7)和(8)项将以下行为规定为犯罪:从使用中的航空器内释放或排放任何生物武器、化学武器和核武器或爆炸性、放射性或类似物质而其方式造成或可能造成死亡、严重身体伤害或对财产或环境的严重破坏;或对一使用中的航空器或在一使用中的航空器内使用任何生物武器、化学武器和核武器或爆炸性、放射性或类似物质而其方式造成或可能造成死亡、严重身体伤害或对财产或环境的严重破坏。简言之,第(7)项是指从航空器发出的针对其他目标的攻击,而第(8)项是针对民用航空器的攻击或在该航空器上的攻击,后者不仅包括从外部对航空器的攻击也涵盖了在机舱内实施的攻击。

(3)非法运输生物、化学和核武器及其相关材料。

《北京公约》第1条第1款第(9)项规定,在航空器上运输、导致在航空器上运输或便利在航空器上运输下列物品之一的行为构成犯罪。

①任何爆炸性或放射性材料,并明知其意图是用来造成或威胁造成死亡或严重伤害或损害,而不论是否具备本国法律规定的某一条件,意在恐吓人群或迫使某一政府或国际组织做出或放弃做出某种行为。

②任何生物武器、化学武器和核武器,并明知其是第②条中定义的一种生物武器、化学武器和核武器。

③任何原材料、特种裂变材料、为加工使用或生产特种裂变材料而专门设计或配置的设备或材料,并明知其意图将用于核爆炸活动或未按与国际原子能机构的保障监督协定置于保障监督措施下的任何其他核活动。

④未经合法授权的任何对设计、制造或运载生物武器、化学武器和核武器有重大辅助作用的设备材料或软件或相关技术,且其意图适用于此类目的。

(4)网络攻击航空导航设施。

随着科技的发展,犯罪分子开始利用新技术手段扰乱航空秩序,危及航空人员、乘客和航空器安全,如使用无线电发射器或其他手段干扰或改变地面或机载的航行或导航控制系统状态,或者篡改与航空运行相关的计算机数据等。针对这种新的情况,《北京公约》所采取的对策不是直接修订这一条款,而是在第2条第(3)款的定义中加入以下内容:空中航行设施包括航空器行行所必需的信号、数据、信息或系统。

(二)《北京议定书》

制定《北京议定书》的目的是修订1970年的《海牙公约》。北京外交会议将1970年的《海牙公约》及新的议定书整合成统一文案,并以附件形式编入外交会议的最后文件。

《海牙公约》第1条第1款有关犯罪定义,经《北京议定书》第2条修改如下:任何人如果以武力或以武力威胁或以胁迫或以任何其他恐吓方式或以任何技术手段,非法地和故意地劫持或控制使用中的航空器,即构成犯罪。

总之,《北京议定书》在时间和空间上都扩展了原来《海牙公约》对犯罪条款的适用范围,列入了更多的应受刑事处罚的作案手段。通过对《海牙公约》有关犯罪定义的修改,《北京议定书》在时间、空间以及犯罪行为的实质内容等方面扩展了《海牙公约》的适用范围,能更有效地维护航空安全。

任务二　我国民航安全保卫法律体系

一、我国民航安全保卫法律体系概况

改革开放以来，中国民航实现企业化管理，民航的法律法规体系也开始逐步发展完善，在随后的几年内出台了一系列有关安全的行政法规。1987年，中国民航局实行政企分开，航空公司与机场分设等管理体制上的转变，要求相应法律法规配套跟进。20世纪80年代末90年代初，民航加强了对适航标准的规范，对规范航空公司、机场的运营起到重要作用，民航法律体系开始走向系统化。我国民航安全保卫工作经过30多年的发展，已经形成了基本的安全保卫法律体系。

根据法律的效力等级，从纵向层次上，民航法律体系可分为法律、行政法规、部门规章。

（一）法律

法律是由全国人大及其常委会制定的规定，其效力高于其他法规和规章。目前，我国民航最主要的法律是《中华人民共和国民用航空法》，它规定了我国民用航空的基本法律制度，是制定其他民航法规规章的基本依据。

《中华人民共和国民用航空法》是我国民航领域的基本法，是民航行政机关实施行业管理的基本法律依据。《中华人民共和国民用航空法》于1996年施行，实施20多年来，随着社会发展和人民生活水平的提高，其中一些条款需要修订，也需要补充监管法律内容。为了进一步完善我国民用航空法律制度，中国民航局于2016年起草了《中华人民共和国民用航空法》修订征求意见稿。

（二）行政法规

行政法规和行政法规性文件是指国务院根据宪法和法律制定或批准的规范民用航空活动的规定。在民用航空领域，国务院制定或发布的行政法规（包括法规性文件）有20多部。比如《民用机场管理条例》《中华人民共和国飞行基本规则》《中华人民共和国民用航空器适航管理条例》《中华人民共和国民用航空器权利登记条例》《中华人民共和国民用航空器国籍登记条例》《中华人民共和国民用航空安全保卫条例》《外国民用航空器飞行管理规则》《通用航空飞行管制条例》《民用航空运输不定期飞行管理暂行规定》《国务院关于通用航空管理的暂行规定》等。

（三）部门规章

民航部门规章是指国务院民用航空主管部门根据法律和国务院的行政法规、决定、命

令,在本部门的权限范围内制定发布的规定。它在民航法律体系中内容最广、数量最多。现行有效的民航规章有120多部。民航规章体系具有三个方面的特点:一是国际性;二是及时性;三是技术性。

根据规范事项内容,从横向类别来看,还有一类行政程序规则,航空器,航空人员,空域、导航设施、空中交通规则和一般运行规则,民用航空企业合格审定及运输,学校、非航空人员及其他单位的合格审定及运行、民用机场建设和管理,委任代表规则,航空保险,综合调控规则,航空基金,航空运输规则,航空安全保卫,科技和计量标准,航空器搜寻援救和事故调查15类。

中国民航局1997年1月出台了《关于修订和废止部分民用航空规章的决定》,对部分不适应民航发展的规章条款予以修订或废除,使民航法律体系与时俱进,为民航的发展保驾护航。进入21世纪以来,民航规章无论从数量还是涉及范围,都相对之前有了较大发展。

纵观民航法律体系发展,民航法律体系始终坚持以保障安全为中心。民航法律体系建设过程中,将安全保障的法律法规作为体系建设的中心,无论是哪一个效力等级的规范性文件,就其数量和内容而言,安全管理内容都始终占主要地位。

二、我国民航安全保卫法律与规章

我国民航安全保卫法律体系分为法律、法规、规章及规范性文件四个层次。法律和法规是对安全保卫工作的整体规定,规章及规范性文件主要是针对不同的安全保卫工作类别而分别制定的。

(一)民航安全保卫相关法律

我国依照缔约国义务,将加入的国际公约中的相关规定纳入我国法律体系中。我国宪法规定了缔结、批准或废除国际条约的职权。构成国际民航安全保卫条约规定罪行的非法干扰行为属于严重的航空罪行范围,考虑到刑事犯罪领域与国家主权的紧密关联,我国目前主要采取国内立法转化的方式履行缔约国义务。

非法干扰行为的罪名、管辖和处罚等内容主要规定在《中华人民共和国民用航空法》和《中华人民共和国刑法》中,对于附件17所规定的有关行为,既可能触犯《中华人民共和国刑法》,也有可能因情节较轻,属于违反《中华人民共和国治安管理处罚法》的行为。

1 《中华人民共和国民用航空法》

为了维护国家的领空主权和民用航空权利,保障民用航空活动安全和有秩序地进行,保护民用航空活动当事人各方的合法权益,促进民用航空事业的发展,第八届全国人民代表大会常务委员会第十六次会议1995年10月30日经审议通过了《中华人民共和国民用航空法》,自1996年3月1日实施。而后经历多次修订,目前该法经2021年4月29日第十三届全国人民代表大会常务委员会第二十八次会议修改了部分条款。

《中华人民共和国民用航空法》第一百九十一条至第二百条规定了各类民航犯罪行为,对国际民航组织三大航空安全保卫公约规定的罪行进行了相应的转化,并实现了与《中华

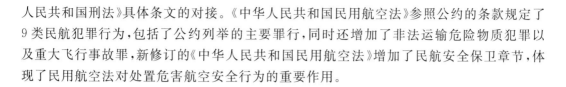

人民共和国刑法》具体条文的对接。《中华人民共和国民用航空法》参照公约的条款规定了9类民航犯罪行为,包括了公约列举的主要罪行,同时还增加了非法运输危险物质犯罪以及重大飞行事故罪,新修订的《中华人民共和国民用航空法》增加了民航安全保卫章节,体现了民用航空法对处置危害航空安全行为的重要作用。

■ **知识链接**

《中华人民共和国民用航空法》第一百九十一条至第二百条规定了各类航空犯罪行为

第一百九十一条 以暴力、胁迫或者其他方法劫持航空器的,依照刑法有关规定追究刑事责任。

第一百九十二条 对飞行中的民用航空器上的人员使用暴力,危及飞行安全的,依照刑法有关规定追究刑事责任。

第一百九十三条 违反本法规定,隐匿携带炸药、雷管或者其他危险品乘坐民用航空器,或者以非危险品品名托运危险品的,依照刑法有关规定追究刑事责任。

企业事业单位犯前款罪的,判处罚金,并对直接负责的主管人员和其他直接责任人员依照前款规定追究刑事责任。

隐匿携带枪支子弹、管制刀具乘坐民用航空器的,依照刑法有关规定追究刑事责任。

第一百九十四条 公共航空运输企业违反本法第一百零一条的规定运输危险品的,由国务院民用航空主管部门没收违法所得,可以并处违法所得一倍以下的罚款。

公共航空运输企业有前款行为,导致发生重大事故的,没收违法所得,判处罚金;并对直接负责的主管人员和其他直接责任人员依照刑法有关规定追究刑事责任。

第一百九十五条 故意在使用中的民用航空器上放置危险品或者唆使他人放置危险品,足以毁坏该民用航空器,危及飞行安全的,依照刑法有关规定追究刑事责任。

第一百九十六条 故意传递虚假情报,扰乱正常飞行秩序,使公私财产遭受重大损失的,依照刑法有关规定追究刑事责任。

第一百九十七条 盗窃或者故意损毁、移动使用中的航行设施,危及飞行安全,足以使民用航空器发生坠落、毁坏危险的,依照刑法有关规定追究刑事责任。

第一百九十八条 聚众扰乱民用机场秩序的,依照刑法有关规定追究刑事责任。

第一百九十九条 航空人员玩忽职守,或者违反规章制度,导致发生重大飞行事故,造成严重后果的,依照刑法有关规定追究刑事责任。

第二百条 违反本法规定,尚不够刑事处罚,应当给予治安管理处罚的,依照治安管理处罚法的规定处罚。

❷ 《中华人民共和国刑法》

早在1979年,《中华人民共和国刑法》就专门将劫机、破坏飞机、破坏机场等足以使飞机发生毁坏危险的行为规定为严重的刑事犯罪行为,予以严惩。1997年修订《中华人民共和国刑法》时,将关于惩治劫持民用航空器犯罪分子的决定的规定直接纳入《中华人民共和国刑法》中,在危害公共安全罪和妨害社会管理秩序罪中,对劫机民用航空器内犯罪以及其他航空犯罪做出了明文规定。2020年12月26日,第十三届全国人民代表大会常务委员会第二十四次会议通过了《中华人民共和国刑法修正案(十一)》,对《中华人民共和国刑法》进行了第十一次修正。

《中华人民共和国刑法》规定,航空运输中所禁止的危害航空安全保卫的犯罪主要有以下13类:放火罪,爆炸罪,投放危险物质罪,资助恐怖活动罪,劫持航空器罪,暴力危及飞行安全罪,破坏交通工具(航空器)罪,破坏交通设施(航空设施)罪,投放虚假危险物质罪,编造故意传播虚假恐怖信息罪,聚众扰乱交通秩序(航空秩序)罪,危险物品肇事罪,非法携带枪支、弹药、管制工具、危险物品危及公共(航空)安全罪。

■ 知识链接

《中华人民共和国刑法》中危害航空安全保卫的犯罪

第一百一十四条 【放火罪】【决水罪】【爆炸罪】【投放危险物质罪】【以危险方法危害公共安全罪】放火、决水、爆炸以及投放毒害性、放射性、传染病病原体等物质或者以其他危险方法危害公共安全,尚未造成严重后果的,处三年以上十年以下有期徒刑。

第一百一十五条 【放火罪】【决水罪】【爆炸罪】【投放危险物质罪】【以危险方法危害公共安全罪】放火、决水、爆炸以及投放毒害性、放射性、传染病病原体等物质或者以其他危险方法致人重伤、死亡或者使公私财产遭受重大损失的,处十年以上有期徒刑、无期徒刑或者死刑。

【失火罪】【过失决水罪】【过失爆炸罪】【过失投放危险物质罪】【过失以危险方法危害公共安全罪】过失犯前款罪的,处三年以上七年以下有期徒刑;情节较轻的,处三年以下有期徒刑或者拘役。

第一百一十六条 【破坏交通工具罪】破坏火车、汽车、电车、船只、航空器,足以使火车、汽车、电车、船只、航空器发生倾覆、毁坏危险,尚未造成严重后果的,处三年以上十年以下有期徒刑。

第一百一十七条 【破坏交通设施罪】破坏轨道、桥梁、隧道、公路、机场、航道、灯塔、标志或者进行其他破坏活动,足以使火车、汽车、电车、船只、航空器发生倾覆、毁坏危险,尚未造成严重后果的,处三年以上十年以下有期徒刑。

第一百一十九条 【破坏交通工具罪】【破坏交通设施罪】【破坏电力设备罪】【破坏易燃易爆设备罪】破坏交通工具、交通设施、电力设备、燃气设备、易燃易爆设备,造成严重后果的,处十年以上有期徒刑、无期徒刑或者死刑。

【过失损坏交通工具罪】【过失损坏交通设施罪】【过失损坏电力设备罪】【过失损坏易燃易爆设备罪】过失犯前款罪的,处三年以上七年以下有期徒刑;情节较轻的,处三年以下有期徒刑或者拘役。

第一百二十条 【组织、领导、参加恐怖组织罪】组织、领导恐怖活动组织的,处十年以上有期徒刑或者无期徒刑,并处没收财产;积极参加的,处三年以上十年以下有期徒刑,并处罚金;其他参加的,处三年以下有期徒刑、拘役、管制或者剥夺政治权利,可以并处罚金。

犯前款罪并实施杀人、爆炸、绑架等犯罪的,依照数罪并罚的规定处罚。

第一百二十条之一 【帮助恐怖活动罪】资助恐怖活动组织、实施恐怖活动的个人的,或者资助恐怖活动培训的,处五年以下有期徒刑、拘役、管制或者剥夺政治权利,并处罚金;情节严重的,处五年以上有期徒刑,并处罚金或者没收财产。

为恐怖活动组织、实施恐怖活动或者恐怖活动培训招募、运送人员的,依照前款的规定处罚。

单位犯前两款罪的,对单位判处罚金,并对其直接负责的主管人员和其他直接责任人员,依照第一款的规定处罚。

第一百二十一条 【劫持航空器罪】以暴力、胁迫或者其他方法劫持航空器的,处十年以上有期徒刑或者无期徒刑;致人重伤、死亡或者使航空器遭受严重破坏的,处死刑。

第一百二十三条 【暴力危及飞行安全罪】对飞行中的航空器上的人员使用暴力,危及飞行安全,尚未造成严重后果的,处五年以下有期徒刑或者拘役;造成严重后果的,处五年以上有期徒刑。

第一百三十条 【非法携带枪支、弹药、管制刀具、危险物品危及公共安全罪】非法携带枪支、弹药、管制刀具或者爆炸性、易燃性、放射性、毒害性、腐蚀性物品,进入公共场所或者公共交通工具,危及公共安全,情节严重的,处三年以下有期徒刑、拘役或者管制。

第一百三十六条 【危险物品肇事罪】违反爆炸性、易燃性、放射性、毒害性、腐蚀性物品的管理规定,在生产、储存、运输、使用中发生重大事故,造成严重后果的,处三年以下有期徒刑或者拘役;后果特别严重的,处三年以上七年以下有期徒刑。

第二百九十一条 【聚众扰乱公共场所秩序、交通秩序罪】聚众扰乱车站、码头、民用航空站、商场、公园、影剧院、展览会、运动场或者其他公共场所秩序,聚众堵塞交通或者破坏交通秩序,抗拒、阻碍国家治安管理工作人员依法执行职务,情节严重的,对首要分子,处五年以下有期徒刑、拘役或者管制。

3 《中华人民共和国治安管理处罚法》

《国际民用航空公约》附件 17 中列举的强行闯入航空器、机场或航空设施场所,既可能是为了扰乱秩序,也可能是为了劫持航空器、破坏机场设施,因此附件 17 中规定的个别干扰行为方式,在危害程度较低的情况下,可以适用《中华人民共和国治安管理处罚法》。附件 17 中的"强行闯入航空器、机场或航空设施场所",可以适用《中华人民共和国治安管理处罚法》第 23 条。附件 17 中"散播诸如危害飞行中或地面上的航空器、机场或者民航设施场所内的旅客、机组、地面人员或大众安全的虚假信息",可以适用《中华人民共和国治安管理处罚法》第 25 条。

■ 知识链接

> 《中华人民共和国治安管理处罚法》中危害航空安全保卫的行为处罚

第二十三条 有下列行为之一的,处警告或者二百元以下罚款;情节较重的,处五日以上十日以下拘留,可以并处五百元以下罚款:

……

(二)扰乱车站、港口、码头、机场、商场、公园、展览馆或者其他公共场所秩序的;

（三）扰乱公共汽车、电车、火车、船舶、航空器或者其他公共交通工具上的秩序的；

（四）非法拦截或者强登、扒乘机动车、船舶、航空器以及其他交通工具，影响交通工具正常行驶的；

……

聚众实施前款行为的，对首要分子处十日以上十五日以下拘留，可以并处一千元以下罚款。

第二十五条　有下列行为之一的，处五日以上十日以下拘留，可以并处五百元以下罚款；情节较轻的，处五日以下拘留或者五百元以下罚款：

（一）散布谣言，谎报险情、疫情、警情或者以其他方法故意扰乱公共秩序的；

（二）投放虚假的爆炸性、毒害性、放射性、腐蚀性物质或者传染病病原体等危险物质扰乱公共秩序的；

（三）扬言实施放火、爆炸、投放危险物质扰乱公共秩序的。

第三十条　违反国家规定，制造、买卖、储存、运输、邮寄、携带、使用、提供、处置爆炸性、毒害性、放射性、腐蚀性物质或者传染病病原体等危险物质的，处十日以上十五日以下拘留；情节较轻的，处五日以上十日以下拘留。

第三十二条　非法携带枪支、弹药或者弩、匕首等国家规定的管制器具的，处五日以下拘留，可以并处五百元以下罚款；情节较轻的，处警告或者二百元以下罚款。

第三十四条　盗窃、损坏、擅自移动使用中的航空设施，或者强行进入航空器驾驶舱的，处十日以上十五日以下拘留。

在使用中的航空器上使用可能影响导航系统正常功能的器具、工具，不听劝阻的，处五日以下拘留或者五百元以下罚款。

第五十二条　有下列行为之一的，处十日以上十五日以下拘留，可以并处一千元以下罚款；情节较轻的，处五日以上十日以下拘留，可以并处五百元以下罚款：

……

（三）伪造、变造、倒卖车票、船票、航空客票、文艺演出票、体育比赛入场券或者其他有价票证、凭证的；

……

（二）航空安全保卫法规规章

有关民航安全保卫工作的法规主要是《中华人民共和国民用航空安全保卫条例》，它是我国目前仅有的一部专门规定航空安全保卫的行政法规。中国民航局根据《中华人民共和国民用航空法》和《中华人民共和国民用航空安全保卫条例》的规定，先后制定了《中国民用航空安全检查规则》《民用机场航空器活动区道路交通安全管理规则》《航空安全员合格审定规则》《公共航空旅客运输飞行中安全保卫工作规则》《民用航空运输机场航空安全保卫规则》和《公共航空运输企业航空安全保卫规则》六部专门的安全保卫规章。除此之外，还有《大型飞机公共航空运输承运人运行合格审定规则》《中国民用航空监察员规定》《中国民用航空应急管理规定》《民用运输机场突发事件应急救援管理规则》等。这些法规规章对于规范民用航空安全保卫工作、维护航空运输秩序、制止威胁飞行安全的行为、防止机上滋扰行为、保护所载人员和财产的安全、保障民用航空飞行安全起着十分重要的作用。

❶ 《中华人民共和国民用航空安全保卫条例》

《中华人民共和国民用航空安全保卫条例》用于补充《中华人民共和国民用航空法》在安保内容上的缺失,是当前国内开展民航安保工作的基本法律依据,对民用机场的安全保卫、民用航空营运的安全保卫、民用航空安全检查以及违法责任都做了比较明确的规定。

一是明确了防止非法干扰是民航安保的目的。《中华人民共和国民用航空安全保卫条例》第一条表明,为了防止对民用航空活动的非法干扰,维护民用航空秩序,保障民用航空安全,制定本条例。

二是规定了主管机关、民用机场、航空运营以及安全检查的主要内容。《中华人民共和国民用航空安全保卫条例》基本涵盖了《国际民用航空公约》附件17的有关规定,并对机场控制区的管理及安全检查等内容进行了细化。

三是规定了机长处置机上非法干扰行为的职权。《中华人民共和国民用航空安全保卫条例》进一步规定"航空器在飞行中的安全保卫工作由机长统一",机长有权"在航空器飞行中,对扰乱航空器内秩序,干扰机组人员正常工作而不听劝阻的人,采取必要的管束措施""在航空器飞行中,对劫持、破坏航空器或者其他危及安全的行为,采取必要的措施""在航空器飞行中遇到特殊情况时,对航空器的处置作最后决定。"

四是列明几类非法干扰行为。《中华人民共和国民用航空安全保卫条例》规定了涉及违反机场控制区、航空器内禁止性要求的几类非法干扰行为。

■ 知识链接

《中华人民共和国民用航空安全保卫条例》(第三章节选)

第三章　民用航空营运的安全保卫

第十七条　承运人及其代理人出售客票,必须符合国务院民用航空主管部门的有关规定;对不符合规定的,不得售予客票。

第十八条　承运人办理承运手续时,必须核对乘机人和行李。

第十九条　旅客登机时,承运人必须核对旅客人数。

对已经办理登机手续而未登机的旅客的行李,不得装入或者留在航空器内。

旅客在航空器飞行中途中止旅行时,必须将其行李卸下。

第二十条　承运人对承运的行李、货物,在地面存储和运输期间,必须有专人监管。

第二十一条　配制、装载供应品的单位对装入航空器的供应品,必须保证其安全性。

第二十二条　航空器在飞行中的安全保卫工作由机长统一负责。

航空安全员在机长领导下,承担安全保卫的具体工作。

机长、航空安全员和机组其他成员,应当严格履行职责,保护民用航空器及其所载人员和财产的安全。

第二十三条　机长在执行职务时,可以行使下列权力:

(一)在航空器起飞前,发现有关方面对航空器未采取本条例规定的安全措施的,拒绝起飞;

(二)在航空器飞行中,对扰乱航空器内秩序,干扰机组人员正常工作而不听劝阻的人,采取必要的管束措施;

(三)在航空器飞行中,对劫持、破坏航空器或者其他危及安全的行为,采取必要的措施;

(四)在航空器飞行中遇到特殊情况时,对航空器的处置作最后决定。

第二十四条　禁止下列扰乱民用航空营运秩序的行为:

(一)倒卖购票证件、客票和航空运输企业的有效订座凭证;

(二)冒用他人身份证件购票、登机;

(三)利用客票交运或者捎带非旅客本人的行李物品;

(四)将未经安全检查或者采取其他安全措施的物品装入航空器。

第二十五条　航空器内禁止下列行为:

(一)在禁烟区吸烟;

(二)抢占座位、行李舱(架);

(三)打架、酗酒、寻衅滋事;

(四)盗窃、故意损坏或者擅自移动救生物品和设备;

(五)危及飞行安全和扰乱航空器内秩序的其他行为。

2 《公共航空旅客运输飞行中安全保卫工作规则》

2008年8月1日,中国民用航空局局务会议通过了《公共航空旅客运输飞行中安全保卫工作规则》(CCAR-332),自2008年11月8日起施行。新修订的《公共航空旅客运输飞行中安全保卫工作规则》已于2017年1月11日经第1次交通运输部部务会议通过,自2017年3月10日起施行。《公共航空旅客运输飞行中安全保卫工作规则》对非法干扰行为进行了界定。

(1)进一步明确了机长处置非法干扰行为的权利,规定对航空器上的扰乱行为,机长可以要求航空安全员及其他机组人员对行为人采取必要的管束措施或者强制其离机;对航空器上的非法干扰行为等严重危害飞行安全的行为,机长可以要求航空安全员及其他机组人员启动相应处置程序,采取必要的制止、制服措施;对航空器上的扰乱行为或者非法干扰行为等严重危害飞行安全行为,机长必要时还可以请求旅客协助;在航空器上出现扰乱行为或者非法干扰行为等严重危害飞行安全行为时,机长有权根据需要改变原定飞行计划或对航空器做出适当处置。

(2)规定了航空安全员及其他机组成员处置非法干扰行为的职责。航空安全员在机长的领导下负责维护航空器内的秩序,制止威胁民用航空飞行安全的行为,保护所载人员和财产的安全,依法履行下列职责:

①对航空器客舱实施保安检查;

②根据需要检查旅客登机牌及相关证件;

③对受到威胁的航空器进行搜查,妥善处置发现的爆炸物、燃烧物和其他可疑物品;

④制止未经授权的人员或物品进入驾驶舱;

⑤对航空器上的扰乱行为人采取必要的管束措施或者强制其离机;

⑥防范和制止非法干扰行为等严重危害飞行安全的行为;

⑦法律、行政法规规定的其他职责。

其他机组人员应当服从机长的统一指挥，按照分工，维护客舱正常秩序，发现航空器上可疑情况及时通知航空安全员，协助机长和航空安全员妥善处置飞行中出现的扰乱行为或者非法干扰行为等严重危害飞行安全的行为。

（3）规定了扰乱行为以及非法干扰行为等严重危害飞行安全行为的处置程序。飞行中的航空器上出现扰乱行为时，航空安全员应当按照本企业制定的扰乱行为管理程序对其进行管理，对下列扰乱行为，应当口头予以制止，制止无效的，应当采取约束性措施予以管束。

①违反规定使用手机或者其他禁止使用的电子设备的；

②使用明火或者吸烟的；

③强占座位、行李架的；

④盗窃、故意损坏擅自移动航空器设备的；

⑤妨碍机组人员履行职责或者煽动旅客妨碍机组人员履行职责的；

⑥打架斗殴、寻衅滋事的；

⑦危及民用航空安全和扰乱客舱秩序的其他行为。

■ **知识链接**

《公共航空旅客运输飞行中安全保卫工作规则》（节选前三章）

第一章 总则

第一条 为了规范公共航空旅客运输飞行中的安全保卫工作，加强民航反恐怖主义工作，保障民用航空安全和秩序，根据《中华人民共和国民用航空法》《中华人民共和国安全生产法》《中华人民共和国反恐怖主义法》和《中华人民共和国民用航空安全保卫条例》的有关规定，制定本规则。

第二条 本规则适用于中华人民共和国境内设立的公共航空运输企业从事公共航空旅客运输的航空器飞行中驾驶舱和客舱的安全保卫工作。

前款规定的公共航空运输企业及其工作人员和旅客应当遵守本规则。

第三条 中国民用航空局（以下简称民航局）对全国范围内公共航空旅客运输飞行中的安全保卫工作实施指导、监督和检查。

中国民用航空地区管理局（以下简称地区管理局）对本辖区内公共航空旅客运输飞行中安全保卫工作实施指导、监督和检查。

第四条 公共航空运输企业对其从事旅客运输的航空器飞行中安全保卫工作承担主体责任。

第二章 工作职责

第五条 公共航空运输企业应当设立或指定专门的航空安保机构，负责飞行中安全保卫工作。

公共航空运输企业的分公司应当设立或指定相应的航空安保机构，基地等分支机构也应当设立或指定相应机构或配备人员，负责飞行中安全保卫工作。

第六条 公共航空运输企业应当按照相关规定配备和管理航空安全员队伍。

公共航空运输企业应当建立航空安全员技术等级制度，对航空安全员实行技术等级管理。

第七条 公共航空运输企业应当按照相关规定派遣航空安全员。

在航空安全员飞行值勤期,公共航空运输企业不得安排其从事其他岗位工作。

第八条 公共航空运输企业应当建立并严格执行飞行中安全保卫工作经费保障制度。经费保障应当满足飞行中安全保卫工作运行、培训、质量控制以及设施设备等方面的需要。

涉及到民航反恐怖主义工作的,应满足反恐怖主义专项经费保障制度的要求。

第九条 公共航空运输企业应当按照相关规定,为航空安全员配备装备,并对装备实施统一管理,明确管理责任,建立管理工作制度,确保装备齐全有效。

装备管理工作记录应当保留12个月以上。

第十条 机长在履行飞行中安全保卫职责时,行使下列权力:

(一)在航空器起飞前,发现未依法对航空器采取安全保卫措施的,有权拒绝起飞;

(二)对扰乱航空器内秩序,妨碍机组成员履行职责,不听劝阻的,可以要求机组成员对行为人采取必要的管束措施,或在起飞前、降落后要求其离机;

(三)对航空器上的非法干扰行为等严重危害飞行安全的行为,可以要求机组成员启动相应处置程序,采取必要的制止、制服措施;

(四)处置航空器上的扰乱行为或者非法干扰行为,必要时请求旅客协助;

(五)在航空器上出现扰乱行为或者非法干扰行为等严重危害飞行安全行为时,根据需要改变原定飞行计划或对航空器做出适当处置。

第十一条 机长统一负责飞行中的安全保卫工作。航空安全员在机长领导下,承担飞行中安全保卫的具体工作。机组其他成员应当协助机长、航空安全员共同做好飞行中安全保卫工作。

机组成员应当按照相关规定,履行下列职责:

(一)按照分工对航空器驾驶舱和客舱实施安保检查;

(二)根据安全保卫工作需要查验旅客及机组成员以外的工作人员的登机凭证;

(三)制止未经授权的人员或物品进入驾驶舱或客舱;

(四)对扰乱航空器内秩序或妨碍机组成员履行职责,且不听劝阻的,采取必要的管束措施,或在起飞前、降落后要求其离机;

(五)对严重危害飞行安全的行为,采取必要的措施;

(六)实施运输携带武器人员、押解犯罪嫌疑人、遣返人员等任务的飞行中安保措施;

(七)法律、行政法规和规章规定的其他职责。

第十二条 旅客应当遵守相关规定,保持航空器内的良好秩序;发现航空器上可疑情况时,可以向机组成员举报。旅客在协助机组成员处置扰乱行为或者非法干扰行为时,应当听从机组成员指挥。

第三章 工作措施

第十三条 公共航空运输企业应当根据本规则及其他相关规定,制定飞行中安全保卫措施,明确机组成员飞行中安全保卫职责,并纳入本单位航空安全保卫方案。

第十四条 公共航空运输企业应当建立并严格执行飞行中安全保卫工作值班制度和备勤制度,保证信息传递畅通,确保可以根据飞行中安全保卫工作的需要调整和增派人员。

第十五条 公共航空运输企业应当按照相关规定,在飞行中的航空器内配备安保资料,包括:

（一）适合本机型的客舱安保搜查单；

（二）发现爆炸物或可疑物时的处置程序；

（三）本机型航空器最低风险爆炸位置的相关资料；

（四）航空器客舱安保检查单；

（五）航班机组报警单；

（六）其他规定的安保资料。

机上安保资料应当注意妥善保管，严防丢失被盗；机组成员应当熟知机上安保资料的存放位置和使用要求。

第十六条　公共航空运输企业应当为航空安全员在航空器上预留座位，座位的安排应当紧邻过道以便于航空安全员执勤为原则，固定位置最长不得超过6个月。

第十七条　公共航空运输企业应当建立航前协同会制度。

机长负责召集机组全体成员参加航前协同会，明确飞行中安全保卫应急处置预案。

第十八条　公共航空运输企业应当建立并严格执行飞行中安全保卫工作执勤日志管理制度。

第十九条　国家警卫对象乘机时，公共航空运输企业应当按照国家相关规定采取飞行中安全保卫措施。

第二十条　携带武器人员、押解犯罪嫌疑人或遣返人员乘机的，公共航空运输企业应当按照国家相关规定，采取飞行中安全保卫措施。

第二十一条　公共航空运输企业应当严格控制航空器上含酒精饮料的供应量，避免机上人员饮酒过量。

第二十二条　航空器驾驶舱和客舱的安保检查由机组成员在旅客登机前、下机后共同实施，防止航空器上留有未经授权的人员和武器、爆炸物等危险违禁物品。

第二十三条　机组成员应当对飞行中的航空器驾驶舱采取保护措施，除下列人员外，任何人不得进入飞行中的航空器驾驶舱：

（一）机组成员；

（二）正在执行任务的民航局或者地区管理局的监察员或委任代表；

（三）得到机长允许并且其进入驾驶舱对于安全运行是必需或者有益的人员；

（四）经机长允许，并经公共航空运输企业特别批准的其他人员。

第二十四条　机组成员应当按照机长授权处置扰乱行为和非法干扰行为。

根据机上案（事）件外置程序，发生扰乱行为时，机组成员应当口头予以制止，制止无效的，应当采取管束措施；发生非法干扰行为时，机组成员应当采取一切必要处置措施。

第二十五条　出现严重危害航空器及所载人员生命安全的紧急情况，机组成员无法与机长联系时，应当立即采取必要处置措施。

第二十六条　机组成员对扰乱行为或非法干扰行为处置，应当依照规定及时报案，移交证据材料。

第二十七条　国内民用航空旅客运输中发生非法干扰行为时，公共航空运输企业应当立即向民航局、企业所在地和事发地民航地区管理局报告，并在处置结束后15个工作日内按照相关规定书面报告民航地区管理局。

航空器起飞后发生的事件，提交给最先降落地机场所在地民航地区管理局；航空器未起飞时发生的事件，提交给起飞地机场所在地民航地区管理局。

国际民用航空旅客运输中发生非法干扰行为时,公共航空运输企业应当立即报告民航局,并在处置结束后15个工作日内将书面报告提交给民航局。

第二十八条　航空安全员应当按照相关规定,携带齐全并妥善保管执勤装备、证件及安保资料。

第二十九条　航空安全员在饮用含酒精饮料之后的8小时之内,或其呼出气体中所含酒精浓度达到或者超过0.04克/210升,或处在酒精作用状态之下,或受到药物影响损及工作能力时,不得在航空器上履行职责。

公共航空运输企业不得派遣存在前款所列情况的航空安全员在其航空器上履行飞行中安全保卫职责。

第三十条　航空安全员值勤、飞行值勤期、休息期的定义,飞行值勤期限制、累积飞行时间、值勤时间限制和休息时间的附加要求,依照《大型飞机公共航空运输承运人运行合格审定规则》中对客舱乘务员的规定执行。

其中,飞行值勤期限制规定中,航空安全员最低数量配备标准应当执行相关派遣规定的要求。

第三十一条　公共航空运输企业不得派遣航空安全员在超出本规定的值勤期限制、飞行时间限制或不符合休息期要求的情况下执勤。

航空安全员不得接受超出规定范围的执勤派遣。

❸ 《民用航空运输机场航空安全保卫规则》

《民用航空运输机场航空安全保卫规则》已于2016年4月14日经交通运输部第8次部务会议通过,自2016年5月22日起施行。该规则是交通运输部发布的一系列民用航空规章之一。

■ 知识链接

《民用航空运输机场航空安全保卫规则》节选

第五章　安保应急处置

第一百一十五条　机场管理机构应当制定安保应急处置预案,并保证实施预案所需的设备、人员、资金等条件。

机场管理机构应当确保预案中包含的所有信息及时更新,并将更新内容告知相关单位、人员。

机场管理机构应当按照航空安保方案的规定,定期演练应急处置预案。

第一百一十六条　安保应急处置预案应当包含按民航局、民航地区管理局要求,启动相应等级应急处置预案的程序。

第一百一十七条　机场管理机构应当制定程序,按照本机场所在地区的威胁等级,启动相应级别的航空安保措施。

根据民航局、民航地区管理局发布的威胁评估结果,机场管理机构对从高风险机场出发的进港航班旅客及其行李,可以采取必要的航空安保措施。

第一百一十八条　机场管理机构接到航空器受到炸弹威胁或劫机威胁的消息时,应当采取以下措施:

(一)立即通知民航地区管理局、公共航空运输企业等单位关于威胁的情况、对威胁的初步评估以及将采取的措施;

(二)引导航空器在隔离停放区停放;

(三)按照安保应急处置预案,采取相应航空安保措施。

第一百一十九条　机场公安机关、驻场民航单位等部门应当按照职责制定各自的安保应急处置预案。

第一百二十条　民航局根据威胁评估结果或针对民用航空的具体威胁,有权发布安保指令和信息通告,规定应对措施。

机场管理机构应当执行民航局向机场管理机构发布的安保指令和信息通告。

机场管理机构在收到安保指令和信息通告后,应当制定执行安保指令和信息通告各项措施的具体办法。

第一百二十一条　机场管理机构没有能力执行安保指令中的措施的,应当在安保指令规定的时间内向民航地区管理局提交替代措施。

第一百二十二条　机场管理机构可以通过向民航局提交数据、观点或论证,对安保指令提出意见。民航局可以根据收到的意见修改安保指令,但是提交的意见并不改变安保指令的生效。

第一百二十三条　机场管理机构以及收到安保指令或信息通告的人员应当对安保指令或信息通告中所含限制性信息采取保密措施,未经民航局书面同意,不得把安保指令、信息通告中所含信息透露给无关人员。

第一百二十四条　民航局发现有危及航空运输安全,需要立即采取行动的紧急情况,可以发布特别工作措施。

第一百二十五条　机场管理机构应当制定传递非法干扰行为机密信息的程序,不得擅自泄露信息。

第一百二十六条　机场管理机构应当采取适当措施,保证受到非法干扰的航空器上的旅客和机组能够继续行程。

4　《航空安全员管理规定》

1997年12月31日,中国民用航空局发布了《航空安全员管理规定》(CCAR-68SB),内容包括总则、职权、录用技术等级、训练、勤务派遣、奖励处罚、附则共七个部分。该规定自发布之日起施行。

■ 知识链接

《航空安全员管理规定》节选

第一章　总则

第一条　为了保障民用航空器及其所载人员和财产的安全,加强航空安全员队伍建设,根据《中华人民共和国民用航空法》、《中华人民共和国航空安全保卫条例》和其他有关法律法规,制定本规定。

第二条　中国民用航空运输企业必须遵守本规定。

第三条　航空安全员是指在民用航空器中执行空中安全保卫任务的空勤人员。

航空安全员在机长领导下工作。

第四条　中国民用航空总局(以下简称民航总局)对航空安全员实行统一管理。民航总局公安局对民航系统航空安全员业务实施领导。

民航地区管理局公安局对本辖区航空安全员业务实施指导。

民用航空运输企业保卫部门负责本企业航空安全员队伍的管理工作。

第五条　民航总局公安局可以根据情况聘任航空安全员为航空安全技术监察代表,对航空安全员的训练和值勤情况进行检查考核。

第二章　职权

第六条　航空安全员的任务是维护飞行中的民用航空器内的秩序,防范和制止劫机、炸机和其他对民用航空器的非法干扰行为,保护民用航空器及其所载人员和财产的安全。

第七条　航空安全员职责是:

(一)在旅客登机前和离机后对客舱进行检查,防止无关人员、不明物品留在客舱内;

(二)制止与执行航班任务无关的人员进入驾驶舱;

(三)在飞行中,对受到威胁的航空器进行搜查,妥善处置发现的爆炸物、燃烧物和其他可疑物品;

(四)处置劫机、炸机及其他非法干扰事件;

(五)制止扰乱航空器内秩序的行为;

(六)协助有关部门做好被押解人犯、被遣返人员在飞行中的监管工作;

(七)协助警卫部门做好警卫对象和重要旅客乘坐民航班机、专机的安全保卫工作;

(八)执行上级交给的其他安全保卫任务。

第八条　航空安全员在执行职务时,可以行使下列权力:

(一)在必要情况下,查验旅客的客票、登机牌、身份证件;

(二)劫机、炸机等紧急事件发生时,对不法行为人采取必要措施;

(三)对扰乱航空器内秩序不听劝阻的人员,采取管束措施,航空器降落后移交民航公安机关处理;

为制止危害航空安全的行为,必要时航空安全员可请求旅客予以协助。

……

第七章　奖励与处罚

第二十七条　对具备下列条件之一的航空安全员,民航总局或民航地区管理局可视情给予表扬、记功、授予荣誉称号或物质奖励:

(一)执行各项空防安全规章制度成绩显著的;

(二)执勤中,及时发现问题,处置得当的;

(三)及时制止扰乱航空器内秩序等非法干扰行为,表现突出的;

(四)认真履行职责,避免事故发生成绩显著的;

(五)在反劫机、反炸机斗争中,机智勇敢,处置得当,保障飞行安全的。

第二十八条　对有下列情形之一的航空安全员,由民航总局或民航地区管理局给予警告、一千元以下罚款等处罚或者收缴航空安全员执照：

（一）违反空防安全规章制度，造成不良后果的；

（二）丢失器械、执勤证件的；

（三）执勤时未携带器械或有效《航空安全员执照》、《体格检查合格证书》的；

（四）执勤中，对扰乱航空器内秩序和非法干扰行为未能及时妥当处置的；

（五）在反劫、炸机处置过程中，临阵畏缩、贻误战机的。

第二十九条　违反本规定，有下列情形之一的，由民航总局或民航地区管理局对有关单位处以警告或一万元以下罚款；

（一）违反本规定第二十条的规定，每月训练时间少于12小时的；

（二）违反本规定第二十四条的规定，不按上级主管部门指令派遣航空安全员登机执勤的。

5 中国民用航空规章的主要类别

中国民用航空规章是指由中国民用航空主管部门——中国民用航空总局依据《中华人民共和国民用航空法》和《国际民用航空公约》制定和发布的关于民用航空活动各个方面的专业性、具有法律效力的行政管理法规。在中国境内，从事民用航空活动的任何个人或单位都必须遵守其各项规定。中国民用航空规章覆盖了民用航空的各个方面，涉及航空器管理、参与民航活动的人员执照、机场管理、航行管理、航空营运、空中交通管理、搜寻救援、事故调查等。每一个部分的规章都由中国民航局的有关专业部门拟订，经局长签发后发布实施。为了和国际上的民航有关规定协调，中国民用航空规章，按国际通行的编号分为许多部。

中国民用航空规章的主要类别：行政程序规则（1—20部）；航空器（21—59部）；航空人员（60—70部）；空域、导航设施、空中交通规则和一般运行规则（71—120部）；民用航空企业合格审定及运行（121—139部）；学校、非航空人员及其他单位的合格审定及运行（140—149部）；民用机场建设和管理（150—179部）；委任代表规则（180—189部）；航空保险（190—199部）；综合调控规则（201—250部）；航空基金（251—270部）；航空运输规则（271—325部）；航空保安（326—355部）；科技和计量标准（356—390部）；航空器搜寻援救和事故调查（391—400部）。

（三）航空安全保卫有关的规范性文件

除了法律、法规、规章之外，国务院、公安部、民航局以及民航局公安局等职能部门还发布了大量的有关航空安保的非规章类的规范性文件。

这些规范性文件主要有《中华人民共和国国家民用航空安全保卫条例》《关于贯彻实施中华人民共和国〈民航航空安全保卫条例〉有关问题的通知》《国家处置劫机事件的总体预案》《关于加强国际航班空防安全和外航飞机在我国内机场安全保卫工作的通知》《民航局关于实施居民身份证查验制度后办理乘机和货运手续有关规定》《机组空中处置劫机事件基本程序（试行）的通知》《民航局公安局关于维护民用航空秩序保障航空运输安全的通告》《民航局公安局关于印发〈民航局公安局各处室工作职责〉的通知》《中国民用航空应急管

规定》《民航局公安局关于下发试行〈处置非法干扰民用航空安全行为程序〉的通知》《民航局关于实施安全检查特别工作方案的通知》《总局机关处置劫机事件的报告程序和方法》《民用航空货物运输安全保卫规则》《民航局关于规范货物安全检查工作的通知》《关于加强对液态物品安全检查确保民航运输安全的通知》《航空安全员训练大纲》《关于加强公共航空运输企业安全保卫工作的意见》《关于加强航空安全员器械装备配备和管理的通知》《关于印发中国民航公务乘机证管理规定的通知》《关于印发中国民航空中安全保卫人员勤务派遣规定的通知》《关于印发中国民航空勤登机证管理规定的通知》《空中警察管理规定(试行)》《民用航空安全保卫审计规则》等。

  这些规范性文件的数量大大超过了法律、法规、规章的总和,虽然这些规范性文件的地位效力没有明确的规定,但是实践中这些规范性文件在我国航空安全保卫工作中占有非常重要的地位,对有关航空安保的法规和规章起到了必要的和有效的执行作用,在一定条件下还起到了补充的作用。

> **项目训练**
>
>   1.《中华人民共和国刑法》规定了哪几种危害航空安全的犯罪?
>   2.收集近期国内外危害民航安全案例,根据民航法律、法规、规章谈谈如何避免该类事故发生。

[1] 中国民用航空局.大型飞机公共航空运输承运人运行合格审定规则[J].中国民用航空总局公报,2005(01).
[2] 姚琳莉,白文宇.航空安全保卫管理案例教程[M].北京:科学出版社,2017.
[3] 王连英.民航客舱安全管理[M].北京:中国民航出版社,2015.
[4] 钟科.民航安全管理[M].北京:清华大学出版社,2017.
[5] 刘小娟.客舱安全[M].北京:人民交通出版社,2014.
[6] 陈卓,兰琳,罗娅.客舱安全管理与应急处置[M].北京:清华大学出版社,2017.
[7] 中国南方航空股份有限公司.中国南方航空公司客舱乘务员手册[M].中国南方航空股份有限公司,2017.
[8] 梁秀荣.民航客舱安全管理[M].中国民航出版社,2011.
[9] 汤黎,何梅.客舱安全管理与应急处置[M].国防工业出版社,2016.
[10] 王秀英.民航客舱安全管理[M].中国民航出版社,2019.
[11] 向莉,金良奎.客舱安全管理[M].中国人民大学出版社,2020.
[12] 宫宇,邹函,李剑主.客舱安全管理与应急处置[M].航空工业出版社,2019.
[13] 中国东方航空股份有限公司.中国东方航空公司客舱乘务员手册[M].中国东方航空股份有限公司,2017.
[14] 江群,陈卓.民航概论[M].北京:电子工业出版社,2019.
[15] 中国民用航空局飞行标准司.客舱运行管理:AC-121-FS-2019-131[EB/OL].(2019-01-25)[2022-06-07].(http://www.caac.gov.cn/PHONE/XXGK_17/XXGK/GFXWJ/201901/P020190128410816103386.pdf.)
[16] 中国民用航空局飞行标准司.客舱乘务员的资格和训练:AC-121-FS-2019-27R2[EB/OL].(2019-01-25)[2022-06-08].(http://www.caac.gov.cn/XXGK/XXGK/GFXWJ/201901/P020190128383607632958.pdf.)
[17] 易宵.民航危险品运输[M].北京:航空工业出版社,2020.
[18] 石月红.民航危险品运输[M].北京:电子工业出版社,2019.

教学支持说明

高等职业学校"十四五"规划民航服务类系列教材系华中科技大学出版社"十四五"期间重点规划教材。

为了改善教学效果,提高教材的使用效率,满足高校授课教师的教学需求,本套教材备有与纸质教材配套的教学课件(PPT 电子教案)和拓展资源(案例库、习题库等)。

为保证本教学课件及相关教学资料仅为教材使用者所用,我们将向使用本套教材的高校授课教师免费赠送教学课件或相关教学资料,烦请授课教师通过电话、邮件或加入民航专家俱乐部 QQ 群等方式与我们联系,获取"教学课件资源申请表"文档,准确填写后发给我们,我们的联系方式如下:

地址:湖北省武汉市东湖新技术开发区华工科技园华工园六路

邮编:430223

电话:027-81321911

传真:027-81321917

E-mail:lyzjjlb@163.com

民航专家俱乐部 QQ 群号:799420527

民航专家俱乐部 QQ 群二维码:

扫一扫二维码,加入群聊。

教学课件资源申请表

填表时间：_____年___月___日

1. 以下内容请教师按实际情况填写，★为必填项。
2. 根据个人情况如实填写，相关内容可以酌情调整提交。

★姓名		★性别	□男 □女	出生年月		★职务	
						★职称	□教授 □副教授 □讲师 □助教
★学校				★院/系			
★教研室				★专业			
★办公电话		家庭电话			★移动电话		
★E-mail（请填写清晰）					★QQ号/微信号		
★联系地址					★邮编		
★现在主授课程情况		学生人数	教材所属出版社		教材满意度		
课程一					□满意 □一般 □不满意		
课程二					□满意 □一般 □不满意		
课程三					□满意 □一般 □不满意		
其他					□满意 □一般 □不满意		
教 材 出 版 信 息							
方向一		□准备写 □写作中 □已成稿 □已出版待修订 □有讲义					
方向二		□准备写 □写作中 □已成稿 □已出版待修订 □有讲义					
方向三		□准备写 □写作中 □已成稿 □已出版待修订 □有讲义					

请教师认真填写表格下列内容，提供索取课件配套教材的相关信息，我社将根据每位教师填表信息的完整性、授课情况与索取课件的相关性，以及教材使用的情况赠送教材的配套课件及相关教学资源。

ISBN（书号）	书名	作者	索取课件简要说明	学生人数（如选作教材）
			□教学 □参考	
			□教学 □参考	

★您对与课件配套的纸质教材的意见和建议，希望提供哪些配套教学资源：